APOCALIPSIS, LA REVELACIÓN DE JESUCRISTO

APOCALIPSIS, LA REVELACIÓN DE JESUCRISTO

Dr. Kittim Silva Bermúdez, B.A., M.P.S., D. Hum., D.D.

editorial clie

EDITORIAL CLIE
C/ Ferrocarril, 8
08232 VILADECAVALLS
(Barcelona) ESPAÑA
E-mail: libros@clie.es
http://www.clie.es

© 2014 Kittim Silva Bermúdez

Esta obra, *Apocalipsis, la revelación de Jesucristo*, está basada en la edición original de 1985

«*Cualquier forma de reproducción, distribución, comunicación pública o transformación de esta obra solo puede ser realizada con la autorización de sus titulares, salvo excepción prevista por la ley. Diríjase a CEDRO (Centro Español de Derechos Reprográficos, www.cedro.org <http://www.cedro.org>) si necesita fotocopiar o escanear algún fragmento de esta obra*».

© 2014 Editorial CLIE

APOCALIPSIS, LA REVELACIÓN DE JESUCRISTO
ISBN: 978-84-8267-862-7
Déposito legal: B.11.409-2014
COMENTARIOS BÍBLICOS
Antiguo Testamento
Referencia: 224865

Impreso en USA / *Printed in USA*

El RVDO. KITTIM SILVA BERMÚDEZ, M.P.S., D. HUM., D. D. es puertorriqueño radicado en Nueva York. Su formación académica es amplia y excepcional: Graduado en el Inst. Bíblico Internacional, Inc., N.Y. (1974); Theological Seminary N.Y. (1976); (B.A.) del College of New Rochelle (1980); Maestría (M.P.S.) en Theological Seminary N.Y. (1982). Profesor Honoris Causa en Teología (1994), *Doctor Honoris Causa en Humanidades* (1998) por la Universidad Evangélica de la Rep. Dominicana y *Doctor Honoris Causa en Divinidades* otorgado por la Latín University de California (2001).

El obispo Kittim Silva ha sido profesor de escatología en el Instituto Bíblico Internacional, especializándose en el estudio e interpretación del libro de Apocalipsis.

Ministro ordenado en el Concilio Internacional de Iglesias Pentecostales de Jesucristo, Inc., desde 1974. Fue ordenado al completo ministerio por los reverendos W. R. Rasmussen y James A. Cymbala (del Brooklyn Tabernacle). Obispo/Presidente de su organización por unos 20 años. Ha servido en el Ejecutivo del mismo, 25 años. Y ha ejercido la docencia teológica con el Instituto Bíblico Internacional por tres décadas.

Miembro fundador de Radio Visión Cristiana Internacional, Inc., sirviendo como presidente (1994 al 2001). Trabajó con el Comité de A.V.A.N.C.E. en 2009. Desde 1984 es anfitrión del programa radial y de TELEVISIÓN «Retorno», en los condados de la ciudad de Nueva York.

ÍNDICE GENERAL

Abreviaturas 9
Prefacio 11

Primera división: *Las cosas que has visto*
1. La revelación de Jesucristo (Apocalipsis 1:1-20) 15

Segunda división: *Los que han de ser después de esto*
2. Las siete iglesias (Apocalipsis 2:1-29 y 3:1-22) 27

Tercera división: *Las cosas que has visto*
3. El trono en los cielos (Apocalipsis 4:1-11) 57
4. El rollo con siete sellos (Apocalipsis 5:1-14) 65
5. Juicio de los sellos (Apocalipsis 6:1-11) 75
6. Los salvados durante la gran tribulación (Apocalipsis 7:1-17) 89

7. Las primeras cuatro trompetas
   (Apocalipsis 8:1-13) 105
8. Quinta y sexta trompetas (Apocalipsis 9:1-21) 113
9. El ángel con el librito en su mano
   (Apocalipsis 10:1-11) 127
10. El templo y los dos testigos
    (Apocalipsis 11:1-14) 135
11. La mujer, su simiente y el dragón
    (Apocalipsis 12:1-17) 155
12. El anticristo y el falso profeta
    (Apocalipsis 13:1-18) 169
13. Comunión y juicio (Apocalipsis 14:1-20) 213
14. La preparación para las copas
    (Apocalipsis 15:1-8) 231
15. Las siete copas de la ira de Dios
    (Apocalipsis 16:1-21) 239
16. La Babilonia religiosa (Apocalipsis 17:1-18) 255
17. La Babilonia comercial (Apocalipsis 18:1-24) 277
18. Una nota de triunfo
    (Apocalipsis 19:1-24) 295
19. El reinado milenario del Cordero
    (Apocalipsis 20:1-15) 313
20. El nuevo orden eterno (Apocalipsis 21:1-27) 339
21. Conclusión apocalíptica (Apocalipsis 22:1-22) 365
Epílogo 369

ABREVIATURAS

BA	Biblia de las Américas
BJ	Biblia de Jerusalén
DHH	Dios Habla Hoy
NBE	Nueva Biblia Española
NBL	La Nueva Biblia Latinoamericana
NC	Sagrada Biblia
NTV	Nuevo Testamento Viviente
NVI	Nueva Versión Internacional
RV	Reina Varela, versión clásica
VM	La Santa Biblia, Versión Moderna

PREFACIO

El Apocalipsis ha sido para mí un libro interesantísimo. Lo he predicado y lo he enseñado. Cada vez que vuelvo a leerlo mi interés por el mismo se intensifica. Vivo enamorado de su composición literaria, de su lenguaje literal y figurativo y de su enfoque escatológico.

En el año 1973 fui expuesto al mismo a través de un estudio sistemático dirigido por mi profesor, el reverendo William Torres. Poco me imaginaba el que yo mismo en septiembre de 1974 comenzaría a enseñar sobre tan profundo libro. A partir de ese año hasta el año 1980 dicté conferencias audiovisuales sobre el Apocalipsis.

Durante los años que diserté sobre escatología produje algún material escrito que compartí con mis estudiantes. Ante la insistencia de muchos de ellos he decidido compartir con otros lectores algunas de nuestras reflexiones sobre el libro de Apocalipsis.

Consciente estoy que sobre el raudal de libros que se han escrito sobre el Apocalipsis uno más sería insignificante. No obstante, creo que nuestro intento no será infructuoso. Oro a Dios para que algún día este libro sea una fuente de bendición a muchos lectores.

No podría pasar por alto a mi esposa, la Dra. Rosa M. Silva, pastora, educadora y consejera cristiana, quien supo comprender la necesidad que yo tenía hace tres décadas atrás de escribir este libro en aquellos años que ni soñábamos con la tecnología que tenemos hoy día. Era todo realizado en mecanografía, cortando con unas tijeras y pegando literalmente. Las versiones bíblicas las ponía sobre la mesa del comedor y así las comparaba. Hoy todo es tan fácil... Pero gracias doy a Dios por eso.

También deseo reconocer a mis dos hijas, Janet, nuestra primogénita, casada con David Soto, ahora padres de nuestro nieto Josiah Kittim Soto. A mi hija Aimee Rebeka, quien nos asiste en las labores de oficina.

Deseo también reconocer al reverendo Flor Cruz, director del Instituto Bíblico Internacional, donde Dios me concedió ser maestro. Su sinceridad ha fertilizado nuestra amistad.

Esta nueva edición corregida toma lugar 30 años después de la edición original. Lo que he hecho es actualizar algunos datos, pero siempre manteniendo los pensamientos originales con la frescura literaria que le caracteriza.

Sea este libro una ofrenda de gratitud al Señor Jesucristo, sin cuya ayuda nada hubiera sido posible. Que en cada página sea yo «menguado» para que Él «crezca». Que la unción del Espíritu Santo haga viva y penetrante cada palabra escrita.

El Autor

PRIMERA DIVISIÓN
«Las cosas que has visto»

CAPÍTULO 1

La revelación de Jesucristo (Apocalipsis 1:1-20)

«Apocalipsis» no es una palabra castellana, sino griega, significa «revelación». El libro comienza con la frase «la revelación de Jesucristo». Comúnmente se le llama a este libro «la revelación de Juan»; lo correcto es llamarle «la revelación de Jesucristo». Esta revelación se originó en Dios, el Padre, este se la dio a Cristo, Cristo la envió y se la declaró a Juan por medio de un ángel. El texto lee: «La revelación de Jesucristo, que Dios le dio, para manifestar a sus siervos las cosas que deben suceder pronto, y la declaró enviándola por medio de su ángel a su siervo Juan» (Apocalipsis 1:1).

El escritor del libro

Juan, el apóstol, fue el escritor de este libro. Era hijo de un tal Zebedeo (Mateo 4:21) y de Salomé (Mateo 27:56); hermano de Santiago el Mayor, de Betsaida, pescador, como su padre (Mateo 4:21). Su padre era acomodado; tenía jornaleros (Marcos 1:20), poseía por lo menos una barca y pescaba con red (Mateo 4:21). Su madre servía a Jesús (Mateo 27:56). Fue antes discípulo de Juan el Bautista (Juan 1:25-40), y luego llamado por Jesús al apostolado (Marcos 1:19). Junto a su hermano Santiago y con Simón Pedro formó parte del círculo íntimo de Jesús, testigos de la resurrección de la hija de Jairo (Marcos 5:37), de la transfiguración sobre el monte Tabor (Marcos 9:2), y de su agonía en el huerto de Getsemaní (Marcos 14:33). A Juan se le conoce en el cuarto evangelio como «el discípulo amado» (Juan 13:23, 19:26, 20:2, 21:7, 20). En la última cena se reclinó sobre el pecho de Jesús (Juan 13:23). A él Jesús le encomendó su madre (Juan 19:27). Juan fue el único apóstol que estuvo junto a la cruz de Jesús (Juan 19:26).

En el año 95 o 96 fue deportado a la isla de Patmos por Domiciano, por la predicación de la «palabra de Dios» y por dar testimonio de Jesucristo (Apocalipsis 1:19). Después regresó a Efeso y murió a una edad muy avanzada.

La isla de Patmos

He visitado la isla de Patmos cinco veces. Es una pequeña isla rocosa situada en el mar Egeo frente a la provincia de Caria, en el suroeste de Asia Menor. Esta isla fue usada por los romanos como lugar de destierro para los criminales. En el día presente, allí existe un monasterio sobre una colina, que según la tradición en su ubicación tiene una caverna que fue donde Juan recibió las revelaciones apocalípticas.

En las circunstancias más terribles y desoladoras para Juan se cumplió ese versículo bíblico: «A los que aman a Dios todas las cosas les obran para bien» (Romanos 8:28). Patmos fue el contexto para el Apocalipsis.

El medio de la revelación

En Apocalipsis 1:1 leemos: «Y la declaró enviándola por medio de su ángel a su siervo Juan». A través de todo el Apocalipsis la actividad de los ángeles se hace patente. Por eso es necesario saber algo de su naturaleza, personalidad y obras.

Los ángeles son seres creados por Dios, hechos de la nada por su poder. Fueron creados antes que el hombre, reconociendo que son creación de Dios, no aceptan adoración (Apocalipsis 19:10, 22:8, 9). Tienen cuerpos espirituales, es decir, no tienen cuerpos humanos (Hechos 1:10-11). No mueren, el Señor Jesucristo dijo: «Porque no pueden ya más morir, pues son iguales a los ángeles...» (Lucas 20:36). El Señor, mediante la inmortalidad de los ángeles, ilustraba a los saduceos que los que resuciten no han de morir jamás, serán inmortales. El número de ángeles es incontable (Daniel 7:10; Mateo 26:53; Hebreos 12:22).

La personalidad de los ángeles es ejemplar. En el cielo hacen la voluntad de Dios (Mateo 6:10). Son fieles adoradores de Dios (Hebreos 1:6). Su sabiduría es superior a la humana (1.ª Pedro 1:12).

Las obras de los ángeles son maravillosas. Son los que ejecutan la voluntad de Dios para cuidado de los creyentes: «¿No son todos espíritus ministradores enviados para servicio a favor de los que serán herederos de la salvación?» (Hebreos 1:14). Ellos ejecutan los juicios de Dios (Génesis 19:1-32). Entre sus funciones en el Apocalipsis podemos mencionar: siete ángeles poderosos tocarán durante la gran tribulación las siete trompetas de juicios (Apocalipsis 8:2, 6). Siete ángeles arrojarán sobre la tierra siete tazones de juicios (Apocalipsis 16:1 ss.). Un ángel aprisionará a Satanás en el abismo (Apocalipsis 20:1). El arcángel Miguel y sus arcángeles arrojaron del cielo a Satanás y a los ángeles caídos; en los días de la gran tribulación les van a arrojar a la tierra (Apocalipsis 12:7-12). Después los van a confinar al abismo, y por último al lago de fuego y azufre (Apocalipsis 20:10).

Triple bienaventuranza (Apocalipsis 1:13)

Hay una triple bendición de bienaventuranza al leer, oír y guardar las enseñanzas del libro del Apocalipsis. Lee como sigue: «Bienaventurado el que lee y los que oyen las palabras de esta profecía y guardan las cosas en ella escritas, porque el tiempo está cerca».

Este versículo le acerta un golpe certero al tabú que se ha levantado sobre el Apocalipsis. Al contrario, invita a todo el que pueda leer a estudiarlo, a escuchar predicaciones y estudios sobre el mismo, y más que todo, a atesorarlo. Es la voluntad divina que sus siervos sepan lo que Dios va a hacer en relación con este mundo apóstata y blasfemador. En Amós 3:7 leemos: «Porque no hará nada Jehová, el Señor, sin que revele su secreto a sus siervos los profetas».

Saludo a las siete iglesias (Apocalipsis 1:4-8)

«Juan, a las siete iglesias que están en Asia: "Gracia y paz a vosotros del que es y que era y que ha de venir, y de los siete espíritus que están delante de su trono"» (Apocalipsis 1:4).

En los días de Juan, estas siete iglesias eran siete congregaciones que existían en lo que se conocía como el Asia Menor (no el continente). La historia de la Iglesia, desde que comenzó en Pentecostés hasta la revelación de Jesucristo, se resume en estas siete iglesias.

La expresión «del que es y que era y que ha de venir» presenta algunas enseñanzas. Primero, «del que es», eternidad. Segundo, «y que era», inmutabilidad. Tercero, «y que ha de venir», retorno a la tierra. En Hebreos 13:8 leemos: «Jesucristo es el mismo ayer, y hoy, y por los siglos». Él, siendo inmutable, hace que sus promesas tampoco cambien. Él «ha de venir en secreto para su Iglesia» (1.ª Tesalonicenses 4:16-17); a esta venida se la conoce como el rapto o traslación. Jesús vendrá públicamente para el mundo en su revelación (Apocalipsis 1:7).

La plenitud del Espíritu Santo se prefigura en la declaración «y de los siete espíritus que están delante de su trono». El Espíritu Santo es pleno, total y abarcador.

En el versículo 5 se describen tres oficios del Señor: profeta, sacerdote y rey. Lee el texto así: «Y de Jesucristo el testigo fiel, el primogénito de los muertos y el soberano de los reyes de la tierra…». El profeta Isaías dijo: «He aquí yo lo di por testigo a los pueblos, por jefe y por maestro a las naciones» (Isaías 55:4). Como profeta, Jesús se hizo «el testigo fiel». Como «el primogénito de los muertos», Él hizo su labor sacerdotal muriendo como cordero y presentándose al Padre como sacerdote, luego resucitó, como primicias garantizando la resurrección a todos los creyentes (1.ª Corintios 15:20-24). En su revelación, Jesús afirmará su señorío como «el soberano de los reyes de la tierra».

A través de Cristo somos hechos «reyes y gobernadores para Dios» (Apocalipsis 1:6). Reyes porque en el milenio gobernaremos con Él. Sacerdotes porque podemos interceder ante la misma presencia de Dios cuando oramos.

La visión de Patmos (Apocalipsis 1:9-18)

La frase «en el día del Señor» (Apocalipsis 1:10) se escribe en griego *kuriakos*, y se ha traducido erróneamente «domingo».

Aunque lo cierto es que «el día del Señor» parece referirse a este día en particular. Jesús resucitó en domingo, se manifestó a sus discípulos en días de domingo, y envió el Espíritu Santo en domingo, pero hay quienes entienden que se refiere al día (o tiempo) de su venida.

Juan «estaba en el Espíritu». Por esto debemos entender un estado espiritual producido por el mismo Espíritu Santo. Ese día, él nos dice «y oí detrás de mí una gran voz como de trompeta». Esa voz es la del Señor Jesús, que le habló a Juan estando este de espaldas.

Jesús le dijo: «Yo soy el Alfa y la Omega, el primero y el último. Escribe en un libro lo que ves y envíalo a las siete iglesias que están en Asia: a Efeso, Esmirna, Pérgamo, Tiatira, Sardis, Filadelfia y Laodicea» (Apocalipsis 1:11). El alfa y la omega son la primera y la última letras del alfabeto griego, como la A y la Z lo son del castellano. El Señor es principio y fin de todo. En Él las cosas comienzan y en Él terminan. El apóstol recibió la orden de escribir lo que veía. No era un analfabeto.

Juan, inquieto por aquella voz, decide volverse de su posición. Dice él: «Y me volví para ver la voz que hablaba conmigo, y vuelto vi siete candeleros de oro» (Apocalipsis 1:12). Los siete candeleros simbolizan las siete iglesias (Apocalipsis 1:20).

La visión de Jesús

«Y en medio de los siete candeleros, a uno semejante al Hijo del Hombre» (Apocalipsis 1:13). Para el apóstol no fue ningún problema el identificar al personaje de esta visión. Jesús, «en medio de los siete candeleros» indica que el Señor se pasea y está en medio de sus iglesias, no importando su tamaño o ubicación geográfica o estado económico. «Porque donde están dos o tres congregados en mi nombre», dijo Jesús, «allí estoy yo en medio de ellos» (Mateo 18:20).

«Vestido de una ropa que llegaba hasta los pies» (Apocalipsis 1:13). Estas vestiduras señalan la labor sacerdotal de Cristo. En Hebreos 9:11 leemos: «Pero estando ya presente Cristo, sumo sacerdote de los bienes venideros por el más amplio y más perfecto tabernáculo, no hecho de manos, es decir, no de esta creación».

«Ceñido por el pecho con un cinto de oro» (Apocalipsis 1:13). Entre las vestiduras que usaba el sumo sacerdote en el Antiguo Testamento se puede mencionar: el efod de oro hecho de lino torcido y teñido de azul, púrpura y carmesí. Era una obra esmerada. Se sujetaba por un cinturón o cinto fabricado de los mismos materiales (Éxodo 28:8-9). El efod tenía dos hombreras, y sobre ellas tenía dos piedras de ónice, grabadas con los nombres de los hijos de Israel. Todo esto era un recordatorio al sumo sacerdote de que estaba ministrando a favor del pueblo (Éxodo 28:9, 12).

El cinto de oro que ceñía a Cristo simboliza su obra y ministerio intercesorio en favor de los creyentes, recordándose siempre que Él tiene que abogar por ellos (1.ª Juan 2:1; Isaías 11:5, 42:1-4; Filipenses 2:5-8). «Su cabeza y sus cabellos eran blancos como blanca lana, como nieve» (Apocalipsis 1:14). El color blanco simboliza pureza, gloria, santidad y, sobre todo, representa la justicia y el perdón de Dios (Isaías 1:18). Puede que también signifique la eternidad del Señor (Juan 1:1; Hebreos 13:8).

«Sus ojos como llama de fuego» (Apocalipsis 1:14). En el original griego, según algunos comentaristas, parece rendirse, «sus ojos arrojaban fuego». La Nueva Biblia Española traduce «sus ojos llameaban». Jesús se indigna ante un cuadro desordenado de sus criaturas. Más adelante, en el desarrollo apocalíptico, entenderemos la indignación del Señor.

«Sus pies eran semejantes al bronce bruñido refulgente como en un horno» (Apocalipsis 1:15). Esto nos habla del juicio que Cristo traerá en su revelación después de la gran tribulación, cuando pisará el lagar de la ira de Dios trayendo juicio y desolación a los impíos y pecadores que estén sobre la tierra (Apocalipsis 14:20; Isaías 63:1-6).

«Su voz como estruendo de muchas aguas» (Apocalipsis 1:15). He tenido la bendición de visitar las cataratas del Niágara. Recuerdo haber caminado debajo de las cataratas que están en el Canadá y aproximarme en bote a las dos cataratas, la americana y la canadiense. Si algo me impresionó fueron las caídas de las aguas sobre el vacío, encontrándose luego con el otro cuerpo de agua, haciendo un ruido ensordecedor. De estas características se produce energía hidroeléctrica tanto para el Canadá como para los Estados Unidos.

La voz estruendosa que oyó Juan, simbolizada por muchas aguas, parece indicar el poder creativo, regenerador y desplazador de las palabras de Jesús. Él tiene autoridad en todo lo que dice.

«Tenía en su diestra siete estrellas» (Apocalipsis 1:16). Las siete estrellas simbolizan los ángeles de las siete iglesias (Apocalipsis 1:20). La palabra «ángel» en griego es *angelos*, significa «mensajero». En este caso denota a los pastores de las siete iglesias.

El estar las siete estrellas en la mano derecha de Cristo significa la autoridad, dominio y protección del Señor para con los pastores. Ellos deben hablar siempre la palabra de Dios (acciones y dichos), procurando que los creyentes imiten su fe (Hebreos 13:7). Los pastores son responsables de las almas bajo su cuidado, velando por ellas, pero es responsabilidad de los creyentes obedecerlos y sujetárseles (Hebreos 13:7).

«De su boca salía una espada aguda de dos filos» (Apocalipsis 1:16). Esta espada no es manejada por la mano, sino que sale de la boca. Es la palabra de Cristo, la cual es omnipotente en ejecutar su voluntad sobre los pecadores. Es la espada del Espíritu suyo (Efesios 1:17).

La espada tiene doble filo, habla de la doble eficacia de la palabra del Señor. Esta corta en el mundo condenando sus pecados. Y en la Iglesia condena las faltas de esta amonestando y exhortando. Ese filo todopoderoso corta en la vida del creyente todo aquello que le impide gozar a plenitud la presencia de Dios.

«Su rostro era como el sol cuando resplandece en su fuerza» (Apocalipsis 1:16). Cuando mayor fuera resplandeciente tiene el sol es al tiempo del mediodía. Durante este tiempo sus rayos solares nos hacen más conscientes de su presencia, aunque durante todo el día esté presente. El mundo, hoy día, no quiere estar consciente de la presencia de Cristo, pero llegará el día en que han de sentir la fuerza del resplandor de ese «sol de justicia» (Malaquías 4:2-4).

El sol sustenta la vida de la naturaleza. De igual manera Cristo sustenta la vida espiritual del creyente. El creyente debe reflejar la imagen del Señor, así como la luna, no teniendo luz propia, refleja la luz del sol (Mateo 5:14-16).

Resultado de una visión

Como resultado a la gloriosa visión que Juan tuvo, él nos dice: «Cuando le vi caí, como muerto, en sus pies. Y Él puso su diestra sobre mí, diciéndome: "No temas, yo soy el primero y el último, y el que vivo y estuve muerto, mas he aquí que vivo por los siglos de los siglos, amén. Y tengo las llaves de la muerte y del Hades"» (Apocalipsis 1:17-18).

Es significativo que Daniel, en el año tercero de Ciro, rey de Persia, tuvo una visión semejante a la de Juan (Daniel 10:1-6). Al igual que este, Daniel se desmayó. En Daniel 10:8-9 leemos: «Yo solo veía la visión; la gente que estaba conmigo, aunque no veía la visión, quedó sobrecogida de terror y corrió a esconderse. Así quedé solo; al ver aquella magnífica visión me sentí desfallecer, mi semblante quedó desfigurado, y no lograba dominarme. Entonces oí el ruido de palabras, y al oírlas caí en un letargo, con el rostro en tierra» (NBE).

Notemos que Jesús puso su diestra sobre Juan, mientras le impartía valor diciéndole: «No temas...». El Señor le recuerda a Juan que él es principio y fin de todo. Además le confirma la realidad de su resurrección: «Y el que vivo y estuve muerto...». Los que creen en Jesús también vivirán eternamente. «Y tengo las llaves de la muerte y del Hades»; esto habla del poder que Jesús tiene sobre el infierno. Satanás y sus ángeles caídos (demonios) y todos los hombres que persistan en seguirle, ya están sentenciados a eterna reclusión en el infierno (Mateo 25:41; Apocalipsis 20:10, 15; 21:8).

En ese caso de Daniel se nos dice: «Una mano me tocó, me sacudió poniéndome a cuatro pies. Luego me habló: "Daniel, predilecto: fíjate en las palabras que voy a decirte y ponte en pie, porque me han enviado a ti". Mientras me hablaba así, me puse en pie temblando» (Daniel 10:10-11, NBE).

Daniel fue tocado por el ángel Gabriel, y mientras el ángel le hablaba Daniel tenía sus ojos puestos en tierra y estaba enmudecido (Daniel 10:12-15). Los labios de Daniel fueron tocados «por una figura humana» (NBE) y él pudo hablar. Luego fue de nuevo tocado para que se fortaleciera (v. 18). A Daniel se le llamaba «el muy amado». Juan era conocido como «el discípulo amado».

Saulo de Tarso, quien posteriormente llegó a ser el apóstol Pablo, viajaba camino a Damasco, repentinamente fue rodeado por un resplandor del cielo, cayó a tierra, viendo al Señor Jesucristo, y también lo oyó hablarle (Hechos 9:1-7; 1.ª Corintios 15:8).

Lo que Daniel, Pablo y Juan habían visto les hizo caer en tierra. Ante la sublimidad de la gloria celestial sus fuerzas humanas flaquearon. Ante la presencia de Dios tiembla toda la tierra (Salmo 114:7).

SEGUNDA DIVISIÓN
«Las que son»

CAPÍTULO 2

Las siete iglesias
(Apocalipsis 2:1-29 y 3:1-22)

En estos capítulos hemos de estudiar las siete iglesias de Asia Menor. Estas son: Efeso, Esmirna, Pérgamo, Tiatira, Sardis, Filadelfia y Laodicea. Los mensajes del Señor encierran cuatro grandes propósitos: primero, eran para estas siete iglesias locales. Segundo, eran para todas las iglesias o congregaciones en general. Tercero, eran para dar la plenitud de la historia del desenvolvimiento de la Iglesia, desde Pentecostés hasta el tiempo del fin. Cuarto, eran para dar un mensaje individual y personal a cada pastor y a cada creyente.

¿Por qué siete iglesias? El número siete se menciona en el Apocalipsis unas treinta y ocho veces. Este número se asocia con la idea de un todo acabado y perfecto. Significa totalidad, es decir, aquella querida y ordenada por Dios. En el Antiguo Testamento, los nombres de Dios, Eli-Seba, Yo-Seba y Beer-Seba, lo relacionan con el siete.

El número siete es visto en el Antiguo Testamento muchísimas veces. Siempre habla de plenitud, de totalidad y de un todo acabado: siete días de la creación denotan el poder creador de Dios (Génesis 1:3-31 y 2:1). Siete veces sería castigado el que matara a Caín, denota la plenitud del castigo divino (Génesis 4:15). Siete parejas de todo animal limpio y siete parejas de las aves de los cielos hablan de la plenitud de la creación viva que sobreviviría al diluvio (Génesis 7:2-3). Las siete vacas y las siete espigas hermosas que vio Faraón hablan de la plenitud de abundancia sobre Egipto (Génesis 41:27, 30). Las siete lámparas encendidas del candelero simbolizan la plenitud del Espíritu Santo (Números 8:1, 2). Las siete veces que estornudó el hijo muerto de la sunamita simbolizan la plenitud de la resurrección (2.ª Reyes 4:32-35). Las siete zambullidas de Naamán en el Jordán hablan de la plenitud de la sanidad divina (2.ª Reyes 5:14). Los siete tiempos que Nabucodonosor estuvo con las bestias del campo se refieren a la plenitud del castigo divino (Daniel 4:16).

El siete, en el Nuevo Testamento, conlleva el mismo significado: los siete espíritus que acompañan al espíritu inmundo que, habiendo dejado un cuerpo humano libre, se va, y cuando lo encuentra desocupado vuelve acompañado y lo posesiona simboliza la plenitud de la posesión demoníaca (Mateo 12:43-45). Las setenta veces que Pedro tenía que perdonar hablan del perdón pleno (Mateo 18:21, 22). Las siete estrellas simbolizan la plenitud de los pastores (Apocalipsis 1:20). Las siete lámparas o los siete espíritus son la plenitud del Espíritu Santo (Apocalipsis 4:5). Los siete cuernos y los siete ojos del Cordero describen el poder total y la omnivisibilidad plena de Cristo (Apocalipsis 5:6). Los siete sellos describen la plenitud legal del Señor (Apocalipsis 5:1). Las siete cabezas de la bestia señalan el gobierno total del anticristo (Apocalipsis 13:1). Las siete trompetas y las siete copas describen la plenitud de la ira y el castigo de Dios en los días finales (Apocalipsis 8:2, 6; 15:7; 16:1).

Efeso (Apocalipsis 2:1-7)

La ciudad de Efeso fue fundada en los tiempos pregriegos y reedificada en el año 356 a. C. Desde el año 133 a. C. fue capital de la provincia romana de Asia. Estaba situada en un lugar excelente a la desembocadura del Asestro, en el cruce de las rutas de Grecia y del Asia Menor.

En Efeso estaba el famoso templo de Artemisa. Allí se practicaba la magia y era conocida por sus papiros. Pablo visitó Efeso en su segundo viaje misionero (Hechos 18:19-21), y en su tercer viaje también la visitó (Hechos 19:1-20). La segunda vez residió tres años en Efeso, hasta que el tumulto promovido por Demetrio el platero le hizo abandonarla (Hechos 19:23-41). El Nuevo Testamento menciona a personas naturales o residentes en Efeso. A saber, Apolo, Aquila y Priscila, Timoteo, Prasto, Trófimo, Tíquico, Onesíforo, Escevas, Figelo, Hermógenes, Himeneo y Alejandro.

El Señor se le identifica a la Iglesia de Efeso como el protector de los pastores y el santificador de la Iglesia (Apocalipsis 2:1). Él reconoce las obras de esta Iglesia (Apocalipsis 2:2, 3). Estas eran: había trabajado arduamente y con paciencia. No podía soportar a los malos, hallando mentirosos a muchos que reclamaban ser apóstoles. Había sufrido sin desmayar por amor al nombre del Señor.

A pesar del peso de las cualidades, esta Iglesia estaba poseída por una falta, había dejado su primer amor (Apocalipsis 2:4). La razón para este abandono es:

1. Cayó espiritualmente y no se había arrepentido. «Recuerda, por tanto, de dónde has caído, y arrepiéntete...» (Apocalipsis 2:5). Son muchas las iglesias actuales que están en la misma condición de Efeso: son sanos en la doctrina que proclaman, rechazando lo falso. Sufren y desmayan por

amor a Jesucristo. Sin embargo, han caído espiritualmente. No existe comprensión entre los laicos y ministros. El celo personal los tiene paralizados.
2. Dejó de hacer las primeras obras «y haz las primeras obras» (v. 5). Cuando el amor hacia Cristo se pierde, el trabajo cristiano se paraliza. El que deja el primer amor puede continuar haciendo obras, pero las hará mecánicamente o humanamente, y no movido por la dinámica del amor expresado al Señor Jesús.

El Señor Jesús le dijo a la Iglesia de Efeso que se arrepintiera, «pues si no vendré pronto a por ti y quitaré tu candelero de su lugar si no te hubieras arrepentido» (v. 5). El candelero simboliza la Iglesia misma, el hecho de quitarlo es que sin amarle a Él (Cristo) sería un candelero sin luz que brindar al mundo. Sería una iglesia que adornaría la comunidad. Esto es una terrible exhortación para muchas congregaciones que han dejado sus primeras obras; si no se arrepienten pronto pueden ser cerradas para siempre. Jesús dijo: «Separados de mí nada podréis hacer...» (Juan 15:5).

«Pero tienes esto, que aborreces las obras de los nicolaítas, las cuales yo también aborrezco» (v. 6). ¿Quiénes eran los nicolaítas? ¿Qué hacían? ¿Por qué aquí se mencionan? Eran partidarios de una ideología gnóstica-liberal dentro de la Iglesia de Efeso y Pérgamo. Posiblemente estaban asentados en muchas otras congregaciones cristianas. El origen de su nombre es muy discutido. Quizás el fundador y originador de ellos fue un Nicolás de origen desconocido. El escritor de la antigua Isemec identificó a este grupo con el diácono «Nicolás prosélito de Antioquía» (Hechos 6:5). El nombre Nicolás, en griego significa «el que vence con el pueblo o vence al pueblo». Esta secta pretendía el liderato sobre la Iglesia, usurpándole su derecho a gobierno congregacional.

«... Al que venciere le daré a comer del árbol de la vida, el cual está en medio del paraíso de Dios» (v. 7). Dios siempre tuvo el plan original de que el hombre comiera del árbol de la vida si obedecía, viviendo eternamente (Génesis 2:16, 17; 3:22). Por su desobediencia, Adán y Eva fueron sacados del jardín del Edén, privándoseles de comer del árbol. El árbol de la vida está ahora en la nueva Jerusalén, a uno y a otro lado del río celestial que atraviesa la calle principal de esta ciudad eterna (Apocalipsis 22:2).

La palabra «Efeso» significa «deseada», la Iglesia es deseada por Cristo. Representa la Iglesia apostólica (año 30 d. C.) y se extiende hasta el final del primer siglo o la muerte de Juan. Es un cuadro de la Iglesia apostólica, de aquí aprendemos que la Iglesia del primer siglo se distinguió por su lealtad al Señor, pero tuvo sus faltas.

Esmirna
(Apocalipsis 2:8-11)

La ciudad de Esmirna, originalmente, fue una colonia eólica (griega). Estaba localizada en la desembocadura del Hermo. Alejandro Magno reconoció que Esmirna tenía una ubicación privilegiada para el comercio. En el año 300 a. C., después de ser destruida, el rey Lisimaco la reedificó. Se hizo muy famosa como puerto y ciudad comercial. A partir del año 133 a. C., la ciudad era romana, y junto con Pérgamo el centro más importante del culto imperial.

Esta Iglesia tal vez fue fundada por Pablo. El obispo de la misma, Policarpo, fue muy famoso (159-169 d. C.). Él fue discípulo del apóstol Juan. En la persecución ordenada por el emperador fue apresado. Eusebio de Cesarea, en su *Historia Eclesiástica*, cita las palabras de Policarpo, dirigidas al procónsul: «Me amenazas con el fuego, dijo Policarpo, que arde por espacio de una hora y al instante se apaga. Desconoces el fuego del juicio futuro y de la condenación eterna que está reservado para el suplicio de los impíos; ¿mas qué te detiene? Di lo que quieras» (Martirio de Policarpo, libro IV, capítulo 15). A la edad de ochenta y seis años murió quemado dando testimonio de su fe cristiana.

Jesús se le identifica a esta Iglesia como «el primero y postrero, el que estuvo muerto y vivió» (Apocalipsis 2:8). Los atributos de Cristo, más que cualquier otra cosa, debieron consolar a la Iglesia perseguida de Esmirna. La muerte fue para Cristo la puerta a la resurrección. Para los miembros de Esmirna morir sería vivir.

En el versículo 9 Jesús encomía a esta Iglesia. *a)* Por la tribulación que estaba experimentando debido a la persecución. *b)* Por su pobreza estaba despojada y desprovista de sus bienes. Pero ante los ojos de Él era rica en su gracia y favor. *c)* Por ser blasfemada por muchos que reclamaban ser judíos, pero eran simplemente instrumentos de Satanás para tropiezo de esta congregación.

El Señor amonesta a la Iglesia de Esmirna: «No temas en nada lo que vas a padecer. He aquí, el diablo echará a algunos de vosotros en la cárcel para que seáis probados, y tendréis tribulación por diez días...» (v. 10). Jesús nunca les encubre a sus hijos las cosas que deben sufrir por su causa. Él no busca seguidores que crean que todo son rosas, sino que les deja ver que con las rosas están las espinas.

Los «diez días» de tribulación pueden referirse a una persecución breve que tendría la Iglesia. A la misma vez creemos que se aplica a las diez grandes persecuciones imperiales que sufrió ese período histórico representado por Esmirna. Estas comenzaron con Nerón (año 64 d. C.) y abarcaron hasta Diocleciano (año 312 d. C.); los últimos diez años fueron de un efecto descomunal. El instigador de esto fue el diablo. Dos armas empleó en su guerra contra la Iglesia primitiva; por dentro la falsa enseñanza y por fuera la persecución. En el día presente ataca a la Iglesia con el arma del modernismo y la del ritualismo.

A los vencedores de Esmirna el Señor les promete: «Sé fiel hasta la muerte y yo te daré la corona de la vida» (v. 10). La corona de la vida simboliza la vida eterna. Esta promesa es reforzada en el versículo 11: «El que venciere no sufrirá daño de la segunda muerte». La primera muerte, o sea la separación del alma y del espíritu del cuerpo, es para todos, justos e injustos (Hebreos 9:27). En el rapto de la Iglesia los creyentes que vivan serán librados de la muerte primera (1.ª Tesalonicenses 4:15-17). La segunda muerte solo la librarán los que tengan sus nombres escritos en el libro de la vida (Apocalipsis 20:15). Esta muerte significa eterna separación de Dios. Hay consuelo en morir una vez para seguir viviendo eternamente.

«Esmirna» significa «mirra». La mirra, mezclada con aceite de oliva, produce un aceite muy aromático; mezclada con vino produce una bebida que embriaga (Marcos 15:23). La mirra también se mezclaba con aloe, y se usaba para embalsamar los cadáveres.

La tribulación, como la mirra, era amarga, pero salutífera para el futuro, preservando a los elegidos de la corrupción. La Iglesia de Esmirna fue muy sufrida, pero también fue muy bienaventurada. La época de las persecuciones imperiales romanas está ejemplificada en la Iglesia de Esmirna (año 64 d. C. a 312 d. C.).

Pérgamo
(Apocalipsis 2:12-17)

La ciudad de Pérgamo fue una antigua capital de Misia en el valle del Caicos (Asia Menor). Estaba localizada al norte de Efeso, residencia de los atalidas, hasta el año 133 a. C. Según el historiador Plinio (*Historia Natural*, 13:21), la fabricación y el uso del pergamino se deriva de Pérgamo. En el año 129 a. C. fue capital de la provincia romana en Asia. Aquí se encontraban los templos erigidos a Roma y Augusto. El famoso altar de Zeus de la Acrópolis, hoy en Moscú, estaba ahí.

En Pérgamo había un templo dedicado a Esculapio, dios de la medicina, adorado bajo la forma de la serpiente viva, símbolo de la medicina moderna. Es posible que Pablo fundara esta congregación en Pérgamo.

Al Señor se le identifica como «El que tiene la espada aguda de dos filos...» (v. 12). Esta frase se aplica al doble propósito de esta carta: *a)* Redargüir y convertir a algunos (versículos 13 y 17). *b)* Redargüir y condenar a otros (versículos 14 al 16).

El Señor encomía a esta Iglesia con estas palabras: «Yo conozco tus obras y dónde moras, dónde está el trono de Satanás, pero retienes mi nombre y no has negado mi fe ni aun en los días en que Antipas, mi testigo fiel, fue muerto entre vosotros donde mora Satanás» (v. 13). Esto del «trono de Satanás» no significa que Satanás tuviera su control universal diabólico desde Pérgamo, sino que en Pérgamo se adoraba al dios Esculapio. El culto pagano a este dios-serpiente se le tributaba a Satanás, la serpiente antigua (Génesis 3:1; Apocalipsis 12:9).

Satanás no está en el infierno, como creía el gran escritor John Milton, en su famosa obra *El paraíso perdido*. Él está libre, siendo el dios de este siglo (2.ª Corintios 4:4). Es el príncipe de la potestad del aire (Efesios 6:12). Satanás todavía no ha visitado el infierno ni el abismo (Apocalipsis 20:1-8).

Para muchos comentaristas, Pérgamo era «el trono de Satanás», porque ahí se estableció la religión babilónica de los sacerdotes caldeos, después de que estos huyeran de los ejércitos persas. Ellos deificaron a su emperador, Atalo III, rey de Pérgamo (año 133 a. C.). Además se le hizo acreedor del derecho sacerdotal. Este título, dado a él como «sumo pontífice», posteriormente fue heredado por Roma, de ahí que al papa se le llame así.

A pesar de la Iglesia de Pérgamo estar en un contexto tan pagano e idólatra, no negó su fe en Cristo, «ni aun en los días en que Antipas, mi testigo fiel, fue muerto entre vosotros» (v. 13). ¿Quién fue Antipas? ¿Cómo murió? Se cree que Antipas fue pastor (obispo) de la congregación en Pérgamo. Cuenta una antigua leyenda que él, durante el gobierno de Domiciano, fue encerrado dentro de un becerro de bronce candente y terminó su vida orando y dando gracias a Dios.

A pesar de la fidelidad tenida por los creyentes de Pérgamo tuvieron que ser amonestados por permitir la doctrina de Balaam y la doctrina de los nicolaítas (v. 14). Balaam enseñó a Balaac, rey moabita, a poner tropiezo para que los hijos de Israel comieran lo sacrificado a los ídolos y fornicaran. El Señor les hace mención de esta doctrina balaamita, dejándoles ver que la idolatría y corrupción de Pérgamo se estaba introduciendo en la Iglesia. Su fornicación espiritual los llevaría a perder su carácter de peregrinos y de pueblo escogido, así como le acaeció a Israel. La unión de la Iglesia con el mundo es adulterio espiritual (Santiago 4:4).

También retenían la doctrina de los nicolaítas. La Iglesia de Efeso aborrecía las obras de los nicolaítas (Apocalipsis 2:6), la de Pérgamo se le mostró indiferente (v. 15).

El Señor les promete: «Al que venciere daré a comer del maná escondido, y le daré una piedrecita blanca, y en la piedrecita escrito un nombre nuevo, el cual ninguno conoce, sino aquel que lo recibe» (v. 17).

El maná, en el santuario, era preservado por el poder divino de la corrupción, Cristo en su cuerpo incorruptible ha entrado al santuario celestial para ser preservado hasta el día de su manifestación a su pueblo. Cristo es para el mundo el «maná escondido». Para los creyentes es algo revelado a través de sus bendiciones.

El sumo sacerdote en el Antiguo Testamento llevaba una piedrecita blanca (diamante), que era el Orim llevado dentro del *choschen* o coraza de juicio con los nombres de las doce tribus sobre su corazón. Nadie sino el sumo sacerdote sabía el nombre escrito sobre esta piedrecita. Puede que haya sido el nombre incomunicable de Yahveh. Esta piedrecita era consultada por el sumo sacerdote cuando lo necesitaba. El nombre nuevo parece referirse a la triple bendición del nombre de Dios, del nombre de la ciudad celeste y del nombre nuevo de Cristo (léase Apocalipsis 3:12). En el cielo se nos dará la revelación de ese nombre nuevo.

«Pérgamo» significa «casamiento». Representa a la Iglesia casada con el mundo. Su período histórico comienza en el año 313 d. C. y se extiende hasta el principio del papado, en el año 606 d. C. La Iglesia cristiana en este tiempo se paganizó y llenó de formalismos, los sacramentos fueron más importantes que las experiencias de conversión. La Iglesia sustituyó los medios por el fin.

Tiatira
(Apocalipsis 2:18-29)

La ciudad de Tiatira estaba localizada en vía de Pérgamo a Sardis. Originalmente fue una colonia militar de Macedonia. Fue un centro industrial y comercial. Lidia, la vendedora de púrpura, tuvo a Pérgamo por patria (Hechos 16:4). Se considera a Seleuco Nicanor como su fundador, obra que realizó después de la muerte de Alejandro el Grande. En la Antigüedad se le conoció por Pelopia, actualmente se llama Akhissar. Su población pasa de los 17.000 habitantes, en su mayoría turcos.

A Jesús se le identifica como: «El Hijo de Dios, el que tiene ojos como llama de fuego y pies semejantes al bronce bruñido» (v. 18). (Hasta este momento nos hemos dado cuenta de que Jesús se le identifica a cada una de las iglesias con alguna descripción de la visión de sí mismo que dio a Juan en el capítulo 1:12-18).

Mediante el título «Hijo de Dios» el Señor da su credencial divina. En las Sagradas Escrituras el título «Hijo de Dios» tiene diferentes acepciones: *a)* Jesús es el Hijo de Dios por naturaleza. *b)* Los ángeles escogidos son hijos de Dios por creación. *c)* El pueblo de Israel son los hijos de Dios por haber sido escogidos de entre las naciones como pueblo de Dios. *d)* Los creyentes son hijos de Dios por adopción.

Los «ojos como llama de fuego» simbolizan su poder escudriñador. No hay nada grande en el cielo, ni pequeño en la tierra que escape ante la mirada del Señor. Jesús quería que los tiatirenses comprendieran que Él observaba todos sus actos, buenos o malos. Dijo David: «Jehová está en su santo templo; Jehová tiene en el cielo su trono; sus ojos ven, sus párpados examinan a los hijos de los hombres» (Salmo 11:4).

Los «pies semejantes al bronce bruñido» describen juicio y castigo (léase la explicación al Apocalipsis 1:15). El Señor luego pasa a encomiar a esta Iglesia: «Yo conozco tus obras y amor y fe y servicio y tu paciencia y que tus obras postreras son más que las primeras» (v. 19).

1. El amor. La Iglesia de Tiatira poseía el dinamo necesario para utilizar y gobernar los dones que es el amor. Una Iglesia puede poseer todos los dones, y si carece de amor no es nada ante los ojos de Dios.

Pablo dijo: «Ya puedo hablar las lenguas de los hombres y de los ángeles, que si no tengo amor no paso de ser una campana ruidosa o unos platillos estridentes. Ya puedo hablar inspirado y penetrar todo secreto y todo el saber; ya puedo tener toda la fe, hasta mover montañas, que si no tengo amor no soy nada. Ya puedo dar en limosna todo lo que tengo, ya puedo dejarme quemar vivo, que si no tengo amor de nada me sirve» (1.ª Corintios 13:1-3, NBE).

2. La fe. Una de las obras que el Señor vio en Tiatira fue la fe. Esta corta palabra de dos letras encierra un mundo de bendiciones y promesas. Hoy en día se enseña, se predica y se testifica mucho de la fe, pero en la práctica pocos creyentes tienen la suficiente fe para vencer sus problemas y superar sus dificultades. ¿Por qué?

El escrito a los Hebreos define la fe: «¿Qué es fe? Fe es la plena certeza de que lo que esperamos ha de llegar. Es el convencimiento absoluto de que hemos de alcanzar lo que ni siquiera vislumbramos» (Hebreos 11:1, NTV).

He ahí la razón por la cual muchos creyentes, en la práctica, contradicen su fe. En una campaña de avivamiento gritan con voz en cuello de su fe; una vez termina la misma continúan acongojados, desanimados, pesimistas y carentes de entusiasmo. La razón es obvia; están confundiendo la fe con las emociones. Las emociones sazonan nuestra vida, pero no nos pueden traer sanidad ni salvación. Pueden ayudarnos a adaptarnos a nuestros problemas, pero no nos pueden ayudar a resolverlos. Fe es estar seguros de recibir lo que se espera, sea lo que sea.

3. El servicio. Esta fue la tercera obra sobresaliente de la Iglesia de Tiatira. El servicio tiene que ser vertical como horizontal. Servimos a Dios, pero también servimos al prójimo. Es nuestro deber conducirnos fielmente cuando prestamos algún servicio a los hermanos de la fe, así como a los desconocidos (Gálatas 6:10).

4. La paciencia. Una característica más de esta congregación era la paciencia. El creyente que es paciente, ante una situación temblorosa y tormentosa de la vida, no se hace presa del pánico, sino que con una intrépida y valiente calma hace frente a cualquier problema, levantando con gozo su estandarte de la victoria.

La paciencia es también conformidad. Una persona conforme no se rinde ante su estado, no se queja a otros, jamás se lamenta al mundo, mas al contrario recurre a Dios por ayuda.

Las siete iglesias (Apocalipsis 2:1-29 y 3:1-22)

Algunas consideraciones sobre la paciencia, de acuerdo al Nuevo Testamento, son: *a)* La prueba de la fe produce paciencia (Santiago 1:3). *b)* La paciencia debe tener su obra completa (Santiago 1:4). *c)* Hay que tener paciencia hasta la venida del Señor (Santiago 5:7). *d)* A la paciencia se le debe añadir dominio propio (2.ª Pedro 1:6).

Qué triste es ser encomiado y alabado, como lo fue Tiatira, y luego ser reprendido con estas palabras: «Pero tengo unas pocas cosas contra ti, que toleras que esa mujer, Jezabel, que se dice profetisa, enseñe y seduzca a mis siervos a fornicar y a comer cosas sacrificadas a los ídolos» (v. 20).

Analicemos primero a la mujer llamada Jezabel, que se menciona en el Antiguo Testamento: fue hija de Etbaal, rey de los sidonios, y adoraba a Baal (1.ª Reyes 16:31). Se casó con Acab, rey de Israel (1.ª Reyes 16:31). Fomentó el culto a Baal, tolerado por su esposo Acab (1.ª Reyes 16:32). En Samaria, a instancia suya, hizo construir un templo a Baal (1.ª Reyes 18:25-41). A la muerte de Joram, hijo de Acab (2.ª Reyes 8:29), Eliseo ungió como rey a Jehú (2.ª Reyes 9:1, 4-10). Cuando Jehú estaba entrando a la ciudad arrojaron a Jezabel por la ventana del palacio, en la cual estaba asomada (2.ª Reyes 9:30-34). El rey Jehú dio orden de recogerla para sepultarla, pero ya Jezabel había sido comida por los perros (2.ª Reyes 9:35-37).

Jezabel había corrompido al pueblo de Israel en el Antiguo Testamento. En Tiatira se encontraba otra Jezabel, profetisa, que mediante falsas profecías estaba corrompiendo el carácter espiritual de los creyentes. Hay que tener cuidado con las muchas Jezabeles y Acabes que se levantan en medio de las congregaciones cristianas para corromperlas. Estas falsas profetisas siembran enemistades, traen divisiones en la Iglesia de Cristo y arruinan ministerios.

Son muchos los que pretendiendo ser enviados de Dios están diciéndole al pueblo cristiano que haga lo que Dios ha prohibido en su palabra. La Jezabel de Tiatira enseñaba y seducía a los creyentes para que fornicaran y comieran de lo sacrificado a los ídolos (v. 20). A los tales hay que rechazarlos. El apóstol Pablo condenó los alimentos sacrificados a los ídolos (1.ª Corintios 10:18-22), condenó la fornicación (Gálatas 5:19; 1.ª Corintios-10:8).

El Señor le dio tiempo a esta mujer para que se arrepintiera, pero ella no quiso hacerlo (v. 21). El juicio para ella está sumarizado en estas palabras: «Mira, la voy a postrar en cama, y a sus amantes los voy a poner en grave aprieto si no se enmiendan de lo que hacían con ella. A los hijos que tuvo les daré muerte; así sabrán todas las iglesias que yo soy el que escruta corazones y mentes y que les voy a pagar a cada uno de ellos conforme a sus obras» (vv. 22 al 23, NBE).

Esto no respalda la tradición de que el Señor envía las enfermedades sobre sus hijos para disciplinarles. Jezabel era más bien una hija del diablo que una hija de Dios. Dios es el autor de la vida y de la salud. El diablo es el autor de la muerte, el pecado, las enfermedades y de todo lo que haga daño a los seres humanos alejándoles de Dios. Fue el mismo diablo el que la enfermó de muerte, con la permisión de Dios. Porque ni una sola hoja de un árbol puede caerse sin el permiso de Dios.

Los que con Jezabel estaban adulterando pasarían por una gran tribulación (v. 22). Los hijos de ella mencionados en el versículo 22 pueden referirse a hijos ganados por su ministerio. Puede ser también que hayan sido hijos naturales de ella, que estaban tan corrompidos o aún peor que su propia madre. Sobre ellos había juicio divino predicho.

A pesar de que en toda época y en todas las iglesias hay cizaña, siempre encontramos el trigo. En Tiatira estaba aquel grupo lleno de amor, fe, servicio y paciencia.

A este remanente fiel el Señor le dice: «Ahora me dirijo a vosotros, los demás de Tiatira que no profesan esa doctrina ni han experimentado lo que ellos llaman las profundidades de Satanás. No les impongo ninguna otra carga, basta que mantengan lo que tienen hasta que yo llegue» (vv. 24 al 25, NBE). La idea céntrica aquí es que el creyente no debe abandonar jamás la sana doctrina.

La promesa a los tiatirenses es: «Al que venciere y guardare mis obras hasta el fin yo le daré autoridad sobre las naciones y las regirá con vara de hierro, y serán quebradas como vaso de alfarero, como yo también la he recibido de mi Padre, y le daré la estrella de la mañana» (versículos 26 al 28).

Los creyentes de Tiatira son exhortados a no flaquear y a luchar hasta alcanzar la victoria. Esto es posible guardando las obras. Recibirían el glorioso privilegio juntamente con Cristo sobre las naciones. El alfarero, cuando la vasija no sirve, toma la vara de hierro y la desmenuza; así será el gobierno de Cristo con sus fieles sobre la tierra milenial, lo que no sirva de entre los hombres será echado para siempre en el infierno, después de que sea quebrantado por su palabra poderosa.

La expresión «y le daré la estrella de la mañana» significa que Jesús se dará a sí mismo, pues Él es la estrella de la mañana. En Apocalipsis 22:16 leemos: «... Yo soy la raíz y el linaje de David, la estrella resplandeciente de la mañana».

«Tiatira» significa «aquella que no se cansa de sacrificar». Cubre un lapso de tiempo que comienza en el año 606 d. C. (asunción papal) y se prolonga hasta la reforma protestante, en el año 1520 d. C.

Fue durante este tiempo que la Iglesia católica, simbolizada por la Jezabel de Tiatira, corrompió la Iglesia cristiana con sus ritos y tradiciones paganas haciéndola fornicar. Pero hubo un remanente, en estos siglos de obscurantismo, que no se sumergió en «las profundidades de Satanás». Muchos fueron martirizados por decirle no a Jezabel. A estos se les conoce en la historia eclesiástica como «los protestantes».

Sardis
(Apocalipsis 3:1-6)

La ciudad de Sardis fue la antigua capital de Lidia, famosa por su industria de lana en el año 546-550 a. C. Ciro, rey de los persas, la conquistó. En el año 17 d. C. fue destruida por un sismo y reconstruida por César Tiberio. Las ruinas de Sardis se llaman Sert Kalessi, y el sitio es insalubre y desolado.

El Señor se identifica a Sardis como «El que tiene los siete espíritus de Dios y las siete estrellas» (v. 1). «Los siete espíritus» denotan la plenitud de la acción y operación del Espíritu Santo dentro de las iglesias. El Señor le revela a Sardis que Él tiene la plenitud del Espíritu Santo y que es el único que puede bendecir plenamente.

«Las siete estrellas» son los siete pastores de las siete iglesias del Asia Menor. Cada pastor es guardado, protegido y dirigido por la mano gloriosa de Cristo.

Sardis al igual que la Iglesia de Laodicea (Apocalipsis 3:14-19) son las únicas que no son encomiadas por el Señor. Cristo conocía las obras de Sardis, por eso le dice: «Tienes nombre de que vives, y estás muerto». Él no dice: «están muertos», sino «estás muerto». Estos mensajes a las siete iglesias tenían que ser dirigidos y digeridos por los pastores, y luego por los feligreses.

Para el mundo, Sardis aparentaba vida espiritual, pero para Cristo estaba muerta. ¡Qué estado terrible para una Iglesia que predica vida y ella misma está muerta! Quizás predicaba del poder de Dios, pero ella no lo tenía. Hablaba de gozo al mundo, pero sus cultos eran frívolos y rutinarios. Decía: «no hagas esto», pero en lo secreto ella lo practicaba.

A estos creyentes, como a los de Sardis, son los que el Señor les dirá: «Muchos me dirán en aquel día: "Señor, Señor, ¿no profetizamos en tu nombre, y en tu nombre echamos fuera demonios, y en tu nombre hicimos muchos milagros?". Y entonces les declararé: "Nunca os conocí; apartaos de mí, hacedores de maldad"» (Mateo 7:22-23).

La amonestación del Señor a Sardis lee así: «Sé vigilante y afirma las otras cosas que están para morir, porque no he hallado tus obras perfectas delante de Dios» (v. 2). Sardis descuidó su vida espiritual.

¿Qué nos enseña el Nuevo Testamento sobre la vigilancia? *a)* Hay que velar, porque no sabemos a la hora que ha de venir el Señor (Mateo 24:42). *b)* Hay que velar y orar para no entrar en tentación (Mateo 26:41). *c)* Hay que velar debidamente para no pecar (1.ª Corintios 15:34). *d)* Hay que velar en súplica y perseverancia (Efesios 6:18). *e)* Hay que velar en oración (1.ª Pedro 4:7). *f)* Es bienaventurado el que vela (Apocalipsis 16:15).

Sardis tenía algunas cosas que todavía no habían muerto. ¡Qué solemne advertencia de peligro! Es como si un conductor, manejando en una carretera, leyera el aviso «Cuidado, precipicio a una milla», continuara sin tomar ninguna precaución. ¿Cuál sería su fin por su desobediencia? Sin lugar a dudas, una muerte trágica.

El Señor, en su amonestación a Sardis, finaliza haciéndole el recordatorio de guardar lo que había recibido u oído. Es decir, este mensaje, mostrando un arrepentimiento de sus obras malas. De hacerlo, la venida del Señor por su Iglesia, si era en aquellos días, no la tomaría por sorpresa o como ladrón (v. 3). El Señor no vendrá como ladrón en la noche para su Iglesia, como algunos predican y enseñan. El ladrón viene para el que no lo espera, y la Iglesia espera a su Señor (1.ª Tesalonicenses 5:4).

En Sardis había unas pocas personas que no habían manchado sus vestiduras; por consiguiente, andarían con el Señor con vestiduras blancas por ser dignos (v. 4). El no manchar sus vestiduras parece referirse al hecho de no corromperse o contaminarse con el estado de los demás. El pecado mancha las vestiduras espirituales del creyente, pero la sangre de Cristo las limpia (1.ª Juan 1:7). Si nota alguna mancha en sus vestiduras espirituales deje que la sangre de Cristo le dé una buena lavada.

Las vestiduras blancas simbolizan pureza, santidad y, sobre todo, hablan de la justicia de los santos, que es imputada por medio de Cristo.

Pero no solo esto recibirán los vencedores de Sardis, sino que su nombre no sería borrado del libro de la vida; «Y no borraré su nombre del libro de la vida» (v. 5). En las antiguas ciudades se guardaba un registro de los ciudadanos que vivían, los que morían eran borrados (algo así como un registro demográfico). Así es en la ciudad celestial de Dios; el que muere en pecados está borrado de este maravilloso libro (Apocalipsis 20:15).

Luego, el Señor añade: «Y confesaré su nombre delante de mi Padre y delante de sus ángeles» (v. 5). Esta promesa sería para aquellos que lo confesaran delante de los hombres y no lo negaran (Mateo 10:32-33).

No tema decir que Cristo salva, sana, bautiza en Espíritu Santo, y que vuelve otra vez. ¡Sea a Él la gloria!

«Sardis» significa «los que escapan». Simbólicamente abarca el período que comenzó con la Reforma protestante (año 1520 d. C.) y llegó hasta el avivamiento misionero protestante (año 1750 d. C.). En este tiempo, la Iglesia, que había muerto espiritualmente, experimentó una resurrección espiritual en cuanto a lo doctrinal se refiere.

El más célebre de estos líderes fue Martín Lutero. Nació en Eisleben en el año 1483. Se crió en una humilde aldea de su patria, Alemania. Su padre era minero, y en compañía de su esposa moldeó el carácter de su hijo. A la edad de 18 años ingresó en la universidad de Erfurt. Un día se encontró examinando los libros en la biblioteca, interesándose por una Biblia en latín, aparentemente nunca había visto una.

Al hojearla sintió un deseo incontrolable de ingresar a una orden monástica. Después que fue ordenado sacerdote, estando en la universidad de Wittenberg (Alemania), recibió su doctorado en teología, en 1512.

Pocos años después comenzó un abierto ataque en contra de los engaños enseñados por el clero católico, con especialidad la venta de indulgencias promulgadas por el papa León X para construir una nueva basílica de san Pedro. El día 31 de octubre de 1517, Lutero enclavó sus famosas 95 tesis en la puerta de la Iglesia del castillo en Wittenberg. La llama de la reforma comenzó a arder, tomando mayor fuerza en el año 1520. Lutero moría en 1546.

En este período eclesiástico, la Iglesia tenía nombre de que vivía y estaba muerta. Lutero, Melanchton, Calvino y otros fueron el grupo que no mancharon sus vestiduras, cuyos nombres estaban en el libro de la vida.

Filadelfia
(Apocalipsis 3:7-13)

La ciudad de Filadelfia recibió su nombre de su fundador, Atalo II Filadelfo, rey de Pérgamo (nació en el año 159 a. C. y murió en el 138 a. C.). En el año 133 a. C. pasó a ser posesión de Roma. En 1329 d. C. fue tomada por los turcos. La ciudad moderna es de muy mala construcción, con una población de sobre 10.000 habitantes. En los restos arqueológicos que quedan se reclama que fue el lugar donde estuvo la Iglesia a la cual Juan escribió.

Jesús se dirige a Filadelfia con estas palabras: «Esto dice el Santo, el Verdadero, el que tiene la llave de David, el que abre y ninguno cierra, y cierra y ninguno abre» (v. 7).

«El Santo» revela como título la completa pureza moral del Señor. Por ser santo en su vida terrenal, fue impecable, es decir,

45

nunca pecó, aunque fue tentado. Su santidad no puede pasar por alto el pecado, se le llame como se le quiera llamar.

«El Verdadero», en Jesús nunca hubo mentira. Era amante de la verdad y enseñaba con verdad el camino de Dios (Mateo 22:16), estaba lleno de gracia y de verdad (Juan 1:14), hablaba la verdad exponiéndose a la muerte (Juan 8:40), Él, como la verdad, podía liberar a los hombres (Juan 8:32), Jesús era y es la verdad (Juan 14:6).

«El que tiene la llave de David», por haber recibido el trono de David. El ángel Gabriel le dijo a María: «... y el Señor Dios le dará el trono de David su padre, y reinará sobre la casa de Jacob para siempre, y su reino no tendrá fin» (Lucas 1:32-33). El profeta Isaías dijo: «Le pondré en el hombro la llave del palacio de David; lo que él abra nadie lo cerrará, lo que él cierra nadie lo abrirá» (Isaías 22:22, NBE). Las llaves, en las Sagradas Escrituras, simbolizan autoridad (Lucas 11:52; Mateo 10:19, 18:18; Apocalipsis 9:1, 20:1).

«El que abre y ninguno cierra, y cierra y ninguno abre», revela la autoridad que tiene el Señor de aceptar en la ciudad celeste a todos los que sean dignos, y de rechazar a los indignos. Él abre la entrada al cielo a los justos, y nada ni nadie la puede cerrar. Él cierra la entrada a los injustos, y nada que se haga en la tierra puede abrirles para que entren en el cielo, ni promesas, ni rosarios, ni santos, ni aun el mismo inexistente purgatorio.

La Iglesia de Filadelfia, por medio del Señor, tuvo una puerta abierta: «He aquí, he puesto delante de ti una puerta abierta, la cual nadie puede cerrar» (v. 8). La puerta de las bendiciones celestiales estaba abierta para esa Iglesia. El mundo le había cerrado muchas puertas, pero Cristo le abrió su puerta.

«Porque aunque tienes poca fuerza» (v. 8), parece ser que en cuanto a membresía y recursos económicos la Iglesia estaba debilitada. Pero en esa falta de fuerza el Señor se gloriaba. Esto nos recuerda las palabras de Jesús al apóstol Pablo: «Bástate mi gracia, porque mi poder se perfecciona en la debilidad...» (2.ª Corintios 12:9). Filadelfia podía contestar con regocijo al Señor, «porque cuando soy débil, entonces soy fuerte» (2.ª Corintios 12:10).

«Has guardado mi palabra y no has negado mi nombre» (v. 8). En toda la fuerte oposición de judíos legalistas, Filadelfia se mantuvo fiel a la palabra del Señor, creyendo sus promesas y confiando en Él por la victoria. No negó el nombre del Señor, apostando por su creencia religiosa y su fe cristiana.

Sobre la triple puerta de la entrada a la catedral de Milán se leen tres inscripciones. La primera está rodeando a una corona de rosas, y lee: «Todo lo placentero es por un momento». La segunda está rodeando a una cruz, y lee: «Todo lo que nos hace sufrir es por un momento». En la tercera, la más hermosa de las tres, se lee: «Lo único que permanece es lo eterno». Los placeres se acabarán, los sufrimientos finalizarán, pero solo aquellas cosas que son de perdurabilidad eterna continuarán. Este era el mensaje que el Señor quería transmitir a Filadelfia y que desea compartir con nosotros.

Es grato el saber que el Señor no tiene que amonestar a Filadelfia. Como Iglesia estaba haciendo lo que a Él le agradaba, no había dejado su primer amor, no estaba en adulterio espiritual, y sus obras postreras eran tan buenas como las primeras. Por medio del testimonio de Filadelfia, aquel grupo de judíos que se oponían reconocerían su grave error (v. 9).

En el versículo 10 leemos: «... Yo también te guardaré de la hora de la prueba que ha de venir sobre el mundo entero para probar a los que moran sobre la tierra». Esto se cumplió históricamente durante la persecución del emperador Trajano; todas las iglesias cristianas fueron azotadas y perseguidas, en cambio, Filadelfia no. Posteriormente, los musulmanes destruyeron casi todas las iglesias de Asia, milagrosamente Filadelfia permaneció. En el siglo IV, un conquistador tártaro llamado

Tamerlanes destruyó la residencia de las otras seis iglesias, Filadelfia escapó de sus manos.

La promesa a los filadelfos está encerrada en estas palabras: «Al que venciere yo lo haré columna en el templo de mi Dios, y nunca más saldrá de allí, y escribiré sobre el nombre de mi Dios y el nombre de la ciudad de mi Dios, la nueva Jerusalén, la cual desciende del cielo, de mi Dios, y mi nombre nuevo» (v. 12).

¿Qué significa todo esto? El hecho de ser columnas en el templo de Dios, o sea, en el cielo, indica que según todas las cosas del templo terrenal eran santas, los creyentes, en el cielo, seguirían siendo santos. Las columnas soportan las construcciones y no se mueven, indicando su estado permanente de santidad. «Y nunca más saldrán de allí» hace énfasis en que no caerían jamás de la gracia y comunión eterna con Dios. El tener escrito el nombre de Dios significa pertenecientes a Dios. El tener escrito el nombre de la ciudad denota el derecho a ser ciudadanos de la misma. El nombre nuevo habla de ser completamente del Señor.

«Filadelfia» significa «amor fraternal». Describe el período que principió con las obras misioneras (1750 d. C.) y se extenderá hasta que la Iglesia sea tomada en el rapto (?).

En este período, Dios le abrió la puerta de la evangelización a las grandes misiones. El día 13 de junio de 1793 el barco *Kron Princess María* zarpó de Inglaterra con destino a la India. Entre sus tripulantes se encontraba Guillermo Carey, «padre de las misiones modernas» por ser el primero en entrar por la puerta ancha que el Señor abrió a la obra misionera. El día 7 de noviembre, el barco ancló en las costas de India. La puerta hacia los campos misioneros Dios la sigue manteniendo abierta.

A la Iglesia de Cristo en general se le promete: «Yo también te guardaré de la hora de la prueba». En ningún momento se le dice a la Iglesia «en», sino «de». (En el original griego se lee «ek», que al igual que «ex» significa «fuera de»).

Hay tres escuelas proféticas que debaten sobre el traslado o rapto. La primera enseña que el rapto será antes de la tribulación. La segunda enseña que el rapto será durante la tribulación. La tercera se adhiere a la enseñanza de que el rapto será después de la tribulación. Todos defienden su posición con la apelación a las Sagradas Escrituras.

Los adventistas del séptimo día, cuya fundadora fue la señora Elena G. de White, sostienen que la Iglesia tiene que pasar por la gran tribulación, siendo guardada en la misma. Ellos citan como evidencia bíblica a Noé y a los tres jóvenes hebreos. Conviene aclarar que Noé y sus hijos fueron preservados en el arca del diluvio universal (Génesis 6:17-18; Hebreos 11:7). Los tres jóvenes hebreos fueron preservados en el horno de fuego (Daniel 3:23-25). Sin embargo, la Iglesia de Cristo no será guardada del juicio de fuego y azufre de Sodoma y Gomorra (Génesis 19:29). Así será con la Iglesia del Señor, será sacada fuera de la Sodoma y Gomorra de este mundo pecaminoso.

Por lo tanto, el rapto o traslado no es un evento «en medio» de la tribulación o «después» de la tribulación, sino «antes» de la tribulación.

La Biblia enseña que la Iglesia será tomada antes de la gran tribulación al cielo (1.ª Tesalonicenses 4:16-17). En Apocalipsis 4:1 se desprende la enseñanza del rapto. Juan fue llevado en el Espíritu al cielo después de haber visto una puerta abierta y una voz como de trompeta que lo llamó. La última expresión de este versículo cita: «Y yo te mostraré las cosas que sucederán después de estas». Esto último se refiere a lo relacionado con las siete iglesias apocalípticas. Juan, aquí, representa a los santos que serán tomados al cielo antes de los juicios escatológicos.

El Señor levantará y tomará a su Iglesia en «un abrir y cerrar de ojos» (1.ª Corintios 15:52). La frase «he aquí yo vengo pronto» se contextualiza con el abrir y cerrar de ojos, además, describe la inminencia de su retorno (Apocalipsis 3:11). Cierre sus ojos y luego ábralos lo más rápido que pueda. Eso tomará el rapto de la Iglesia.

No todos los que forman parte de la Iglesia nominal serán levantados en el rapto. Aquellos que, como Filadelfia, han guardado la palabra del Señor y no han negado su nombre se irán con Él. Aclaramos: Jesús no tiene dos iglesias, sino una sola Iglesia. Esta es la que se va para el cielo. La Iglesia de Cristo no pasará por la gran tribulación apocalíptica (léase Juan 14:1-3; Hechos 1:10-11; 1.ª Tesalonicenses 5:9, 1:10).

Laodicea
(Apocalipsis 3:14-22)

La ciudad de Laodicea fue muy comercial e industrial. En su época llegó a ser el centro de la medicina. Antíoco II (año 261 a. C. al 246 a. C.) la fundó en honor a su esposa, Laodicea. Conjuntamente con Pérgamo, la ciudad de Laodicea pasó a ser posesión de Roma. En el 61 d. C. fue azotada por un terremoto; cuando Roma le ofreció ayuda la rechazó. En muchas monedas locales que se han encontrado se ven impresas las imágenes de muchos de sus médicos, los cuales se dedicaron al estudio de las enfermedades de los ojos (oftalmología).

El evangelio fue predicado en Laodicea por Epafras, discípulo de Pablo (Colosenses 1:7, 4:12-13). En Colosenses 4:16 leemos: «Cuando esta carta haya sido leída entre vosotros haced que también se lea en la Iglesia de los laodicenses, y que la de Laodicea la leáis también vosotros». La carta a los laodicenses no se ha encontrado, aunque existe una carta apócrifa que posiblemente data del siglo IV. Esta epístola apócrifa consta de tan solo diecinueve versículos. El último versículo lee así: «Haced que esta epístola se lea a los colosenses, y la epístola a los Colosenses se lea entre vosotros».

La prerrogativa del Señor a esta Iglesia es como sigue: «He aquí el amén, el testigo fiel y verdadero, el principio de la creación de Dios» (v. 14).

«El amén»; esta palabra pasó, sin modificación, del hebreo al griego y del griego al latín. Esta palabra significa «así sea» (Jeremías 11:5) y «en efecto» (Jeremías 28:6).

Jesús se les presentó a los laodicenses como el «amén», porque en Él está la aceptación de las promesas divinas, siendo el «sí» de ellas. En 2.ª Corintios 1:20 leemos: «Pues por muchas que sean las promesas de Dios, en Él está el sí de ellas, y en Él el amén para gloria de Dios por medio de nosotros» (VM).

«El testigo fiel y verdadero», el Señor se llama a sí mismo con este título, porque con fidelidad y verdad enseñó, revelando aquellas cosas desconocidas al hombre. Es «el testigo fiel y verdadero», porque sus obras daban testimonio de Él (Juan 5:36); el Padre que lo envió dio testimonio de Él (Juan 5:37); las Escrituras testifican en favor de Él (Juan 5:39); el Espíritu Santo da testimonio de Él (Juan 15:26); los discípulos dieron testimonio de Él, porque desde el principio estuvieron con su persona (Juan 15:27); Él dio testimonio de la verdad (Juan 18:37); Juan fue exiliado a la isla de Patmos por dar testimonio de Él (Apocalipsis 1:9); el testimonio de Jesucristo es el espíritu de la profecía (Apocalipsis 19:10); el Señor testificó de la brevedad de su venida (Apocalipsis 22:20).

«El principio de la creación de Dios», esto no quiere establecer que el Señor es lo primero que Dios Padre creó, porque Él es increado (Juan 1:1). El Señor Jesús utiliza esta identificación para mostrar que todo lo creado por el Padre principió en Él (Juan 1:3; Colosenses 1:16-19).

La Iglesia de Laodicea no recibe encomio ninguno del Señor. Él no les da mérito por sus buenas obras, porque no las estaban haciendo; no les alaba por su fidelidad porque no había en sus miembros sinceridad; no les da mérito por su doctrina porque la misma estaba adulterada. ¡Pobres laodicenses, de Iglesia solo tenían el nombre!

Las palabras amonestadoras a Laodicea citan: «Yo conozco tus obras, que ni eres frío ni caliente. ¡Ojalá fueses frío o caliente! Pero por cuanto eres tibio y no frío ni caliente, te vomitaré de mi boca» (vv. 15 al 16). ¿A qué personas se les aplican los vocablos «fríos», «tibios» o «calientes»?

1. Los fríos. El no aludirse a personas frías en Laodicea indica que no había ninguno. A los «tibios» el Señor les dice que los vomitaría de su boca, pero de los fríos no dice esto, porque estaban fuera de su alcance. El término «frío» parece designar a aquellos que todavía no han conocido al Señor. Pero así, en ese estado de congelación espiritual, pueden derretirse, conociendo y aceptando a Jesús como Salvador de sus almas. El fuego del Espíritu Santo calienta a los fríos, que de Él se dejan llenar.

2. Los tibios. Los creyentes de Laodicea eran de un estado espiritual medio y no completo. Las fuentes termales conocidas como Pammukkale o «Castillo de Algodón» se encontraban muy cerca de Laodicea. Al otro extremo estaban las aguas frías de Colosas. Eran dos extremos beneficiosos el frío y el caliente. Pero un estado neutro de tibio no era apropiado. La ilustración del Señor fue apropiada para la ocasión y condición de esta Iglesia.

Los creyentes tibios de la Iglesia son aquellos que no hallan felicidad plena en Cristo. Siempre están murmurando de todo (Santiago 4:11); aman al mundo y las cosas de este (Santiago 4:4), pero reclaman amar a Cristo. Estas clases de personas nunca llegan a ningún lugar, son enanos espirituales, nunca logran lo propuesto (Santiago 1:8, 4:8).

3. Los calientes. El Señor los quiere y no los expulsa. Son creyentes que han nacido de nuevo, aman a Dios y repudian el pecado. Son fieles y no inestables. Una vez que han puesto la

mano en el arado no la quitan. No se vuelven a las falsas religiones o sectas. Viven lo que predican y predican lo que viven.

La Iglesia de Laodicea, al igual que la ciudad, era muy orgullosa. En el año 61 d. C. no aceptó la ayuda de Roma después de la devastación ocasionada por un gran seísmo. La Iglesia se gloriaba de sus riquezas materiales y espirituales; según ella no necesitaba nada (v. 17). Eran desventurados porque carecían de la dicha celestial, miserables porque daban pena, pobres por estar necesitados de las ricas bendiciones celestiales, ciegos porque no veían cosas que eran espirituales y desnudos porque estaban desvestidos de la justicia y santidad de Dios.

El Señor les exhorta a comprar oro refinado de Él, a ponerse vestiduras blancas y a ungir sus ojos con colirio (v. 18). El oro muestra su pureza y deja ver su brillo cuando es sometido al fuego. Los laodicenses necesitaban ser purificados por el fuego del Espíritu Santo, dejando que Cristo brillara a través de ellos.

Las vestiduras blancas simbolizan la justicia de los santos, que es imputada por Cristo y no por ellos mismos. El colirio se emplea para describir la obra del Espíritu Santo. El creyente necesita visión espiritual en la conciencia. El colirio era usado como medicamento para tratar las enfermedades de los ojos, producía una especie de ardor y quemazón en los ojos, luego sanaba. Antes de que el creyente goce de una buena visión espiritual, el Espíritu Santo tiene que quemar en este muchas cosas que no le dejan ver correctamente.

Laodicea es instada a arrepentirse y a ser celosa (v. 19). Luego le son pronunciadas estas palabras: «Mira que estoy a la puerta llamando: si uno me oye y me abre entraré en su casa y cenaremos juntos» (v. 20, NBE). Son muchas las iglesias que reclaman ser de Cristo, pero este está fuera pidiéndole a esta que lo invite a entrar. La tibieza espiritual lo había sacado. Pero amorosamente Cristo toca, esperando que le abran la puerta de la aceptación.

El Señor les promete sentarse con ellos en su trono, así como Él se sentó con el Padre en su trono (v. 21). ¡Qué contraste! Primero les dijo que los iba a vomitar, y ahora les promete reinar con Él. Desde luego, sí cambiaban su aptitud espiritual hacia Él. «Laodicea» significa «juicio del pueblo o voz del pueblo». En griego, *laos* se refiere a «pueblo» o «laicos». Describe la Iglesia apóstata de estos días y de los días finales. Una Iglesia fría en sus cultos, muy intelectualizada, politicalizada, secularizada y que funciona más bien como una organización que como un organismo.

Son muchas las iglesias que se jactan de que no tienen necesidad de nada; poseen templos ornamentosos y muchas facilidades; los devocionales son acompañados por floridos coros; sus denominaciones gozan de tener colegios y seminarios y lugares para retiros; los miembros son muy influyentes y de clase media; sin embargo, la presencia de Cristo en los servicios está ausente. Son iglesias tibias en la adoración, tibias en el servicio cristiano, tibias ganando a otros para Cristo, tibias en la oración, tibias en la asistencia al templo y tibias en su nutrición espiritual.

TERCERA DIVISIÓN
«Las que han de ser después de estas»

CAPÍTULO 3

El trono en los cielos
(Apocalipsis 4:1-11)

Al mensaje de las siete iglesias le sigue la tercera división del libro del Apocalipsis: «Y las que han de ser después de estas» (Apocalipsis 1:19). Juan nos dice: «Después de esto miré, y he aquí una puerta abierta en el cielo, y la primera voz que oí, como de trompeta, hablando conmigo, dijo: "Sube acá y yo te mostraré las cosas que sucederán después de estas"» (v. 1).

El rapto de Juan

Este primer versículo, en particular, corrobora el rapto de la Iglesia, el cual ya he mencionado, pero conviene el hacer algunas aclaraciones.

Los capítulos 2 y 3 describían etapas, períodos y condiciones de las iglesias. Los capítulos 4 y 5 introducen un cuadro celestial. El capítulo 6 es el principio al período de la tribulación.

La historia de la Iglesia es detenida, señal de que no estará aquí, en la tierra, durante los sucesos de la gran tribulación. La expresión «sube acá» habla de un evento repentino, algo así como un rapto. Se infiere entonces que Juan es tipo de la Iglesia que será raptada o arrebatada al cielo antes de que la ira de Dios se cierna sobre el mundo.

En el Espíritu

En el versículo 2 de este capítulo 4 leemos: «Y al instante yo estaba en el Espíritu...». Esta expresión o su equivalente es empleada cuatro veces en el libro de Apocalipsis: «Yo estaba en el Espíritu en el día del Señor» (1:10); «Y me llevó en el Espíritu al desierto» (17:3); «Y me llevó en el Espíritu a un monte alto» (21:10). El nombre «Espíritu» ha sido rendido por los traductores con letra mayúscula, indicándose que el mismo se refiere a la tercera persona de la Trinidad, el Espíritu Santo. La Biblia de Jerusalén rinde esa frase así: «Al instante caí en un éxtasis». Notemos que se dice de Juan que estaba o fue llevado «en el Espíritu» y no «con el Espíritu». Es el Espíritu en Juan el que lo transportó a estas experiencias suprahumanas, metafísicas y transcendentales. Un creyente lleno del Espíritu Santo transcenderá las limitaciones humanas y las realidades terrenales.

Lo que Juan vio en el cielo

El cielo donde está Dios es todavía una realidad inimaginable por el hombre. Los conceptos humanos para describirlo son abstractos y limitados para rendir una imagen satisfactoria del mismo. Juan, aunque simbólicamente, puede ver a través del telescopio de la visión un cuadro glorioso del cielo. ¿Qué vio Juan en el cielo?

«Un trono establecido» (Apocalipsis 4:2). Aparte de esta expresión, el trono de Dios se designa en el Apocalipsis como: «delante de su trono» (1:4); «en su trono» (3:21); «delante del trono» (4:5); «en el trono» (4:10); «sobre el trono» (7:15); «en medio del trono» (19:4); «para su trono» (12:5); «del trono» (16:17); «en el trono» (19:4); «del trono» (19:4); «un gran trono» (20:11); «trono de Dios» (22:3). La palabra «trono», referida a Dios, se menciona unas treinta y ocho veces. En este capítulo 4 se habla del llamado «trono de Dios» unas diez veces.

El trono es símbolo del gobierno universal de Dios, el cual es: justo (Salmo 9:7); eterno (Salmo 45:6); santo (Salmo 47:8); firme (Salmo 93:2); misericordioso (Isaías 16:5); glorioso (Jeremías 17:12); es de gracia (Hebreos 4:16); es de dominio (Zacarías 6:13). El profeta Isaías vio el trono de Dios alto; no solo el trono de Dios está en el cielo, sino que se dice que el cielo es su trono (Isaías 66:1; Mateo 5:34).

Los relámpagos, truenos y voces que salían del trono (Apocalipsis 4:5) simbolizan los juicios de Dios que serán derramados durante la gran tribulación. Las siete lámparas que ardían de fuego o siete espíritus de Dios son descriptivas de la séptupla característica del Espíritu Santo. En Isaías 11:2 leemos: «Y reposará sobre Él el Espíritu de Jehová, espíritu de sabiduría y de inteligencia, espíritu de consejo y de poder, espíritu de conocimiento y de temor de Jehová». Estas características del Espíritu Santo no se limitan al cielo, o a la Iglesia, o a la gran tribulación, o a la edad eterna; son integrales a la labor permanente del Espíritu Santo.

«Y en el trono, uno sentado. Y el aspecto del que estaba sentado era semejante a piedra de jaspe y de cornalina...» (vv. 2 y 3). Juan no encontró lenguaje humano que pudiera describir a Dios. Esto lo lleva al empleo de un lenguaje simbólico, para a lo menos compartir con los lectores del Apocalipsis alguna idea de lo que vio de Dios.

A Dios nadie le ha visto jamás tal como Él es (Juan 4:12). Se dice que Moisés, Aarón, Nadab, Abiú y setenta de los ancianos de Israel vieron a Dios (Éxodo 24:9-10). ¿Cómo entender esto? El decir que vieron a Dios no significa que lo vieron tal como Él es, porque Dios es Espíritu (Juan 4:24). El decir que Dios es Espíritu no lo despersonaliza; Él piensa, habla y siente. Por ser Espíritu, Dios no tiene miembros corporales y no se sujeta a las limitaciones humanas. No obstante, la Biblia emplea un lenguaje antropomórfico para describir a Dios. Como Espíritu es capaz de asumir forma humana para presentársele a sus siervos (Éxodo 24:9). Moisés, en cierta ocasión, vio las espaldas de Dios (Éxodo 33:25). Jesús fue la encarnación de Dios.

Juan fusiona las características de dos piedras preciosas para describir a Dios; estas son el jaspe y la cornalina. El jaspe es una piedra opacada. En Apocalipsis 21:11 se dice de ella que es «diáfana como el cristal». El jaspe que vio Juan no es la piedra que nosotros conocemos. Parece simbolizar la santidad de Dios. La cornalina es una piedra roja, señala la justicia de Dios aplicada en sus juicios o la ira de Dios reaccionando contra el pecado.

«Y había alrededor del trono un arco iris, semejante en aspecto a la esmeralda» (v. 3). El arco iris es un recordatorio del pacto que Dios hizo con Noé y su descendencia de no destruir más la tierra con agua (Génesis 9:9-17). El arco iris, en el cielo, tiene que referirse a un nuevo pacto y que es mejor que el pacto nuevo por medio del Señor Jesucristo.

«Y alrededor del trono había veinticuatro tronos, y vi sentados en los tronos a veinticuatro ancianos, vestidos de ropas blancas, con coronas de oro en sus cabezas» (v. 4).

La interpretación apocalíptica de estos veinticuatro ancianos ha creado mucha controversia. Para algunos representan, simplemente, a los doce patriarcas o príncipes de las doce tribus, señalando la ley y la gracia, el Antiguo Testamento y el Nuevo Testamento. Otros ven en ellos al pueblo de Israel; los descendientes de Aarón fueron divididos por el rey David en veinticuatro grupos: «Estos fueron distribuidos para su ministerio, para que entrasen en la casa de Jehová, según les fue ordenado por Aarón, su padre, de la manera que le había mandado Jehová, el Dios de Israel» (1.ª Crónicas 24:1-49).

Un tercer grupo de comentaristas afirma que estos veinticuatro ancianos no se deben tomar simbólicamente o figurativamente; ellos tienen que ser criaturas celestes, gozando del mayor rango angelical, cuya función es servir a Dios y cooperar en la administración del universo.

No creo que estos veinticuatro ancianos puedan ser de un orden angelical; no son querubines, no son serafines, tampoco son ángeles de una jerarquía privilegiada o especial. De ellos leemos que «están sentados en los tronos» (v. 4). En Hebreos 1:13 se nos enseña que Dios no ha puesto tronos para que los ángeles se sienten sobre ellos.

Aunque simbolizan a los patriarcas y a los apóstoles, encontramos ciertas evidencias en ellos para presuponer que representan a los santos antiguo-testamentarios y novo-testamentarios, incluyendo todos los creyentes hasta el rapto de la Iglesia. Un estudio detallado sobre los mismos parece presentar como la más acertada de las interpretaciones que los veinticuatro ancianos son la Iglesia glorificada en el cielo.

1. El número veinticuatro señala el oficio sacerdotal de Israel. La Iglesia de Cristo ha sido escogida para desempeñar una función sacerdotal: «Vosotros también, como piedras vivas, sed edificados como casa espiritual y sacerdocio santo, para ofrecer sacrificios aceptables a Dios por medio de Jesucristo» (1.ª Pedro 2:5). «Mas vosotros sois linaje escogido, real sacerdocio...» (1.ª Pedro 2:9).

2. El estar sentados sobre tronos nos dice algo de la Iglesia. A la Iglesia se le ha dicho que ella ocupará tronos (léase Apocalipsis 3:21; Mateo 19:28).

3. El estar vestidos de ropas blancas nos recuerda las palabras a la Iglesia de Sardis: «Y andarán conmigo en vestiduras blancas, porque son dignas. El que venciere será vestido de vestiduras blancas...» (Apocalipsis 3:4-5).

4. Las coronas de oro en sus cabezas nos prueban que son vencedores. A cada una de las siete iglesias el Señor les dijo: «El que venciere...», o «Al que venciere...». Otros pasajes bíblicos que presentan a la Iglesia como vencedora son: Romanos 12:21, 1.ª Juan 2:13, 2:14, 4:4, 5:4, 5:5. En el griego la palabra para coronas es *stephanos*, la cual describe victorias sobre las aflicciones.

«Y delante del trono había como un mar de vidrio semejante al cristal» (v. 6). Entre el tabernáculo de la reunión y el altar del sacrificio se encontraba el lavacro (fuente de bronce). Los sacerdotes se lavaban los pies y las manos antes de poder ministrar en el tabernáculo (Éxodo 30:19-21). Este ritualismo simbolizaba que aquellos que ministraban a Dios tenían que purificarse.

El «mar como vidrio» no es literal, es simbólico. La palabra «como» denota que se está empleando un símil. Este mar quieto, sin movimiento, puede simbolizar el descanso eterno que habrá en el cielo. Además, revela que el agua para la purificación es innecesaria en el cielo. Pablo habló de la palabra que santifica: «Quiso así consagrarla con su palabra, lavándola en el baño del agua para prepararse una Iglesia radiante, sin mancha ni arruga ni nada parecido, una Iglesia santa e inmaculada» (Efesios 5:26-27, NBE).

«Y alrededor del trono cuatro seres vivientes, llenos de ojos delante y detrás» (v. 6). Juan los describe como «semejantes» a un león, a un becerro, a uno con rostro de hombre, y el último a un águila volando (v. 7). La palabra griega que aquí se emplea es *zoe*, y debe rendirse «seres vivientes» y no «animales» (RV 1909).

Estos seres vivientes fueron los mismos que vio Ezequiel, y él, antes que Juan, les llamó «seres vivientes» (Ezequiel 1:5, 13, 14, 19, 21). En el capítulo 10 de su libro, Ezequiel los llamó «querubines». Por lo tanto, lo que Ezequiel y Juan vieron fueron ángeles que pertenecen a una alta jerarquía celestial cuya función tiene que ver con el trono de Dios.

Satanás, antes de su caída, pertenecía a este rango de ángeles. En Ezequiel 28:4 leemos: «Tú, querubín grande, protector, yo te puse en el santo monte de Dios, allí estuviste...».

1. El león simboliza, en las Sagradas Escrituras, fuerza y valentía (Proverbios 38:30). En cierto aspecto, estos seres vivientes son fuertes y valientes, porque hacen respetar y guardan el trono de Dios. El león, entre los animales, representa la majestad (Amós 3:8). Estos «querubines» magnifican siempre a Dios.
2. El becerro o buey describe la fuerza y la resistencia (Proverbios 14:4). El becerro es un toro de menos de un año, simbolizando que estos seres vivientes jamás envejecen. El buey es un toro castrado, usado para el trabajo de labranza; simboliza el trabajo que nunca finalizará de estas criaturas. Ezequiel le vio cara de buey y Juan le vio cara de becerro.
3. El águila simboliza el alcance visual (Job 40:27-30) y la rejuvenación (Salmo 103:5). La cara de águila, al igual que los «muchos ojos» que los profetas vieron en ellos, describe que vigila todo.
4. El hombre enmarca la sabiduría y la inteligencia. La sabiduría de estos seres vivientes es superior a la del hombre, y en inteligencia sobrepasan a los seres humanos.
5. Entre las funciones de estos seres vivientes está el adorar a Dios: «... aquellos seres vivientes dan gloria y honra y acción de gracias al que está sentado en el trono, al que vive por los siglos de los siglos» (v. 9).

El ejemplo de ellos es emulado por los veinticuatro ancianos, quienes toman sus coronas y las echan delante del trono (vv. 10 y 11). En Juan 1:3 leemos: «Todas las cosas por Él fueron hechas, y sin Él nada de lo que ha sido hecho fue hecho». Comparemos este versículo con Apocalipsis 4:11: «Señor, digno eres de recibir la gloria y la honra y el poder, porque tú creaste todas las cosas y por tu voluntad existen y fueron creadas». El paralelismo nos enseña que Cristo es también adorado.

CAPÍTULO 4

El rollo con siete sellos
(Apocalipsis 5:1-14)

Entre los capítulos 4 y 5 encontramos la conjunción «y», que se menciona dieciocho veces, conforme a la versión Reina Valera (1960). En el capítulo 5 lo primero que notamos es esta conjunción; lee el primer versículo: «Y vi en la mano derecha del que estaba sentado en el trono un libro escrito por dentro y por fuera, sellado con siete sellos». (Deseo aclarar que nos estamos refiriendo a la «y» al comienzo de cada versículo y no en otro lugar). He citado o mencionado esta peculiaridad para demostrar la interrelación entre ambos capítulos.

El rollo

Reina Valera traduce «libro» unas ocho veces en este mismo capítulo (versículos 1, 2, 3, 4, 5, 8 y 9). En griego se emplean dos palabras que han sido traducidas cuarenta y dos veces como «libro» y dos veces como «carta» (Mateo 19:7; Marcos 10:4). Estas son *biblion* y *biblos*. En el Apocalipsis 5 se emplea *biblion*. *Biblion* es un diminutivo de *biblos*, y significa «un libro pequeño». Lo más correcto sería traducir ambas palabras griegas como «pergamino». Los traductores optaron por usar la palabra «libro», debido al hecho de que el término «pergamino» no tendría ningún valor por su desuso.

La manera como se nos describe este pergamino visto por Juan y la forma como estaba escrito y sellado nos indica que era un rollo (v. 1). Este rollo estaba dividido en siete partes, cada parte se enrollaba y se aguantaba por un sello. A medida que se quitaban los sellos se exponía una parte del mismo. En tiempos antiguos los rollos se leían con la ayuda de rodillos, uno al principio y otro al final.

Significado del rollo

Este rollo tiene que ver con el ser humano y la tierra. Es de un contenido escatológico, abarca el tema de la salvación y enfatiza la redención por medio de Jesucristo. El capítulo 6 del Apocalipsis acentúa que cada sello, al ser quitado, pone al descubierto un juicio de parte de Dios para los malvados.

La experiencia del profeta Ezequiel, al ser comisionado para su ministerio en favor de los hijos de Israel, se menciona sobre un rollo de libro, escrito por delante y por detrás. Dice Ezequiel: «... y había escritas en él endechas y lamentaciones y ayes» (Ezequiel 2:9-10). Este libro, en cuanto a contenido, se contextualiza por el visto por Juan.

En el capítulo 32 del libro del profeta Jeremías, se mencionan ciertas implicaciones que nos ayudan a interpretar este «rollo» visto por Juan como un título de propiedad a esta tierra.

Jeremías había profetizado que Judá iría al cautiverio por sus pecados (Jeremías 25) y que estarían cautivos setenta años:

El rollo con siete sellos (Apocalipsis 5:1-14)

«... y servirán estas naciones al rey de Babilonia setenta años» (v. 11). Además, les profetizó el retorno al cabo de los setenta años: «... Cuando en Babilonia se cumplan los setenta años, yo os visitaré y despertaré sobre vosotros mi buena palabra, para haceros volver a este lugar» (Jeremías 29:10).

En el capítulo 32, Jeremías estaba preso en el patio de la cárcel: «Porque Sedequías, rey de Judá, lo había puesto preso» (v. 3). Todo porque profetizaba la derrota de Judá en manos de los caldeos. Dios, en la cárcel, lo mueve a comprar una heredad o terreno de su primo Hanameel, hijo de su tío Salum.

Dice Jeremías que su primo vino a él diciendo: «Compra ahora mi heredad, que está en Anatot, en tierra de Benjamín, porque tuyo es el derecho de la herencia y a ti corresponde el rescate; cómprala para ti...» (v. 8).

Jeremías compró la heredad (v. 9), y como contrato o título de propiedad escribió una carta y la selló, certificándola por la presencia de testigos (v. 10). La carta o título de propiedad sellada, en compañía de una copia abierta, él se la dio a su secretario Baruc (v. 12). Y luego le encargó rigurosamente: «Toma estas cartas, esta carta de venta sellada y esta carta abierta, y ponlas en una vasija de barro para que se conserven muchos días» (v. 14). El profeta murió antes de que Judá retornara del cautiverio, pero este título de propiedad le daba derecho a cualquier pariente cercano para redimir la propiedad que él había comprado.

El «rollo», visto por Juan, es también un título de propiedad sellado por Dios, el Padre, y que Jesús, el Hijo, puede redimir al cabo de «muchos días». Parece referirse al derecho a propiedad de esta tierra, derechos que Dios dio a nuestro primitivo padre, Adán, y que este perdió al comer del árbol prohibido, en compañía de su esposa, Eva. Desde entonces este parece estar bajo el control de Satanás.

En Mateo 4:8-9, el diablo llevó a Cristo a un monte alto, y le mostró esta tierra, diciéndole: «Todo esto te daré si, postrado, me adorares». Esto indica que Satanás tenía el título de soberanía sobre esta tierra, por eso se la podía ofrecer a Cristo; él no podía ofrecer lo que no era de él, y menos al Hijo de Dios. Allí mismo Jesús lo hubiera desmentido, cosa que no hizo. En la cruz del Calvario el Señor venció al maligno. Este título de propiedad está ahora en las manos del Padre. Por medio de los juicios apocalípticos, Jesús reclamará, redimirá, demandará lo que les pertenece a Él y al hombre redimido.

Un ángel fuerte

«Y vi a un ángel fuerte que pregonaba a gran voz: "¿Quién es digno de abrir el libro (rollo) y desatar sus sellos?"» (v. 2). Es de mucho interés que a este ángel visto por Juan se le añada el adjetivo de «fuerte». En el Apocalipsis se menciona a tres ángeles fuertes (5:2, 10:1, 18:21). Reina Valera, en el capítulo 18:21, traduce «poderoso» y no «fuerte». Pero en el original griego se rinde «iscuros» para estos tres pasajes. No hay ninguna razón para diferenciar a este ángel del capítulo 5:2 de los otros dos pasajes. Por lo que se desprende de estos pasajes bíblicos existen ángeles cuyo poder sobrepasa a los demás.

El pregón del «ángel fuerte» indica que la apertura del «rollo» no es un asunto angelical, ni humano el poder abrirlo (v. 3). Si el abrir el «rollo» hubiera descansado sobre la fuerza, este ángel lo hubiera abierto. Para abrir este «rollo» se exigía dignidad, por eso el ángel usa el término «digno». No una dignidad aceptada o imputada, sino natural. Solo los integrantes de la Trinidad divina son dignos en naturaleza.

Ese alguien tenía que representar al cielo y a la tierra. Jesús, por su encarnación, resurrección y glorificación, se convirtió en ese representante buscado por el ángel. En Él se integraron dos mundos, dos naturalezas, dos esferas espirituales.

El lloro de Juan

«Lloraba yo mucho, porque no había nadie que fuera capaz de abrir el rollo ni de examinarlo siquiera» (v. 4, NBE). Juan sabía lo que significaba para el hombre y la tierra el que este rollo fuera abierto. El que continuara el mismo cerrado sería demorar el plan de Dios en relación con la reclamación de lo que a Él le pertenece. Sería dejar este mundo bajo el totalitarismo y dictatorialismo satánico.

No llores

«Entonces uno de los ancianos me dijo: "No llores, ha vencido el león de la tribu de Judá, el retoño de David; Él abrirá el rollo y sus siete sellos"» (v. 5, NBE).

1. El león de la tribu de Judá. En Génesis 49:9 leemos: «Cachorro de león, Judá... se echó como león...». El león es símbolo o figura del reinado del Mesías. Solo el Mesías puede quitar los sellos del rollo.
2. El retoño de David. Esta declaración está en armonía con Isaías 11:1: «Saldrá una vara del trono de Isaí y un vástago retoñará de sus raíces». El texto implica la descendencia de Jesús como el Mesías prometido a Israel. Esta descendencia se prueba genealógicamente por la línea de María (Lucas 3:23-38).

El Cordero

«Entonces, entre el trono, con los cuatro vivientes y el círculo de los ancianos, vi un Cordero; estaba de pie, aunque parecía degollado; tenía siete cuernos y siete ojos, que son los siete espíritus de Dios enviados a la tierra» (v. 6, NBE).

Según Reina Valera, el Cordero estaba «en medio del trono y de los cuatro seres vivientes y en medio de los ancianos». Es difícil distinguir si estaba frente al trono o detrás del trono. Pero sí podemos afirmar que los cuatro seres vivientes estaban en derredor del trono, y alrededor de estos estaban los veinticuatro tronos con los veinticuatro ancianos. Por medio de esta visión Juan ve la centralidad de Jesús en toda la creación inteligente. Otro tercer círculo estaba formado por muchos ángeles (v. 11). Los tres círculos nos recuerdan a la Trinidad: Padre, Hijo y Espíritu Santo. El Señor es el centro de los ángeles y es el centro de la Iglesia; las actividades de estos gravitacionan sobre Él.

El Cordero «parecía degollado» (NBE); «como inmolado» (RV); «aunque parecía haber sido sacrificado» (DHH); pero Juan lo vio de pie. En el Cordero se evidenciaba un sacrificio continuo y presente. La muerte y la vida estaban en Él representadas; murió, pero volvió a vivir. Con su muerte y resurrección, Jesús, «el Cordero de Dios que quita el pecado del mundo» (Juan 1:29), redimió al hombre caído. El sacrificio que Jesús hizo dos mil años atrás en la cruz del Calvario continúa vigente, no ha caducado, sigue teniendo efecto.

Esto indica que el rollo sellado tiene que ver con la redención del ser humano y de la tierra. Si el mensaje del rollo fuera para los ángeles, el Señor no necesitaba presentarse como un sacrificio vivo. Jesús no murió por los ángeles, pero sí se sacrificó por la raza humana.

Los siete ojos y los siete espíritus del Cordero, sumados a los siete cuernos, son la misma cosa. Tanto los «cuernos» como los «ojos» se usan simbólicamente para describir la plenitud del Espíritu Santo en Cristo. Los cuernos, en el Antiguo Testamento, se asociaban con el altar del sacrificio; en cada esquina del mismo había un cuerno (Éxodo 27:2, 30:10). Los cuernos y ojos revelan en Jesús la perfección de sus atributos. Es un Cordero fuerte y que goza de perfecta visión el que nos representa en el cielo.

Adoración celestial

La contestación al lloro de Juan se condensa en estas palabras: «Y vino y tomó el libro (rollo) de la mano derecha del que estaba sentado en el trono» (v. 7). Jesús es la fuente para la revelación de este rollo. Esto nos recuerda Apocalipsis 1:1: «Revelación de Jesús Mesías. Lo que Dios le encargó mostrar a sus siervos sobre lo que tiene que suceder en breve...».

Al acto de la toma del rollo le sigue una adoración unida de los seres vivientes, los veinticuatro ancianos, y millones de millones de ángeles (versículos 8 y 11). En el cielo hay motivo para adorar al Señor por su obra de redención. Esta es la segunda vez que encontramos a los seres vivientes y a los ancianos adorando en dúo. En el capítulo 4:9-11, la adoración fue tributada «al que está sentado en el trono», es decir, al Padre. En los versículos 8 al 13 del capítulo 5 es el Hijo el objeto de la adoración, tanto celestial como terrenal (v. 13). Cuando se adora al Hijo se adora al Padre.

En el versículo 8 Juan nos dice: «... Todos tenían arpas y copas de oro llenas de incienso, que son las oraciones de los santos». Las oraciones que hacen los santos desde la tierra jamás se pierden. Estas son muchas de las oraciones que la Iglesia ha estado haciendo a través de los siglos, cuya contestación será después que el rapto tome lugar y que el escenario de los eventos del fin se levante.

Aunque los ángeles directamente no oran a Dios, indirectamente se identifican con las oraciones de los santos. Dios, muchas veces, contesta por medio de ellos (Daniel 10:11-14). Tristemente, la Iglesia parece que no ve el ministerio de los ángeles en esta época.

Las copas hablan de la oración, las arpas señalan la alabanza. Dios es adorado por medio de la oración, con las alabanzas y con la música. La música que en el templo se tributa a Dios no es algo sacrílego. En ciertas organizaciones religiosas, si no se toca el órgano o el piano, ningún otro instrumento es permitido. A Dios se le debe alabar con todo, con guitarra, con pandero, con güiro, con maraca y con toda alabanza que la boca del creyente pueda expresar. El miedo de alabar a Dios públicamente tiene a muchos creyentes fríos y estériles.

Daniel 7:9-14 debe ser leído con Apocalipsis 5. En ambos capítulos se mencionan tronos, ángeles, uno sentado sobre el trono. Daniel menciona a muchos libros y Juan habla de un libro. En el versículo 14 del capítulo 7 Daniel dice: «Y le fue dado dominio, gloria y reino, para que todos los pueblos, naciones y lenguas le sirvieran; su dominio es dominio eterno, que nunca pasará, y su reino uno que no será destruido».

En Apocalipsis 5:9-10 leemos: «... Porque tú fuiste inmolado y con tu sangre nos has redimido para Dios de todo linaje y lengua y pueblo y nación, y nos has hecho para nuestro Dios reyes y sacerdotes, y reinaremos sobre la tierra».

Tanto Daniel como Juan presentan que Dios no prejuicia por nación, lengua, linaje o pueblo. Ambos pasajes mencionan el reino de Dios sobre la tierra, el cual parece referirse al milenio. El «y le fue dado» de Daniel y el «porque tú fuiste inmolado» se refieren a un mismo personaje, el Señor Jesucristo.

En el versículo 12 el coro angelical dice: «... El Cordero que fue inmolado es digno de tomar el poder, las riquezas, la sabiduría, la fortaleza, la honra, la gloria y la alabanza».

Siete cosas son atribuidas al Cordero; las primeras cuatro han sido adquiridas por Él (naturaleza divina, encarnación, resurrección), su segunda venida las certificará. Las últimas tres palabras son simplemente expresiones de adoración.

Los ancianos y los seres vivientes, en el versículo 9, «cantaban un nuevo cántico». Esta declaración forma parte de la literatura antiguo-testamentaria (Salmo 42:10, 33:3, 96:1, 98:1, 144:9, 149:1). Aparte del capítulo 5 y versículo 9, en que se menciona el «nuevo cántico», Apocalipsis 14:3 habla de otro cántico nuevo, allí se identifica con los 144.000. En Apocalipsis 15:3, los redimidos de la gran tribulación, posiblemente los que mueran al principio, cantarán en el cielo «el cántico de Moisés» y «el cántico del Cordero» (este último es el mismo del capítulo 5:9).

El adjetivo «nuevo» o «nueva» (en griego *kainos*) es común en el Apocalipsis: *a)* «... y en la piedrecita escrito un nombre nuevo...» (2:17). *b)* «... y escribiré... el nombre de la ciudad de mi Dios, la nueva Jerusalén, la cual desciende del cielo, de mi Dios, y mi nombre nuevo» (3:12). *c)* «Y cantaban un nuevo cántico...» (5:9). *d)* «Y cantaban un cántico nuevo...» (14:3). *e)* «Vi un cielo nuevo y una tierra nueva...» (21:1). *f)* «Y yo, Juan, vi la santa ciudad, la nueva Jerusalén...» (21:2). *g)* «... He aquí yo hago nuevas todas las cosas...» (21:5).

CAPÍTULO 5

Juicio de los sellos
(Apocalipsis 6:1-11)

Los juicios de los siete sellos se extienden del capítulo 6 del Apocalipsis hasta el capítulo 8:1. El capítulo 7 interrumpe el sexto y el séptimo sello. Es el primer paréntesis entre los juicios apocalípticos. Dicho capítulo 7 narra sobre el sellamiento de los 144.000 judíos y la multitud de gentiles que serán salvados durante la gran tribulación (salvación espiritual). El séptimo sello encerrará los juicios de las siete trompetas.

Al ser quitados los sellos del rollo, veremos que lo que está escrito no es leído, sino ilustrado. El «ven y mira» mencionado en los versículos 1, 3, 5 y 7 son dos imperativos que están en pugna con dos códices del griego original. En el Códice Sinaítico se lee «ven y mira», dándose la impresión de que el «ven» es para el jinete y el «mira» para Juan. El Códice Alejandrino omite el «mira», citando solamente «ven». A la orden de «ven» siempre aparece un corcel y un jinete sobre el mismo.

El «mira» es omitido en las siguientes versiones de la Biblia: Nacar-Colunga, la Biblia de Jerusalén, Nueva Biblia Española, Versión Moderna y la Biblia de las Américas. Reina Valera, no obstante, rinde el «ven y mira».

Cada uno de los cuatro seres vivientes de los capítulos 4 y 5 expresarán un «ven» a cada uno de los cuatro jinetes con sus caballos. El color de estos caballos, blanco, bermejo, negro y amarillo, nos recuerda los cuatro carros de guerra vistos por Zacarías y jalados por caballos. El profeta dijo: «En el primer carro había caballos rojos ("alazanes" RV), y en el carro segundo caballos negros, y en el carro tercero caballos blancos, y en el cuarto, caballos tordillos, veloces ("píos" NBE, "overos rucios rodados" RV, "bayos" NC, "tordos" BJ)» (Zacarías 6:2-3, VM).

Aunque el color de los caballos es el mismo, la simbolización y propósito es totalmente diferente. *a)* Juan menciona cuatro caballos, Zacarías habla de muchos «caballos». *b)* Los caballos de Zacarías jalaban carros de guerra, los de Juan no. *c)* En la visión de Zacarías no se mencionan jinetes, en la de Juan sí. *d)* En Zacarías leemos: «... Estos son los cuatro vientos de los cielos, que salen después de presentarse delante del Señor de toda la tierra» (6:5). De esto se deduce claramente que son ángeles, en la visión de Juan no. *e)* Los juicios simbolizados por los carros de guerra y los caballos de Zacarías señalan dos puntos cardinales: Norte y Sur (versículo 6). Solo los «alazanes» recorren toda la tierra. Los juicios de los caballos y los jinetes vistos por Juan tendrán un alcance más general sobre la tierra y sus habitantes. *f)* El color de los caballos vistos por Zacarías (rojos, negros, blancos y tordos) y el color de los caballos vistos por Juan (blanco, rojo, negro y amarillo) no tienen ninguna armonía entre sí.

He citado y comparado a Zacarías con Juan, con el simple propósito de que el lector pueda entender la independencia de ambas visiones. Gordon Lindsay, estableciendo una relación con los caballos de Zacarías y los de Juan, ve en el jinete del caballo blanco (primer sello) a Cristo, y no al anticristo. Él parte de la premisa de que aquellos carros con caballos simbolizaban mensajeros celestiales, y que la visión de Zacarías es paralela con la de Juan.

Primer sello
(Apocalipsis 6:1-2)

Al ser desatado el primer sello, «he aquí un caballo blanco, y el que lo montaba tenía un arco, y le fue dada una corona y salió venciendo y para vencer» (v. 2).

Gordon Lindsay afirma que tiene que ser Cristo. Aparentemente encuentra bastante apoyo bíblico: *a)* En Apocalipsis 19:11 se menciona a Cristo sobre un caballo blanco. *b)* El jinete de Apocalipsis 6:2 recibe una corona; en Apocalipsis 14:14 se dice de Cristo «que tenía en la cabeza una corona de oro...». *c)* En Isaías 41:2 se dice «como hojarasca que su arco arrebata», y se aplica a Dios; del jinete de Apocalipsis 6:2 se menciona «tenía un arco». *d)* El número 4 es el número de la tierra (Apocalipsis 7:1), y parece asociarse con el gobierno de Dios; el número del anticristo es Apocalipsis 13:18.

Las ideas de Lindsay son compartidas por cientos de intérpretes de la profecía apocalíptica. Personalmente, no creo que este jinete de este caballo blanco pueda ser un simbolismo para Cristo. *a)* Cristo está quitando el sello, por lo tanto no puede coactuar en el mismo. En otras partes del Apocalipsis lo vemos actuar (Apocalipsis 14:1, 14, 16, 19:11-16); aquí sería contradictorio. *b)* Es cierto que en Apocalipsis 14:4 se ve a Cristo con una corona, y en Apocalipsis 6:2 el jinete del caballo blanco tiene una corona, pero la corona de Cristo es «de oro». Además, al jinete del primer sello «le fue dada una corona». De Jesús leemos «que tenía». *c)* El arma simbólica de Cristo es la «espada» (Apocalipsis 1:16, 2:12, 2:16, 19:15, 21). El arco, como complemento de guerra, solo se menciona en Apocalipsis 6:2; no encontramos ningún otro pasaje apocalíptico donde se mencione el arco en relación con Cristo, con Dios o con los juicios divinos.

El simbolismo general de este jinete, con su caballo blanco, describe: militarismo, dominio, conquistas, victorias y pacifismo. El arco fue el arma peculiar de los partos, cuyas invasiones aterrorizaron al Imperio romano durante el siglo I. Esto ha llevado a muchos comentaristas a incurrir en tipo de interpretación.

Aquellos que creen que este primer jinete, con su caballo blanco, simboliza el evangelio, se basan en tres detalles: *a)* El color blanco del caballo significa la pureza del evangelio. *b)* La expresión «venciendo y para vencer» denota la fe inconmovible de los cristianos primitivos por el evangelio. *c)* No se menciona la dirección tomada por el jinete y su caballo, indicándose que el evangelio es para el mundo entero.

El juicio de este primer sello no puede ser el evangelio. Primero, al jinete se le dio una corona; las coronas han sido ofrecidas para los creyentes y no para el evangelio (2.ª Timoteo 4:8; Santiago 1:12; 1.ª Pedro 5:4; Apocalipsis 2:10, 3:11, 4:4). Segundo, los juicios de los primeros cuatro sellos están interrelacionados. El segundo sello simboliza guerras, el tercero describe hambre y el cuarto representa a la muerte y al infierno. Si algo el evangelio confronta son las guerras; no patrocina el hambre y la trata de aliviar, y su recompensa es vida en el cielo.

Este jinete, con su caballo blanco, no es otro sino el anticristo venidero. El arco sin flechas y el caballo blanco simbolizan sus conquistas pacifistas y aduladoras (1.ª Tesalonicenses 5:3; Daniel 8:23-25, 11:21; Mateo 24:5). Conforme a Daniel 9:27, él hará un pacto de paz con los judíos garantizándoles siete años de seguridad.

El profeta Ezequiel, en el capítulo 38:8, 11, dijo: «... y todos ellos morarán confiadamente..., gentes tranquilas que habitan confiadamente; todas ellas habitan sin muros y no tienen cerrojos ni puertas». La paz falsa del anticristo para con los judíos no será permanente. Tendrá una duración de tres años y medio (Daniel 9:27).

El juicio del primer sello cubre todo el período de la primera mitad de la semana setenta de Daniel; es decir, tres años y medio. Los otros juicios de sellos, las trompetas y las copas se desarrollarán en la segunda mitad de esa semana de años, o sea, la gran tribulación.

Segundo sello (Apocalipsis 6:3-4)

El segundo sello describe a un caballo bermejo (rojo), cuyo jinete lleva una gran espada y es responsable por quitar la paz de la tierra y de producir una ola de homicidios y muertes. El verbo «matasen», según rinde Reina Valera, es una variación de «sphazo», y literalmente significa que se «degollasen» (NBE, BJ).

El color bermejo o rojo nos recuerda a la sangre, y la espada es un símbolo indiscutible de guerra. Las legiones romanas se distinguían por el uso del color rojo y por la destreza en el empleo de la espada.

La paz de los judíos en los días finales mediante el pacto con el anticristo llegará a su fin cuando este rompa dicho tratado (Daniel 9:27). Las Naciones Unidas, la OTAN, las fuerzas de seguridad internacional y nacional no podrán jamás garantizar la paz que el mundo anhela, ni aun el mismo Satanás, en figura humana, podrá traer la verdadera paz al mundo. Solo Jesucristo puede dar paz en el corazón del hombre, en la sociedad, en la nación y en el mundo entero.

El capítulo 38 del libro de Ezequiel nos describe la invasión que Rusia hará sobre la nación de Israel. Considero que el juicio de este segundo sello tiene alguna relación con esta invasión profetizada. Rusia, diferente a como creen muchos expertos en asuntos militares nucleares, no llegará jamás a poseer el mundo, tampoco será derrotada por la coalición de Estados Unidos y Gran Bretaña. Dios, personalmente, se encargará de la destrucción de esta nación atea (léase Ezequiel 38:22 y 39:106). El juicio de Rusia viene desde el cielo: pestilencia, sangre, lluvia, piedras de granizo y azufre.

En este punto profético el anticristo se coronará cabeza de muchas naciones del mundo; una especie de «chairman». El juicio del segundo sello es paralelo con las palabras proféticas dichas por Jesús: «Y oiréis de guerras y rumores de guerras...» (Mateo 24:6). Aunque este versículo tiene cierto cumplimiento parcial en estos días, logrará su totalidad bajo el juicio de este sello, símbolo de «guerra» y de «crimen».

Tercer sello
(Apocalipsis 6:5-6)

En este juicio Juan ve un caballo negro, cuyo jinete lleva una balanza en la mano. Al jinete del caballo blanco le fue dada una «corona». El jinete del caballo bermejo se dice «que le dio una gran espada». Este tercer jinete «tenía una balanza en la mano». El juicio de este sello es más bien el resultado de los otros dos.

Tanto el color negro del caballo como la balanza simbolizan un juicio de hambre. Jesús mismo profetizó en Mateo 24:7: «... y habrá pestes y hambres...». El período de la gran tribulación se caracterizará por una inflación económica y un hambre sin antecedentes históricos.

En Apocalipsis 6:6 leemos: «Me pareció oír una voz que salía de entre los cuatro vivientes y que decía: "Un cuartillo de trigo, una moneda de plata, tres cuartillos de cebada, una moneda de plata; al aceite y al vino no lo dones"» (NBE). Un denario (RV) era equivalente a una moneda de plata en los días bíblicos, era el salario de un día de trabajo. Esto nos demuestra el alza de precio que tendrán los comestibles en esos días. Como veremos más adelante, los juicios de las trompetas y las copas, las incursiones militares y los crímenes serán causantes de este pánico de alimentos. Lo poco que se consiga tendrá sus precios por el aire.

El «aceite» y el «vino» parecen señalar que algunos alimentos imprescindibles podrán conseguirse. Particularmente, muchos de los que puedan ser cultivados por la misma persona, y no los comercializados. El aceite y el vino, en los días bíblicos, eran tan asequibles para el rico como para el pobre.

La propuesta del anticristo y de su gabinete político para contrarrestar esta hambre y el monstruo de la inflación será un control económico que tenga que ver con la compra y venta de utensilios, artículos y alimentos (Apocalipsis 13:17). La computadora será de gran ayuda en este sistema de numeración comercial.

Cuarto sello
(Apocalipsis 6:7-8)

El color de este caballo es «amarillo» (RV), «pálido» (VM), «amarillento» (NBE), «verdoso» (BJ), «bayo» (color blanco amarillento, NC). La palabra griega es *chloros*, denotando más el color «verdoso» o un «verde amarillo».

De los cuatro jinetes con sus caballos, este cuarto jinete es el único cuyo nombre es identificado; «tenía por nombre muerte». A diferencia de los otros jinetes que tenían algo en las manos, este no tiene nada. Su nombre por sí solo lo designa. La conocida «hoz» con la cual se describe la muerte, según la representación que han hecho algunos pintores o dibujantes sobre los cuatro jinetes del Apocalipsis, aquí no es vista.

«Y el Hades le seguía»; la manera en la cual el Hades le seguía es difícil determinarse. No sabemos si iba montado sobre el mismo caballo, si le seguía en un caballo no lejos de este; si estaba a pie, detrás de la muerte. Pero de algo estamos seguros; la muerte de muchos es seguida por el infierno. («Hades» significa «infierno»).

«Les dieron potestad sobre la cuarta parte de la tierra para matar con espada, hambre, epidemias, y con las fieras salvajes» (v. 8, NBE). La población mundial se estima en 7 billones de habitantes. Sobre 1.750 millones de personas serán alcanzados por este juicio. Y esta misma cantidad será candidata para el infierno.

La guerra y el hambre simbolizada por el segundo y el tercer sello, sumadas a epidemias y a una destrucción de parte del reino animal, diezmarán fácilmente la vida humana sobre este planeta. El ser humano ha exterminado muchos animales, los ha maltratado sin necesidad; llegará el día cuando el cazador será la presa.

Quinto sello
(Apocalipsis 6:9-11)

Este juicio toma como escenario el cielo. Juan vio «al pie del altar, con vida, a los asesinados por proclamar la palabra de Dios y por el testimonio que mantenían» (v. 9, NBE). El altar aquí mencionado parece ser el del sacrificio, indicando que estas almas habían ofrendado sus vidas por mantener un testimonio cristiano.

¿Quiénes son estas almas? Evidentemente, son los primeros mártires que morirán al principio de la gran tribulación. El ministerio de los dos testigos (Apocalipsis 11) y de los 144.000

judíos sellados (Apocalipsis 7) tomará alguna responsabilidad por la conversión de ellos. Aunque muchos predicadores y misioneros sean llevados al cielo en el rapto de la Iglesia, Dios levantará nuevos predicadores.

Las almas que Juan vio no estaban dormidas. Los adventistas del séptimo día creen que las almas duermen hasta la resurrección. El apóstol tampoco vio una simbolización de personas que antes de morir eran almas, como afirman sobre el concepto del alma los testigos de Jehová.

Los adventistas y los rusellistas sostienen que la ilustración del rico y Lázaro es una parábola, y que no trata de personas reales. Por tal razón llegan ellos a la conclusión, después de jugar con un sinnúmero de textos bíblicos, de que el alma duerme o que no existe.

En la historia del rico y Lázaro (Lucas 16:19-31) se defiende por sí sola. En ella encontramos una ausencia de las palabras que Jesús citaba como indicativo de parábola, a saber: semejante, aprende y como. Jesús empleó en esta historia nombres propios (Abraham, Lázaro y Moisés), certificando la veracidad de la misma.

En el versículo 10 le dice Juan: «Y clamaban a gran voz, diciendo: "Hasta cuando, Señor, Santo y Verdadero, no juzgas y vengas nuestra sangre en los que moran en la tierra"». Estas almas no habían perdido su memoria, sabían que en la tierra los habían martirizado y ponían el juicio con la venganza en las manos del Señor.

La memoria no se pierde en la otra vida. Los creyentes pensarán como Cristo, aceptando las cosas como son (1.ª Corintios 2:14-16, 13:12). Nuestros amados, que han partido con el Señor, nos recuerdan allí donde están. Por su parte, los pecadores también recordarán a sus seres queridos allá, en el infierno. Este recuerdo los atormentará y aunque clamen por la salvación de ellos, será en vano (Lucas 16:27-31).

«Y se les dieron vestiduras blancas» (v. 11). Estas vestiduras no son un cuerpo temporal o un cuerpo esotérico o el cuerpo de resurrección. Ellas describen la rectitud, la pureza, la santidad y la salvación de estos mártires.

«Y se les dijo que descansasen todavía un poco de tiempo, hasta que se completara el número de consiervos y sus hermanos, que también habían de ser muertos como ellos» (v. 11).

Hay un reposo espiritual para los escogidos. Estos mártires tendrían que esperar «un poco de tiempo» por otros mártires que se sumarían a su compañía. La expresión «consiervos y sus hermanos» parece indicar gentiles y judíos que morirán a manos de la persecución del anticristo, a causa de su conversión a Cristo.

Sexto sello
(Apocalipsis 6:12-17)

Al abrirse el sexto sello, «... hubo un gran terremoto, y el sol se puso negro como tela de cilicio, y la luna se volvió toda como sangre, y las estrellas del cielo cayeron sobre la tierra, como la higuera deja caer sus higos cuando es sacudida por un fuerte viento. Y el cielo se desvaneció como un pergamino que se enrolla, y todo monte y toda isla se removió de su lugar» (vv. 12 al 14).

La palabra «como» es empleada unas cuatro veces en los versículos ya citados. Es un indicativo de símil o comparación. Recalcándose que se debe dar un sentido figurativo y no literal a lo que se está leyendo. Este juicio del sexto sello tiene que ver tanto con el cielo como con la tierra.

Un gran terremoto

El primer acontecimiento, al abrirse este sello, será un «gran» terremoto. Jesús profetizó en Mateo 24:7 sobre «terremotos en diferentes lugares». Joel dijo: «Delante de él temblará la tierra, se estremecerán los cielos; el sol y la luna se oscurecerán, y las estrellas retraerán su resplandor» (Joel 2:10). Los terremotos son bastante comunes en el libro del Apocalipsis (6:12, 8:5, 11:13, 11:19 y 16:18).

El sol y la luna

El Apocalipsis hace mención del sol en doce lugares diferentes (1:16, 6:12, 7:2, 7:16, 8:12, 9:2, 10:1, 12:1, 16:8, 19:17, 21:23 y 22:5). El juicio o juicios sobre el sol se describe así: *a)* «Y el sol se puso negro como tela de cilicio...» (6:12). *b)* «El cuarto ángel tocó la trompeta y fue herida la tercera parte del sol..., y no hubiese luz en la tercera parte del día...» (8:12). *c)* «... y se oscureció el sol y el aire por el humo del pozo» (9:2). *d)* «El cuarto ángel derramó su copa sobre el sol, al cual fue dado quemar a los hombres con fuego» (16:8).

La luna, por su parte, se menciona cuatro veces; dos veces en forma literal (6:12 y 8:12), y dos veces figurativamente (12:1 y 21:23). El lenguaje literal sobre la luna dice: *a)* «... y la luna se volvió toda como sangre» (6:12). *b)* «El cuarto ángel tocó la trompeta y fue herida la tercera parte del sol y la tercera parte de la luna... y no hubiese luz en la tercera parte del día, y asimismo de la noche» (8:12).

Como consecuencia de los juicios de Dios, la atmósfera será responsable por el color negro o el obscurecimiento del sol. La luna, por ser un satélite cuya luz no es propia, sino reflejada del sol, aparentemente tomará un color rojo por los gases atmosféricos. Jesús dijo en Mateo 24:29: «... el sol se hará tinieblas, la luna no dará su resplandor...» (Dios, habiendo creado el sol, le puede quitar su luz si así lo desea).

Lluvia de meteoros

«Y las estrellas del cielo cayeron sobre la tierra...» (v. 13). El apóstol, indudablemente, vio bólidos de fuego o meteoros que se desplazaban sobre la corteza de la tierra, atravesando la espesura de la atmósfera. Es inconcebible el que Juan haya visto planetas o soles. Un planeta que saliera de su c sería suficiente para destruir a este planeta tierra con todo y sus habitantes. El sol es considerado una de las estrellas más pequeñas o la más pequeña de nuestra galaxia. Su tamaño se calcula en 1.300.000 veces mayor que el de la tierra. Llegamos a la conclusión de que las «estrellas» vistas por Juan son meteoros que quizá procedan de estrellas desintegradas o planetas; también pueden ser formados en el mismo espacio, desplazándose sobre la tierra en el juicio del sexto sello a velocidades colosales. Los meteorólogos estiman que los meteoritos viajan a velocidades de 8 a 42 millas por segundo. A mayor velocidad, mayores los estragos que ocasionarán. Hay dos clases de meteoritos: *a)* Los aerolitos, cuya formación es de piedra con gránulos de hierro. *b)* Los sideritos tienen una formación de hierro con níquel. Entre los meteoritos conocidos, algunos han llegado a pesar 34 toneladas. En el estado de Arizona (Estados Unidos) hay un cráter, hecho por un meteorito, con una circunferencia de 4.200 pies y una profundidad de 570 pies (la mayoría de los meteoros es del tamaño de un puño).

El cielo, los montes y las islas

«Y el cielo se desvaneció como un pergamino que se enrolla, y todo monte y toda isla se removió de su lugar» (v. 14). De este estado del cielo profetizó Isaías: «Y todo el ejército de los cielos se disolverá, como se cae la hoja de la parra y como se cae la de la higuera» (Isaías 34:4).

Isaías vio exactamente lo mismo que Juan: *a)* Juan dice del cielo: «se desvaneció». *b)* Juan compara el cielo con «un pergamino que se enrolla»; Isaías dice: «se enrollarán los cielos como un libro». *c)* En Apocalipsis 6:13 Juan menciona la higuera; Isaías también lo hace.

Los montes y las islas se removerán como resultado del gran sismo ya mencionado. Será en el juicio de la séptima copa cuando los montes y las islas desaparecerán para siempre: «Y toda isla huyó, y los montes no fueron hallados» (Apocalipsis 16:20).

La ira del Cordero

Los versículos 15 al 17 describen el pavor que experimentarán los habitantes de la tierra como resultado de una visión personal que el Señor les dará de su persona, hay una lista de personas mencionadas: *a)* Reyes, los que dirigen las naciones. *b)* Grandes, los que les siguen en autoridad. *c)* Ricos, los que controlan la economía, las industrias y el comercio en general. *d)* Capitanes, líderes militares. *e)* Poderosos, los que influyen en las esferas educacionales, sociales y religiosas. *f)* Siervos y libres, las clases pobres, los oprimidos, los necesitados y los menospreciados.

«Y decían a los montes y a las peñas: "Caed sobre nosotros y escondednos del rostro de aquel que está sentado sobre el trono y de la ira del Cordero, porque el gran día de su ira ha llegado, ¿y quién podrá sostenerse en pie?"» (versículos 16 al 17).

El texto antes citado va paralelo con Isaías 2:18: «Métanse en las cuevas de las rocas, en las grietas de la tierra, ante el Señor terrible, ante su majestad sublime, cuando se levante aterrando la tierra».

Apocalipsis 6:16-17 nos lleva a las siguientes formulaciones: primero, los habitantes de la tierra reconocerán que los cataclismos y fenómenos de la naturaleza que serán experimentados son la retribución o juicio divino. Segundo, tendrán que admitir, aunque no lo acepten, que Jesús es el único que puede quitar los pecados del mundo; le llaman «Cordero». Tercero, se darán cuenta de que están en los días de la tribulación escatológica. Notemos sus palabras: «porque el gran día de su ira ha llegado». Cuarto, admitirán que ningún esfuerzo humano podrá contrarrestar los juicios divinos, «¿y quién podrá sostenerse en pie?».

CAPÍTULO 6

Los salvados durante la gran tribulación (Apocalipsis 7:1-17)

Este capítulo 7 de Apocalipsis es una detención momentánea de los juicios de Dios. Algo así como un paréntesis, un intervalo o una interrupción. No es una continuación cronológica al juicio del sexto sello. Más bien representa un cuadro total de una gran cosecha de almas durante todo el período de la gran tribulación.

Es notable el hecho de que entre las visiones de los capítulos 6.º y 7.º, ya sea de sellos, de trompetas o de copas, encontramos siempre detenciones momentáneas (Apocalipsis 10:11-14 y 16:13-16). Es como si la ira de Dios se aplacara para dar oportunidad al ser humano para que se arrepienta. Es como la bonanza que sigue a la tormenta o el día que sigue a la noche.

El número cuatro

El número cuatro es el favorito en este capítulo 7. Se menciona a «cuatro ángeles», «cuatro ángulos», «cuatro vientos» (v. 1); «ciento cuarenta y cuatro mil sellados», o sea, 3.600 x 4 = 144.000 (v. 4); la gran multitud vista por Juan es clasificada en «naciones y tribus y pueblos y lenguas», o sea, cuatro grupos (v. 9); «cuatro seres vivientes» (v. 11); de los redimidos se dicen cuatro bendiciones: «no tendrán hambre ni sed, y el sol no caerá más sobre ellos, ni calor alguno» (v. 16).

El número cuatro es simbólico y representante de la naturaleza y de los misterios de Dios; se relaciona con los designios divinos para con la tierra. En el Edén había cuatro brazos de ríos (Génesis 2:10). El cuatro era muy mencionado en el mueblario y medidas del tabernáculo (Éxodo 25:12, 26, 34, 26:2, 8, 32, 27:2, 4, 16, 17). Había cuatro descendientes de los gigantes (2.ª Samuel 21:22). En el libro de Daniel se mencionan cuatro varones hebreos (1:17), cuatro vientos (7:2), cuatro bestias (7:3), un leopardo con cuatro alas y cuatro cabezas (7:6), cuatro reyes (7:7), cuatro cuernos (68:8), cuatro reinos (8:22).

En el Nuevo Testamento leemos del paralítico cargado por cuatro (Marcos 2:3); los escogidos serán juntados de los cuatro vientos (Mateo 24:31); Lázaro llevaba cuatro días muerto (Juan 19:23); Pedro vio una visión de un lienzo que bajaba del cielo a la tierra atado de las cuatro puntas (Hechos 10:11).

Del número cuatro podemos también añadir que hay cuatro puntos cardinales (Norte, Sur, Este y Oeste); cuatro elementos esenciales en la naturaleza (aire, agua, fuego y tierra); cuatro grandes reinos (vegetal, mineral, animal y espiritual); cuatro razas (blanca o caucásica, negra o negroide, amarilla o mongoloide y roja o bronceada); el ser humano pasa por cuatro etapas (niñez, adolescencia, madurez y ancianidad).

Cuatro ángeles

Los cuatro ángeles vistos por Juan estaban parados sobre los cuatro ángulos de la tierra, impidiendo que los cuatro vientos soplaran (v. 1). La imagen aquí proyectada por estos cuatro ángeles ha sido revivida por muchos cuadros o pinturas medievales. La idea de una tierra plana con cuatro esquinas es, evidentemente, pronunciada o subrayada. Los cuatro «ángulos» (RV, 1960) se lee en otras versiones así: «esquinas» (RV, 1569), «extremos» (BJ), «puntos cardinales» (DHH), «esquinas» (NTV).

Las mentes antiguas y medievales tenían una concepción errada sobre la forma de la tierra. Cristóbal Colón, en su descubrimiento del Nuevo Mundo, ayudó a descartar tal concepto. Lo cierto es que setecientos años antes de nacer Jesús, Isaías dijo: «El está sentado sobre el círculo de la tierra...» (40:22). La idea figurativa compartida por Juan sentó base para que muchos clérigos teologizaran sobre una tierra plana, y que por mucho tiempo retrasaran el progreso humano.

Estos cuatro ángeles parados sobre los cuatro extremos del planeta Tierra parecen indicar su participación con los juicios divinos que serán decretados sobre este mundo. Su actitud y posición describen la universalidad de la ira de Dios, la cual no tendrá límites geográficos o continentales.

Otro ángel

Mientras Juan contemplaba el cuadro de estos cuatro ángeles, vio a «otro ángel» que subía del Oriente, llevando consigo «el sello del Dios vivo» (v. 2). En contraposición con los dioses, diosas y deidades romanas, Juan presenta a un Dios vivo, un Dios que se comunica, que en la persona de Cristo se hizo palpable, no como los dioses esculpidos o de nichos que adornaban las calles, plazas, bibliotecas y casas romanas.

Este ángel, en jerarquía, es superior a los cuatro antecesores. Dios es un Dios de militancia, orden y disciplina y organización. Él pudo revocar la orden recibida por los cuatro ángeles «de hacer daño a la tierra y al mar». La razón para este cambio de orden es «hasta que hayamos sellado en sus frentes a los siervos de nuestro Dios» (v. 3). ¡Qué interesante es que aun los ángeles en el cielo se dan órdenes, sin reproches o protestas!

Ciento cuarenta y cuatro mil sellados

Indudablemente, este número no se debe alegorizar o interpretar en relación con la Iglesia. Es notorio que esta ya no estará en la tierra. No solamente Juan usa la palabra «Israel» en relación con estos ciento cuarenta y cuatro mil, sino usa términos como «tribus», «hijos de Israel», y menciona los nombres de los príncipes israelitas (vv. 4 al 18). Si algo Juan tenía en mente, esto era el pueblo de Israel.

Los adventistas del séptimo día identifican el sello que se le da a los ciento cuarenta y cuatro mil con su práctica de guardar el día sábado. ¿Dónde en este pasaje se enseña que ese sello es guardar el día sábado? En ningún lugar. Los testigos de Jehová reclaman ser el grupo religioso al cual el número ciento cuarenta y cuatro mil se refiere. Según ellos, este número es el grupo especial que reinará con Cristo. ¿Tendrá Cristo favoritismo? Aun quedándose en la tribulación no podrán ser contados con los ciento cuarenta y cuatro mil.

La defensa bíblica para los que ven a un Israel espiritual en los ciento cuarenta y cuatro mil la encuentran en Romanos 9:6-8: «No es que Dios haya faltado a su palabra, es que no todos los descendientes de Israel son pueblo de Israel, como tampoco todos los descendientes de Abraham son hijos de Abraham; no, "por Isaac continuará tu apellido". Es decir, que no es la generación natural la que hace hijos de Dios, es lo engendrado en virtud de la promesa lo que cuenta como descendencia...» (NBE).

La Biblia anotada de Scofield da el siguiente comentario al pasaje ya citado: «Los gentiles creyentes son asimismo simiente espiritual de Abraham, pero el apóstol no está refiriéndose a ellos en este pasaje, sino solamente a las dos clases de israelitas, la descendencia natural y la simiente espiritual de Israel» (Romanos 4:1-3; Gálatas 3:6, 7 comparado con Juan 8:37-39).

La Biblia, que es su mejor intérprete, derroca totalmente cualquier figuración o simbolismo que se pueda dar a los ciento cuarenta y cuatro mil, con la excepción de que se les interprete como un remanente literal de judíos.

Un remanente fiel

Dios, en toda época, tuvo siempre un remanente fiel entre el pueblo de Israel. En los días de Josué vemos ese remanente fiel (Josué 24:15-21). Gedeón fue respaldado por un remanente de trescientos soldados (Jueces 7:6). Dios le reveló a Elías que había un remanente fiel de siete mil, «cuyas rodillas no se doblaron ante Baal y cuyas bocas no lo besaron» (1.ª Reyes 19:18). En Babilonia el remanente fiel de Ananías, Misael, Azarías y Daniel no cedió ante la idolatría y la contaminación espiritual de este imperio (Daniel 1:8, 3:8-18, 6:10-17).

En los días de tribulación, los ciento cuarenta y cuatro mil serán el remanente fiel de Dios ante las presunciones del anticristo. Ellos, por medio de sus testimonios, serán luces encendidas en medio de las tinieblas imperantes de esos días aciagos.

El sello

El sello que recibirán los ciento cuarenta y cuatro mil debe ser una señal espiritual, hecha visible por la conducta, testimonio, dedicación y valor de estos, aunque es posible que Dios los identifique con alguna señal visible sobre sus frentes, siendo la misma imborrable. En Génesis 4:15 leemos: «Entonces Jehová puso señal en Caín, para que no lo matase cualquiera que le hallara». De alguna manera, la señal en Caín, fíjese que no se dice «de» Caín, como si hubiera sido algo característico, proyectaba algún tipo de temor que repelía a cualquier desconocido.

Bajo el juicio de la quinta trompeta, unos demonios-langostas recibirán esta restricción: «Y se les mandó que no dañasen la hierba de la tierra, ni a cosa verde alguna, ni a ningún árbol, sino solamente a los hombres que no tuviesen el sello de Dios en sus frentes» (Apocalipsis 9:4). El sello, conforme a este pasaje bíblico, no se limita a los ciento cuarenta y cuatro mil, sino a otra compañía.

En Apocalipsis 14:1 leemos: «... y con el ciento cuarenta y cuatro mil, que tenían el nombre de él y el de su Padre, fue escrito en la frente». Evidentemente, aquí se demuestra que es un sello de propiedad. Ellos serán de Cristo y del Padre, sin el uno no se tiene al otro. Se convertirán del judaísmo al cristianismo. Mejor expresado, serán judíos en Cristo.

En tiempos antiguos era costumbre marcar, tatuar o poner impresiones sobre los siervos o esclavos que servían a amos romanos. Las religiones paganas ponían marcas imborrables sobre la piel de sus participantes. Los presos, en siglos pasados, eran marcados y señalados físicamente. En años más recientes, durante la Segunda Guerra Mundial, el genio diabólico de Hitler patrocinó la idea de tatuar a los prisioneros de guerra, con particularidad a los judíos.

En la Biblia está terminantemente prohibida la práctica de tatuajes o señales impresas sobre el cuerpo: «No se harán incisiones por un difunto ni tampoco tatuajes. Yo soy el Señor» (Levítico 19:28); «... ni hacerse heridas en el cuerpo» (Levítico 21:5).

Dan y Efraín

Es interesante notar que en la lista de ciento cuarenta y cuatro mil judíos sellados las tribus de Dan y Efraín están omitidas. En su lugar aparecen las tribus de José y Leví. En la Biblia encontramos tres listas detalladas sobre las tribus de Israel: *a)* En Génesis 49 aparece la lista original en la cual no se menciona a Efraín y a Manasés (la heredad de José en la tierra prometida fue dividida entre los descendientes de sus hijos, Efraín y Manasés). *b)* En Ezequiel 48 encontramos la lista oficial de las tribus, con la exclusión de José y Leví (los levitas dejaron de ser contados entre las tribus de Israel, Números 1:47-54). *c)* La lista registrada por Juan está en contraposición con las otras dos. En cuanto a nombres, es paralela con la de Génesis 49. Difiere en el orden de los nombres que registra la de Génesis, con la particularidad de que cita en último lugar los nombres de José y Benjamín. El nombre de Judá Juan lo pone en primer lugar, aparentemente para darle cierto lugar preponderante a dicha tribu, quizá por su relación con Cristo. En Apocalipsis 5:5, él llama a Jesús «el león de la tribu de Judá» (léanse los siguientes pasajes para prueba de que las tribus de José y Leví fueron omitidas y substituidas por Efraín y Manasés; Números 3:12; Deuteronomio 10:8-9; Génesis 47:28, 48:5 y Josué 14:4).

Es posible que Dan y Efraín son omitidas como tribus por sus prácticas de idolatría en el pasado (Levítico 24:11; Jueces 18:30-31; 1.ª Reyes 12:28). No obstante, no son excluidas de la tierra milenaria que será dividida entre las tribus (léase Ezequiel 48:2 y 5).

A la tribu de Dan se la identifica con el gobierno de su pueblo (Génesis 49:16). «Dan juzgará a su pueblo como una de las tribus de Israel». Esta profecía nunca se cumplió en la historia de Israel. A Dan se la describe con cierto poderío militar. «Será Dan serpiente junto al camino, víbora junto a la senda, que muerden los talones del caballo y hace caer hacia atrás al jinete» (Génesis 49:17). Nos inclinamos a presuponer que Dan será la tribu del anticristo. ¿Significa que los judíos descendientes de esta tribu no serán salvos? Esto es incierto; en Génesis 49:18 leemos, en relación con Dan: «Tu salvación espere, oh, Jehová».

En Apocalipsis 13:11 se nos dice: «... vi otra bestia que subía de la tierra». «La tierra», en muchos lugares de la Biblia, se asocia con la tierra prometida. Esta bestia que Juan vio subir de la tierra se conoce por el falso profeta, la mano derecha del anticristo. Hay bastantes posibilidades de que él sea un gran dirigente judío, algo así como un rabí. Me atrevo a asociarlo con la tribu de Efraín, aunque no dogmatizo mi opinión.

Una gran multitud
(Apocalipsis 7:9-17)

La tribulación será escenario de un gran avivamiento espiritual. Una gran cosecha de almas hará profesión de fe. El retorno de Cristo será antecedido por una ausencia de fe en la tierra. «... cuando venga el Hijo del Hombre, ¿hallará fe en la tierra?» (Lucas 18:8). Después del rapto de la Iglesia, la fe retornará a muchos individuos que comprenderán la bendición que han perdido por su tibieza y comodismo.

Juan vio el resultado del avivamiento que el mundo experimentará: «... y he aquí una gran multitud, la cual nadie podía contar, de todas las naciones y tribus y pueblos y lenguas, que estaba delante del trono y en la presencia del Cordero, vestida de ropas blancas y con palmas en las manos» (v. 9).

Jesús dijo: «Y es necesario que el evangelio sea predicado antes a todas las naciones» (Marcos 13:10). El alcance de las palabras proféticas del Señor no está limitado a esta época, aunque la Iglesia debe esforzarse por cumplirlas y realizarlas. En Mateo 24:14 se nos dice: «Y será predicado este evangelio del reino en todo el mundo para testimonio a todas las naciones, y entonces vendrá el fin». Juan fue vidente de esa proclamación en «todo el mundo» poco antes del «fin». La mayor conversión cristiana está deparada para este futuro profético.

¿Cómo se salvarán?

Los «dos testigos», Moisés y Elías, a través de sus ministerios sobrenaturales, milagrosos y poderosos (Apocalipsis 11:3-12), serán instrumentos para la salvación de los ciento cuarenta y cuatro mil judíos que serán sellados. A la misma vez, el celo evangelístico que estos «sellados» manifestarán contribuirá a las conversiones masivas vistas por Juan.

Primero, necesitarán fe. «Sin fe es imposible agradar a Dios», dice Hebreos 11:6. La fe es un elemento esencial para la confesión de los pecados y la aceptación del perdón divino (Hechos 26:18). La fe pone al hombre penitente en paz con Dios (Romanos 5:1).

Segundo, necesitarán oír la palabra de Dios. La audición de la palabra es fuente para el desarrollo de la fe. En relación con los «dos testigos», se mencionan las palabras «... en los días de su profecía» (Apocalipsis 11:6). La palabra de Dios puede ser transmitida en tres maneras orales: por la proclamación *(kerygma)*, por la enseñanza *(didaske)* o por la profecía *(propheteia)*. Entre los ciento cuarenta y cuatro mil judíos convertidos habrá evangelistas, pastores, maestros, y todos serán misioneros.

El idioma no les será barrera a los ciento cuarenta y cuatro mil judíos. Muchos se convertirán en Israel bajo la influencia de los «dos testigos»; otros, de lugares más distantes, tendrán conocimientos sobre la obra de Moisés y Elías. Su pluralidad lingüística les ayudará a diseminar con efectividad «el evangelio». Ellos infiltrarán grupos y organizaciones con su experiencia salvífica.

Tercero, necesitarán aceptar a Cristo como su salvador personal. En Apocalipsis 7:10 leemos: «... la salvación pertenece a nuestro Dios, que está sentado en el trono, y al Cordero». En el versículo 17 se nos añade: «Porque el Cordero, que está en medio del trono, los pastoreará y los guiará a fuentes de aguas de vida...».

Cuarto, necesitarán aceptar el poder expiatorio de la sangre de Jesús. Hebreos 9:22 cita: «Según la ley, casi todo tiene que ser purificado con sangre, y no hay perdón de pecados si no hay derramamiento de sangre» (DHH). La nota de la sangre suena repetidamente en el Apocalipsis: «... y nos lavó de nuestros pecados con su sangre» (Apocalipsis 1:5); «... porque tú fuiste inmolado y con tu sangre nos has redimido para Dios de todo linaje y lengua y pueblo y nación» (Apocalipsis 5:9); «... y han lavado sus ropas, y las han emblanquecido en la sangre del Cordero» (Apocalipsis 7:14); «Y ellos le han vencido por medio de la sangre del Cordero...» (Apocalipsis 12:11).

Quinto, necesitarán la obra del Espíritu Santo. La obra del Espíritu Santo es recalcada en el libro del Apocalipsis: «Yo estaba en el Espíritu en el día del Señor...» (1:9); «... oiga lo que el Espíritu dice a las iglesias...» (2:7, 11, 17, 29, 3:6, 13, 22); «... dice el Espíritu: descansarán de sus trabajos, porque sus obras con ellos siguen» (14:13); «Y me llevó en el Espíritu al desierto...» (17:3); «Y me llevó en el Espíritu a un monte...» (21:10); «Y el Espíritu y la esposa dicen: Ven...» (22:17).

Muchos intérpretes, basándose en 2.ª Tesalonicenses 2:7, encuentran apoyo para la posición de que el Espíritu Santo terminará su ministerio con el levantamiento de la Iglesia en relación con los seres humanos. Leamos ese texto: «Porque ya está en acción el misterio de la iniquidad; solo que hay quien al presente lo detiene, hasta que él, a su vez, sea quitado de en medio». El pronombre «él» y la declaración «quitado de en medio», efectivamente, se refieren al Espíritu Santo.

El versículo dice que será «quitado de en medio», pero no se afirma hasta cuándo, si es algo temporal o si retornará. El profeta Joel nos da ciertas claves para entender el ministerio operante y omnipresente del Espíritu Santo en la tribulación.

«Y después de esto derramaré mi Espíritu sobre toda carne, y profetizarán vuestros hijos y vuestras hijas; vuestros ancianos soñarán sueños y vuestros jóvenes verán visiones. Y también sobre los siervos y sobre las siervas derramaré mi Espíritu en aquellos días».

«Y daré prodigios en el cielo y en la tierra, sangre y fuego y columnas de humo. El sol se convertirá en tinieblas, y la luna en sangre antes que venga el día grande y espantoso de Jehová».

«Y todo aquel que invocare el nombre de Jehová será salvo, porque en el monte de Sión y en Jerusalén habrá salvación, como ha dicho Jehová, y entre el remanente, al cual Él habrá llamado» (Joel 2:28-32).

El apóstol Pedro interpretó la experiencia tenida por los ciento veinte en el día de Pentecostés como un cumplimiento a la profecía de Joel (Hechos 2:15-21). Sin embargo, lo dicho por Joel apunta hacia un nuevo y escatológico Pentecostés.

Joel identificó este derramamiento del Espíritu Santo con «los postreros días» (Hechos 2:17). Compárese con Deuteronomio 4:30, 30:8; Jeremías 23:20; Daniel 2:28, 10:14. En las Sagradas Escrituras hay que distinguir tres épocas designadas como «tiempos postreros». La primera tiene que ver con la Iglesia (1.ª Timoteo 4:1; 2.ª Timoteo 3:1; Hebreos 1:2;

Santiago 5:3; 1.ª Pedro 1:20; 2.ª Pedro 3:3; Judas 18). La segunda es en relación con la tribulación e Israel (los versículos fueron ya citados). La tercera tiene que identificarse con el milenio (Miqueas 4:1; Isaías 2:2).

Joel describió una época de «prodigios en el cielo y en la tierra, sangre y fuego y columnas de humo» (léase Apocalipsis 6:13-14, 9:2, 8:7-11, 11:6, 15:2-12, 21, 18:8, 18).

Joel vio cambios en los cuerpos celestes: «El sol se convertirá en tinieblas y la luna en sangre» (compárese con Apocalipsis 6:12, 8:12).

Joel señaló que este derramamiento del Espíritu Santo o Pentecostés será previo a «el día grande y espantoso de Jehová» (léase Apocalipsis 6:16-17, 9:6 y 16:14).

Joel evidenció un resultado: «Y todo aquel que invocare el nombre de Jehová será salvo... y en Jerusalén habrá salvación... y entre el remanente, al cual él habrá llamado» (relacione esto con Apocalipsis 7:4, 9-10 y 13-14, 9:4, 12:17, 13:7, 14:1, 12, 15:2, 17:14 y 20:4).

Ante las pruebas antes expuestas solo tenemos una alternativa; aceptar que el Espíritu Santo encontrará durante la tribulación muchos corazones que estarán receptivos a su presencia. Aquellos que lo reciban «profetizarán», «soñarán sueños» y «verán visiones». Será un derramamiento «sobre toda carne», esto incluye hombres, mujeres, jóvenes y ancianos. Los niños no se mencionan porque son de Dios.

Gran tribulación

Uno de los ancianos le pregunta a Juan: «¿Quiénes son y de dónde han venido?», refiriéndose a la gran multitud vestida de ropas blancas (Apocalipsis 7:13). Juan, sin demora, expresó: «Señor, tú lo sabes» (v. 14). Si hubiera sido la Iglesia, él la hubiera reconocido. Esta «gran multitud», en su interpretación,

Los salvados durante la gran tribulación (Apocalipsis 7:1-17)

estaba más allá del alcance del apóstol. Por medio de esto, Juan recibió la lección de que aparte de la Iglesia que él conocía, Dios salvaría en el futuro profético a una multitud incontable. Esta misma lección se sigue aplicando a la Iglesia de Jesucristo; después que seamos tomados en el rapto, el plan salvífico y redentor de Dios continuará en proceso.

Juan llamó a este anciano «Señor». Simplemente, él desconocía su nombre. Pero no era el Señor Jesucristo, si no, él le hubiera llamado Cordero o Señor Jesús.

El anciano le responde a Juan: «Estos son los que han salido de la gran tribulación...» (v. 4). La «gran tribulación» será para Israel, para el mundo inconverso y para los convertidos de la tribulación. La Iglesia no tomará parte en la gran tribulación.

Muchos comentaristas, en la profecía escatológica, creen ver en Apocalipsis 7:14 una alusión a un rapto en medio de la tribulación. Otros afirman que el rapto de la Iglesia será después que finalice la gran tribulación. La verdad del caso es que no será ni en «medio» ni «después», sino «antes» de la tribulación.

Algunas objeciones al hecho de que la Iglesia no pasará por la gran tribulación: *a)* En Juan 14:3 Jesús dijo: «... para que donde yo estoy, vosotros también estéis». Jesús no estará en la gran tribulación, Él está en el cielo. La Iglesia tiene que estar donde Él está. *b)* En Colosenses 1:18 aprendemos: «Y Él (Cristo) es la cabeza del cuerpo, que es la Iglesia». Él no va a dejar que su «cuerpo» pase y experimente lo que la «cabeza» ya vio. *c)* Pablo, refiriéndose al rapto, declaró: «... y todo vuestro ser, espíritu, alma y cuerpo, sea guardado irreprensible ("sin defecto", DHH) para la venida de nuestro Señor Jesucristo» (1.ª Tesalonicenses 5:23). Si la Iglesia pasara por la gran tribulación el cuerpo de muchos creyentes no podría ser guardado. Serían castigados físicamente, torturados y hasta decapitados.

Los que se salven durante la tribulación pasarán severas pruebas y persecuciones inimaginables. En sus cuerpos sufrirán la tortura de sus testimonios. No tendrán descanso ni de día ni de noche. Por eso leemos en Apocalipsis 6:11 de los primeros mártires de la tribulación: «... y se les dijo que descansasen todavía un poco de tiempo, hasta que se completara el número de sus consiervos y sus hermanos, que también habían de ser muertos como ellos».

En el versículo 17 del Apocalipsis 7, Juan declara: «Ya no tendrán hambre ni sed, y el sol no caerá más sobre ellos, ni calor alguno». En Mateo 25:35-36, Jesús dijo: «Porque tuve hambre y me disteis de beber; fui forastero y me recogisteis; estuve desnudo y me cubristeis, enfermo y me visitasteis, en la cárcel y vinisteis a mí». Luego añade: «... en cuanto lo hicisteis a uno de estos, mis hermanos más pequeños, a mí lo hicisteis» (v. 40).

Los contextos 31 al 34 de Mateo 25 demuestran que las palabras de Cristo son dirigidas en relación con el trato que se dará al pueblo judío en la tribulación (lógicamente también se incluyen a los gentiles convertidos).

La principal razón para que los creyentes de la tribulación sufran hambre y sed se relaciona con el control alimenticio de Apocalipsis 13:17: «Y que ninguno pudiese comprar o vender, sino el que tuviese la marca o el número de la bestia o el número de su nombre».

En la película *Image of the Beast*, producida y dirigida por Donal W. Thompson, uno de los protagonistas idea el falsificar el número computarizado del anticristo, imprimiéndoselo a sí mismo y a su compañera, con el propósito de poder sobrevivir a la persecución. Cuando entran a un supermercado de comestibles algo les falla, y la computadora registradora de la marca del anticristo comienza a sonar la alarma. Todo esto por tratar de conseguir alimentos. El resto de la película gira en torno de una investigación especial que hacen los agentes del anticristo para conseguir la información sobre dicha falsificación.

«... y el sol no caerá más sobre ellos, ni calor alguno» (Apocalipsis 7:16). Para sobrevivir a las persecuciones de la policía de seguridad del anticristo, emprenderá contra los «no asimilados» por el sistema; estos tendrán que buscar refugio. El Señor habló sobre este particular: «Entonces, los que estén en Judea, huyan a los montes» (Mateo 24:16). Lógicamente, en esta lucha por la supervivencia, los rayos solares les producirán quemaduras. En Apocalipsis 15:8 se describe el juicio de la cuarta copa: «El cuarto ángel derramó su copa sobre el sol, al cual fue dado quemar a los hombres con fuego». Este juicio solar fulminará a todos aquellos que estén a la intemperie, tanto creyentes como no creyentes.

Apocalipsis 16:9 dice que como resultado del sol «... los hombres se quemaron con el gran calor». Tratando de salvar sus vidas, los cristianos, durante la «gran tribulación», buscaron escondites subterráneos, entre escombros, edificios abandonados, etc. Allí el calor los hará sentirse insoportables, incómodos y molestos.

En el Apocalipsis 7:17 se menciona su lloro: «... y Dios enjugará toda lágrima de los ojos de ellos». Serán testigos de atrocidades. Verán a sus seres queridos y amigos convertidos muriendo por su fe. Sufrirán por la muerte de sus hijos. Se entristecerán por las traiciones, los engaños y el trato inhumano a los cuales serán expuestos.

El morir, para ellos, aunque agonizante y doloroso, los trasladará a «fuentes de agua de vida» (v. 17). Jesús dijo a la samaritana: «Mas el que bebiere del agua que yo le daré no tendrá sed jamás, sino que el agua que yo le daré será en él una fuente de agua que salte para vida eterna» (Juan 4:4). El agua que Cristo ofrece es la «vida eterna».

CAPÍTULO 7

Las primeras cuatro trompetas (Apocalipsis 8:1-13)

El capítulo 8 del Apocalipsis continúa la cronología de los juicios apocalípticos. El séptimo sello por fin es quitado del rollo sellado por ambas partes (v. 1). El Cordero Jesús es quien lo quita. Diferente a los juicios de los otros seis sellos, este séptimo sello es la colección de los siete juicios de las trompetas. Al ser quitado el séptimo sello, el contenido del rollo es expuesto, indicándose que la reclamación que hará el Cordero es inminente. La redención de la tierra no demorará.

Media hora de silencio

A la apertura del séptimo sello no sucede nada inmediato. Juan nos dice que «se hizo silencio en el cielo por media hora». Los seres vivientes y los veinticuatro ancianos harán silencio (Apocalipsis 4:9-10 y 5:8-10). Los ángeles guardarán este silencio también (Apocalipsis 5:11-12). Los mártires de la gran tribulación tendrán que hacer silencio (Apocalipsis 7:9-10).

Esa «media hora» será lo suficiente para que siete ángeles tomen las siete trompetas (v. 2). La idea de siete ángeles no es nueva en la escatología joanina. El libro apócrifo de Enoc alude a siete ángeles principales que están delante de Dios. El Apocalipsis dice «que estaban en pie ante Dios» (v. 2).

Otro ángel

Los versículos 3 al 5 nos introducen a otro ángel que tiene un incensario de oro lleno de incienso. Su misión está relacionada con las oraciones de «todos los santos». El hecho de que a este ángel se le señale como «otro», lo identifica con estas criaturas celestiales. No negamos que el mismo ocupa un alto rango entre las huestes angelicales.

No hay indicio bíblico alguno para ver en este ángel al Señor Jesucristo. Para Scofield, en él se revela a «Cristo como Sumo Sacerdote». Sin ambages ninguno declaro que Jesús acaba de quitar el séptimo sello, y no es lógico que aparezca inmediatamente coactuando. Además, en Apocalipsis 10:1, Juan vuelve a utilizar la expresión «otro ángel». Por los contextos sabemos que este «otro ángel» tampoco puede ser el Señor. El Jesús apocalíptico aparece como «Cordero», semejante al Hijo del Hombre» y como jinete. Nunca se manifiesta en la figura del ángel. En el Antiguo Testamento sí se mostraba, no como «otro ángel», sino como el ángel de Jehová, el ángel del pacto, el ángel de su faz o el ángel de Dios (Génesis 16:7, 10, 11; Éxodo 3:2; Números 22:22; Jueces 6:11, 12, 13:17, 18, 19, 21; 2.ª Reyes 1:3; Isaías 63:9; Zacarías 3:1; Malaquías 3:1).

El incienso de este ángel no es su propia provisión. Leemos: «... y se le dio mucho incienso para añadirlo a las oraciones de todos los santos, sobre el altar de oro que estaba delante del trono» (v. 3). Esto indica que según el incienso es aromático (Éxodo 25:6); se usaba en el tabernáculo «en igual peso» (Éxodo 30:34), era «bien mezclado, puro y santo», y su olor se difundía; así son las oraciones que los santos expresan a Dios.

El salmista David dijo: «Suba mi oración delante de ti como el incienso...» (Salmo 141:2). El incienso siempre sube, las oraciones que hacen los creyentes deben tener una sola ruta, hacia arriba, subiendo hasta la presencia misma de Dios. Jesús le da olor grato a nuestras oraciones. La obra expiatoria de Jesús fue de olor grato al Padre; no era algo extraño, porque estaba en la voluntad divina. En Éxodo 30:9 se nos dice: «No ofreceréis sobre él (altar del incienso) incienso extraño...».

El altar de oro mencionado en el versículo 3 es correspondiente al altar del incienso: «Harás, asimismo, un altar para quemar el incienso; de madera de acacia lo harás... Y lo cubrirás de oro puro...» (Éxodo 30:1-3). La madera de acacia es tipo de la humanidad de Cristo; el oro es tipo de su divinidad.

La media hora de silencio llegó a su fin cuando «... el ángel tomó el incensario y lo arrojó a la tierra, y hubo truenos y voces y relámpagos y un terremoto» (v. 5). El silencio es absorbido por una confusión de sonidos. *a)* El fuego del altar nos recuerda que Dios, en su santidad, consume el pecado, purifica a su pueblo y castiga a los obradores de iniquidad (Salmo 66:10; Isaías 31:9, 48:10; Malaquías 3:1-2; Hebreos 12:29). *b)* Los truenos describen el poder, la presencia y la ira de Dios (Éxodo 9:28-29, 19:167-17; Job 26:14; Isaías 29:6). *c)* Las voces pueden ser los cánticos y alabanzas y acciones de gracias de los seres vivientes, los veinticuatro ancianos y las millaradas angelicales o las voces aterradoras de los pecadores que estén en la tierra durante la gran tribulación. *d)* Los relámpagos describen los juicios destructivos de Dios (Salmo 18:14) y el alcance de los mismos (Salmo 77:18). *e)* El terremoto indica que la tierra no tendrá reposo.

Los ángeles con las trompetas

Las trompetas, en el Antiguo Testamento, simbolizan: marcha (Números 10:2); convocación (Levítico 23:24); guerra (Números 10:9, 31:6; Jueces 7:16, 22); ungimientos (1.ª Reyes 1:34); alabanzas y acción de gracias manifestadas a Dios (2.ª Crónicas 5:12-14); conquista (Josué 6:16, trompeta VM).

En el Nuevo Testamento, las trompetas se relacionan con: vanagloria (Mateo 6:2); la revelación de Cristo (Mateo 24:31); el rapto (1.ª Corintios 15:52; 1.ª Tesalonicenses 4:16); la voz del Señor (Apocalipsis 1:10, 4:1); los juicios escatológicos (Apocalipsis 8:2, 6, 7, 8, 10, 12, 13, 9:1, 13, 14, 10:7, 11:15).

Primera trompeta

«El primer ángel tocó la trompeta, y hubo granizo y fuego mezclados con sangre, que fueron lanzados sobre la tierra, y la tercera parte de los árboles se quemó, y se quemó toda la hierba verde» (8:7).

Este juicio de la primera trompeta es paralelo con el de la séptima plaga en Egipto, en los días de Moisés. Leemos: «Hubo, pues, granizo y fuego mezclado con el granizo, tan grande, cual nunca hubo en toda la tierra de Egipto desde que fue habitada. Y aquel granizo hirió en toda la tierra de Egipto todo lo que estaba en el campo, así hombres como bestias; asimismo, destrozó el granizo toda la hierba del campo, y desgajó todos los árboles del país» (Éxodo 9:24-25).

La primera diferencia es que el juicio de esta trompeta será universal, «sobre la tierra». El de Egipto fue local, «en toda la tierra de Egipto». La segunda diferencia es que en este juicio apocalíptico se menciona «sangre», y en el de Egipto, no. La sangre parece describir el color rojizo que caracterizará a esta tormenta de agua congelada en forma de copos. La tercera diferencia es que Juan no nos dice nada sobre los hombres y las bestias, pero sí menciona los «árboles» y la «hierba». Esto nos lleva a concluir que los efectos de este juicio tendrán que ver más con la vegetación.

El profeta Joel aludió a este juicio: «Y daré prodigios en el cielo y en la tierra, sangre y fuego y columnas de humo» (Joel 2:30). Se registra en la historia de los Estados Unidos una granizada de tal magnitud que causó pavor y temor entre los habitantes; la misma data para el día 13 de noviembre de 1833. Este juicio de la primera copa no será un imposible, tampoco algo figurativo, será tan literal como el que experimentó Egipto.

Segunda trompeta

> *«El segundo ángel tocó la trompeta, y como una gran montaña ardiendo en fuego fue precipitada en el mar, y la tercera parte del mar se convirtió en sangre, y murió la tercera parte de los seres vivientes que estaban en el mar, y la tercera parte de las naves fue destruida»* (8:8-9).

Un juicio similar ocurrió en Egipto: «... y todas las aguas que había en el río se convirtieron en sangre. Asimismo, los peces que había en el río murieron, y el río se corrompió tanto que los egipcios no podían beber de él. Y hubo sangre por toda la tierra de Egipto» (Éxodo 7:20-21).

Este juicio sobre Egipto abarcó tan solo las aguas dulces y potables. El de esta segunda trompeta será directamente sobre el mar. Notemos que se usa la palabra «mar», en singular, y no «mares»; es posible que se refiera al mar Mediterráneo por su importancia comercial y pesquera.

El símil «como» no es indicativo de que este juicio sea figurativo. Más bien describe una gigantesca masa sólida de fuego vista por Juan. El apóstol carecía del vocabulario científico del que gozamos hoy día. Por lo tanto, compara lo que vio con «una gran montaña». Esto que visualizó Juan debe ser algo así como un supermeteorito.

Dice Juan: «Y murió la tercera parte de los seres vivientes que estaban en el mar, y la tercera parte de las naves fue destruida». El alcance de este juicio no será de colosales proporciones. Una tercera parte significa que de tres cosas una será afectada. ¿Por qué? La razón es que este fenómeno astronómico caerá sobre una parte del mar. Solo ahí se experimentará muerte y desolación. Posiblemente su caída produzca un gran oleaje, que al destruir los barcos y pequeñas embarcaciones, muchos quizá cargadores de petróleo crudo (en el mar Mediterráneo se trafica mucho petróleo), contribuirá a un derramamiento de petróleo y otras substancias mortales que envenenarán a toda vida marítima. El mar convertido en sangre parece describir que, a causa de las muertes tan violentas que sufrirán los tripulantes de estos navíos, habrá mucho derramamiento de sangre, formando una capa sobre la superficie del mar. Aunque si Dios, en Egipto, convirtió el agua en sangre, lo puede volver a repetir. ¿Y quién puede pedirle explicaciones a Dios? De seguro usted y yo no podemos.

Tercera trompeta

> *«El tercer ángel tocó la trompeta y cayó del cielo una gran estrella ardiendo como una antorcha; y cayó sobre la tercera parte de los ríos y sobre las fuentes de las aguas. Y el nombre de la estrella es Ajenjo. Y la tercera parte de las aguas se convirtió en ajenjo; y muchos hombres murieron a causa de esas aguas, porque se hicieron amargas»* (8:10, 11).

Juan oyó que al toque de la tercera trompeta cayó del cielo «*una gran estrella*» (griego *mega aster*), refiriéndose a un meteorito que ardía en fuego «*como una antorcha*» (griego *lampas*), y su juicio afectará la tercera parte de los «*ríos*» (griego *potamos*) y «*las fuentes de aguas las aguas dulces*» (griego *tas pegas ton hudaton*) que fluyen. El nombre propio «Ajenjo» (griego *Apsinthos*) describe el juicio amargo que produce sobre las aguas, que a causa de transformarse en amargas y nocivas producirán la muerte de muchos seres vivientes en los días de la gran tribulación. En el Antiguo Testamento el ajenjo representa las calamidades (Lamentaciones 3:15) y la injusticia (Amós 5:7) y en el pasaje referido de Apocalipsis el juicio divino. Bajo la primera plaga en Egipto por Moisés y Aarón (Éxodo 7:14-24), las aguas potables y dulces se volvieron sangre, bajo este juicio de la tercera trompeta se volverán amargas y venosas.

Cuarta trompeta

«*El cuarto ángel tocó la trompeta, y fue herida la tercera parte del sol, y la tercera parte de la luna, y la tercera parte de las estrellas, para que se oscureciese la tercera parte de ellos y no hubiese luz en la tercera parte del día, y asimismo de la noche*» (8:12).

En los días de este juicio el ciclo del día y de la noche será reducido. De ahí las palabras: «… y no hubiese luz en la tercera parte del día, y asimismo en toda la noche». Las últimas cuatro horas del día, así como de la noche, estarán en tinieblas. Es decir, habrá un día de dieciséis horas. ¿Cómo será posible? Los científicos nos han enseñado que la tierra gira alrededor de su eje en veinticuatro horas. En aquel día rotará en dieciséis horas. Este juicio parece que solo abarcará un día. Nótese que se dice «del día» y «de la noche». No hay ninguna pluralidad empleada.

Un águila volando

Los toques de las trompetas quinta, sexta y séptima son interrumpidos por un águila volando. Juan nos declara: «En la visión oí un águila que volaba por mitad del cielo, clamando: "¡Ay, ay, ay! de los habitantes de la tierra por los restantes toques de trompeta, por los tres ángeles que van a tocar"» (v. 13, NBE).

En el original griego se emplea la palabra *aetos*, cuya traducción correcta es «águila». Los tres manuscritos, el alejandrino, el vaticano y el sinaítico, contienen el término *aetos*. Reina Valera traduce «águila». Juan no vio un ángel, sino un águila. El hecho de ser una visión no hace imposible el que un águila asuma la característica humana de hablar.

La quinta trompeta es un «¡ay!»; la sexta trompeta es otro «¡ay!»; la séptima trompeta es el final «¡ay!». En el Antiguo Testamento, «¡ay!» es una expresión de tristeza, de dolor, de pena, de amenaza y de retribución divina (Habacuc 2:6, 9, 12, 15, 19; Nahum 3:1; Sofonías 3:1). Aun cuando nosotros decimos «ay» es porque algo malo nos ha sucedido, o ha sucedido a alguien.

Estas últimas trompetas ocasionarán juicios que serán directamente sobre los seres humanos. Los juicios de las primeras cuatro trompetas fueron más bien dirigidos a la naturaleza y a los cuerpos celestes.

CAPÍTULO 8

Quinta y sexta trompetas
(Apocalipsis 9:1-21)

En este capítulo 8 las fuerzas y poderes satánicos son los principales protagonistas. En los días de la gran tribulación, Dios les permitirá a los hombres gustar de las realidades demoníacas en todas sus manifestaciones: posesiones, opresiones, sujeciones, depresiones y obsesiones.

La verdad del ocultismo que las compañías cinematográficas han disfrazado con la ficción y los efectos electrónicos se tornará en una horrible pesadilla.

Primer «¡ay!»

«El quinto ángel tocó la trompeta, y vi una estrella que cayó del cielo a la tierra, y se le dio la llave del pozo del abismo. Y abrió el pozo del abismo y subió humo del pozo como humo de un gran horno, y se oscureció el sol y el aire por el humo del pozo. Y del humo salieron

langostas sobre la tierra, y se les dio poder, como tienen poder los escorpiones de la tierra...» (9:1-12).

En las Sagradas Escrituras, el término «estrella o estrellas» conlleva diferentes acepciones; los cuerpos celestes son llamados «estrellas» (Génesis 1:16; Deuteronomio 4:16; Job 9:7); multitudes innumerables son denominadas «como estrellas» (Génesis 15:5, 22:17, 26:4; Deuteronomio 1:10); los ángeles son llamados «estrellas» (Job 38:7; Isaías 14:13; Apocalipsis 12:4); los falsos maestros son referidos como «estrellas» (Judas 13); los pastores son llamados «estrellas» (Apocalipsis 1:20); Cristo es llamado la «estrella de Jacob» (Números 24:17) y la «estrella resplandeciente de la mañana» (Apocalipsis 22:16); las tribus de Israel son simbolizadas por estrellas (Génesis 37:9, 10; Apocalipsis 12:1); Satanás era llamado «lucero hijo de la mañana». «Lucero» y «estrella» son sinónimos (Isaías 14:12).

La estrella con la llave

Juan no vio una estrella literal, tampoco un cometa y menos aún un meteorito. No era tampoco un falso maestro o un pastor. Esta estrella vista por Juan tiene que simbolizar un ángel. En la versión inglesa King James leemos: «... and to him was given the key of the bottomless pit». Reina Valera lee: «... y se le dio la llave del pozo del abismo». El pronombre «him» (él), usado por la King James demuestra que Juan vio una personalidad y no un reino o nación.

La identificación de este ángel-estrella es motivo de discusiones entre muchos comentaristas del Apocalipsis. Para algunos tiene que ser Satanás. Lo sostienen a la luz de Lucas 10:18 y Apocalipsis 12:12. Ambas citas describen la caída de Satanás, sin embargo, no le encuentro ninguna relación con el ángel-estrella visto por Juan. El hecho de que Juan diga: «vi a una estrella que cayó del cielo a la tierra», no indica que tiene que ser Satanás o un ángel caído. El verbo caer, en relación con este ángel, se emplea con la finalidad de manifestar su descenso a la tierra.

Este ángel-estrella tiene que ser el mismo de Apocalipsis 20:1. Allí leemos: «Vi a un ángel que descendía del cielo, con la llave del abismo...». Juan, en el versículo que estamos discutiendo, nos dice: «... y se le dio la llave del pozo del abismo». Esta llave simbólica de autoridad y poder no se le va a dar a Satanás y luego quitársela para que un ángel de Dios la tome.

Suena irrazonable que a un individuo que espera condena por sus crímenes se le dé la llave de una prisión para que libere a muchos de los presos, y después de algún tiempo a este mismo se le tenga que confinar. El abismo es una prisión espiritual instituida por Dios; ningún delincuente espiritual como Satanás podrá jamás tener acceso para ayudar a sus compinches.

El pozo del abismo

El pozo del abismo o pozo sin fondo (*bottomles pit*, KJ) no es el Hades donde están confinadas las almas de aquellos que han muerto en delitos y pecados, aunque ambos están localizados en el corazón de la tierra. Tampoco es el lago de fuego y azufre (Apocalipsis 19:20, 20:10-15). El pozo del abismo es el lugar de reclusión para Satanás durante el milenio (Apocalipsis 20:1-3). Después que cumpla una sentencia de mil años, con un poco de tiempo obtendrá una libertad provisional (Apocalipsis 20:7-10).

El apóstol Pedro dice: «Porque si Dios no perdonó a los ángeles que pecaron, sino que, arrojándolos al infierno, los entregó a prisiones de oscuridad para ser reservados al juicio» (2.ª Pedro 2:4). De aquí deducimos que el abismo es un lugar de reclusión para los ángeles caídos o demonios. Es además una prisión momentánea «para ser reservados al juicio». Está localizado en esa área de castigo conocido como «infierno».

En Judas 6 leemos: «Y a los ángeles que no guardaron su dignidad, sino que abandonaron su propia morada, los ha guardado bajo oscuridad, en prisiones eternas, para el juicio del gran día». Aquí Judas recalca casi lo mismo que Pedro. Él menciona a los ángeles caídos, indica que están presos y señala que será «para el juicio del gran día». Es decir, en el «gran trono blanco» (Apocalipsis 20:11-15).

La expresión «prisiones de oscuridad» (2.ª Pedro 2:4, RV) es traducida en otras versiones: «abismos de tinieblas» (VM); «cavernas tenebrosas» (NC); «fosos de tinieblas» (BA); «cadenas de oscuridad» (RV, 1909); «tenebrosas cárceles» (NBE).

Langostas extrañas

En el versículo 3 Juan declara: «Y del humo salieron langostas sobre la tierra, y se les dio poder, como tienen los escorpiones de la tierra». Por los contextos veremos que esto que vio el apóstol no son langostas comunes. El hecho de que provengan del abismo las identifica con agencias infernales o demonios.

Versículo 4: «Y se les mandó que no dañasen a la hierba de la tierra, ni a cosa verde alguna, ni a ningún árbol, sino solamente a los hombres que no tuviesen el sello de Dios en sus frentes».

Las langostas que vinieron sobre Egipto bajo el juicio de la octava plaga eran en gran cantidad (Éxodo 10:14); oscurecieron la tierra al cubrir su faz (Éxodo 10:15); consumieron toda la hierba de la tierra y todo fruto en los árboles, no dejando ninguna vegetación verde (Éxodo 10:15). Las langostas-demonios, langostas extrañas, langostas apocalípticas o langostas infernales son todo lo contrario a las langostas que vinieron sobre Egipto. Si alguna relación se puede establecer entre ambas es en el número incontable.

La langosta común es un insecto (no se debe confundir con el marisco decápodo). Como tal, no se puede estrenar. Las langostas extrañas vistas por Juan demostraban entendimiento, no harán daño a la vegetación ni a los que tengan el sello de Dios, porque el Señor no se lo permitirá. Nótese la expresión «Y se les mandó...».

De aquí desprendemos la enseñanza de que los demonios conocen y reconocen a los creyentes que están sellados por Dios, tanto en esta época como en los días de la tribulación. Los demonios no pueden tocar a los creyentes sin permisión divina. Aun el mismo Satanás no pudo tocar a Job sin el permiso de Dios (Job 1 al 2). Un verdadero creyente en Cristo jamás podrá ser poseído por demonios, porque este tiene el sello de Dios, que significa propiedad divina.

Versículo 5: «Y les fue dado no que los matasen, sino que los atormentasen cinco meses, y su tormento era como tormento de escorpión cuando hiere al hombre».

El juicio de esta quinta trompeta durará «cinco meses». El castigo que infligirá no será mortal, sino tormentoso. Es comparado con la fiebre y delirios que se producen como resultado de una picadura de escorpión, cuya ponzoña venenosa o cola se levanta para ser clavada sobre los insectos y los seres humanos o animales.

El escorpión es también conocido como «alacrán». Es un animal de vida nocturna. Se esconde bajo piedras, en los palos podridos, en las hojas secas y en hoyos. Recuerdo, de niño, haber visto muchísimos alacranes. Su color era un amarillento pardo o rojizo. Mi abuelo paterno siempre andaba a la caza de ellos para matarlos. Fui testigo de personas que habían sido víctimas de estos escorpiones.

Esto del «tormento de escorpión» nos indica que Juan no vio langostas comunes, las cuales carecen de ponzoñas. El mejor sinónimo para langostas es «saltamontes». Si usted ha visto algún saltamontes (de la misma familia de la langosta) sabe a lo que me refiero.

Estas langostas extrañas serán invisibles a los ojos humanos a causa del humo que las origina. El mismo delirio del tormento que ocasionarán sobre sus víctimas hará que estos deseen la muerte.

Versículo 6: «Y en aquellos días los hombres buscarán la muerte, pero no la hallarán, y ansiarán morir, pero la muerte huirá de ellos». De este pasaje desprendemos tres cosas: *a)* «Los hombres buscarán la muerte», no esperarán que ella venga a ellos, sino que tratarán de hacer todo lo posible por morir. La tortura mental por no poder llevar a cabo su deseo les causará una agonía emocional. *b)* «Y ansiarán morir», muchos suplicarán por la muerte, ya que esta es la única vía posible de escape a su tormento físico. *c)* «Pero la muerte huirá de ellos», será la voluntad de Dios que la vida en ellos sea prolongada, experimentando este castigo en toda su plenitud. En este juicio habrá castigo y no pena de muerte.

Aspecto de las langostas extrañas

Los versículos 7 al 10 describen la apariencia de estas langostas extrañas. En el versículo 7 leemos: «El aspecto de las langostas era semejante...». Y luego sigue la descripción dada por el apóstol Juan. «Era semejante» señala que lo que sobre ellos se dirá debe entenderse en un lenguaje figurativo. La palabra «como» en esos cuatro versículos se cita siete veces. «Como» siempre indica comparación, semejanza o parecido. La comparación general que Juan les da es «semejante a caballos preparados para la guerra». Los demonios emprenderán una guerra espiritual contra la raza humana. El hecho de que los sellados de Dios estarán en todas partes del mundo demuestra que este juicio de la quinta trompeta será cosmológico.

Versículo 7: «En las cabezas tenían como coronas de oro». Las coronas se asocian con reinos e imperios. No habrá nación o reino que escape ante esta plaga diabólica.

Versículo 7c: «Sus caras eran como caras humanas». De esto se aplica que estas langostas extrañas poseerán inteligencia, conocimientos y capacidad para actuar. Serán personalidades racionales.

Versículo 8a: «Tenían cabello como de mujer». Si algo la mujer ha enmarcado es la astucia, la seducidad y la sutileza. Estas langostas apocalípticas sabrán lo que hacen y cómo lo hacen.

Versículo 8b: «Sus dientes eran como de leones». En Joel 1:6 se nos dice, en relación con las langostas: «Porque pueblo fuerte e innumerable subió a mi tierra; sus dientes son dientes de león, y sus muelas, muelas de león». Por el contexto del versículo 7 de Joel comprendemos por qué a la langosta se le atribuye la característica de tener dientes y muelas de león, por qué descorteza, desnuda y derriba todo plantío. Las langostas-demonios derribarán en cama a sus víctimas.

Versículo 9a: «Tenían corazas como corazas de hierro». La langosta común puede ser fumigada con productos químicos. Estas langostas infernales no serán detenidas por nada ni por nadie.

Versículo 9b: «El ruido de sus alas era como el estruendo de muchos carros de caballos corriendo a la batalla». Es posible que algún tipo de ruido acompañe la manifestación invisible de estas criaturas demoníacas.

Versículo 10: «Tenían colas como de escorpiones, también aguijones, y en sus colas tenían poder para dañar a los hombres durante cinco meses». El aguijón es la púa que tienen en la cola los escorpiones o alacranes, con eso es que hieren. Parece ser que los hombres, en la gran tribulación, comenzarán a experimentar algún tipo de picadura que durante cinco meses continuos los tendrá doloridos sin mejoría alguna.

Líder de las langostas extrañas

Versículo 11: «Y tienen por rey sobre ellos al ángel del abismo, cuyo nombre en hebreo es Abadón y en griego Apolión». Nótese el pronombre «ellos»; evidencia de que son demonios. Estas langostas extrañas tendrán su líder. Un arconte o ángel caído poderosísimo que será liberado del abismo durante el juicio de esta quinta trompeta dirigirá a este ejército del abismo.

La langosta común no tiene líder. «Las langostas que no tienen rey y salen todas por cuadrillas». En cambio, estas apocalípticas tiene por rey al ángel del abismo. Su nombre, en hebreo «Abadón», significa «destrucción». El Antiguo Testamento griego usa el término «apoleia» para rendir «abadón». El término «Apolión», empleado por Juan, debe ser traducido «destructor». No existe ninguna relación entre el nombre «Apolo» y «Apolión», aunque algunos comentaristas sí lo sostienen. El dios griego Apolo nunca se identificó con la destrucción, sino con la belleza, la poesía, la música, la medicina, los niños, el entendimiento, la muerte repentina, la caza, los oráculos y las leyes religiosas.

Falsas interpretaciones sobre las langostas extrañas

Primero, no pueden ser aviones o helicópteros. Estos existen hace años; las langostas extrañas aparecerán durante el juicio de la quinta trompeta, en los días de la gran tribulación. Un avión o un helicóptero no pueden distinguir desde el espacio a quienes son los sellados de Dios y a quienes no lo son. Estos implementos de guerra aéreos en caso de guerra no atormentan, sino que destruyen, matan, exterminan.

Segundo, no existe relación alguna entre las langostas extrañas y los tanques de guerra. El tanque se enfrenta con la vegetación en general, tiene que destruirla al pasar sobre esta. Como armamento bélico, los tanques son muy destructivos. Rara es la persona que pueda sobrevivir a sus ataques.

Tercero, los aguijones de estas langostas extrañas son simbólicos, y no reales. No hay base bíblica para afirmar que se refieren a las agujas y jeringuillas usadas por los drogadictos a la heroína. Estas langostas escorpiones producirán tormentos, las agujas no atormentan a los adictos a las drogas, sino la necesidad de la droga. Además, de aceptar este tipo de reflexión sería afirmar que el juicio de la quinta trompeta ya está en operación.

En el versículo 12 leemos: «El primer ¡ay! pasó; he aquí vienen aún dos ayes después de esto». Los otros dos «ayes» serán de mayores proporciones sobre los hombres que el juicio de la quinta trompeta.

Segundo «¡ay!»

«*El sexto ángel tocó la trompeta, y oí una voz de entre los cuatro cuernos del altar de oro que estaba delante de Dios, diciendo al sexto ángel que tenía la trompeta: "Desata a los cuatro ángeles que están atados junto al gran río Eúfrates"*» (9:13 y 14).

Estos cuatro ángeles que están atados no pueden ser ángeles escogidos o fieles a Dios. Solo aquellos que perdieron su dignidad o pecaron contra Dios pueden estar aprisionados o atados. Juan vio cuatro arcontes o ángeles que, bajo el liderazgo de Satanás, tenían un alto rango. Parece ser que Dios, en vez de confinarlos al abismo, optó por atarlos espiritualmente en algún lugar del río Eúfrates, con la finalidad de que fueran instrumentos de castigo bajo el juicio de la sexta trompeta.

El río Eúfrates

El río Eúfrates fue frontera de la tierra que Dios le prometió a Abraham (Génesis 15:18); en las inmediaciones de este río estaba ubicado el jardín del Edén (Génesis 2:14); en esta área Caín mató a Abel; Nimrod, el vigoroso cazador, comenzó su reino, Babel, en esta circunferencia geográfica (Génesis 10:10); el río Eúfrates se secará bajo el juicio de la sexta copa, facilitando el camino a los reyes del Oriente para la batalla del Armagedón (Apocalipsis 16:12).

Un ejército sobrenatural

Versículo 15: «Y fueron desatados los cuatro ángeles que estaban preparados para la hora, día, mes y año, a fin de matar a la tercera parte de los hombres». Bajo este segundo ¡ay!, la tercera parte de la población mundial será menguada. En el juicio del sexto sello vimos que una cuarta parte de la población mundial moriría (Apocalipsis 6:8). Es decir, bajo el cuarto sello aproximadamente veinticinco personas de cada cien morirán, reduciéndose la población mundial a un setenta y cinco por ciento (75 %). El juicio de esta sexta trompeta, realizado a través de estos arcontes demoníacos, disminuirá toda la población humana a un cincuenta por ciento (50 %). Y si a todo eso le sumamos los resultados de las guerras y otros juicios, veremos que cuando Cristo retorne la población mundial será un veinticinco por ciento de la actual (25 %). La revelación de Cristo y el juicio de las naciones diezmarán severamente la población humana.

La declaración «hora, día, mes y año» señala un tiempo ya prefijado por la soberanía de Dios para que tal acontecimiento tome lugar. No se debe interpretar como un año, un mes, un día y una hora.

Versículo 16: «Y el número de los ejércitos de los jinetes era doscientos millones. Yo oí su número». «Doscientos millones» se refiere a todas las fuerzas demoníacas que serán dirigidas por los cuatro arcontes-demonios. Quizá cada uno de ellos esté al frente de una división de unos veinticuatro millones de demonios. Sus ataques posiblemente abarquen los cuatro puntos cardinales. Quizás en esta cifra numérica se encierre cierto hiperbolismo, aunque no hay que dudar de que el número de los demonios es mayor.

Versículo 17: «Así vi en visión los caballos y a sus jinetes, los cuales tenían corazas de fuego, de zafiro y de azufre. Y las cabezas de los caballos eran como cabezas de leones, y de su boca salía fuego, humo y azufre».

Las corazas eran las armaduras que los soldados antiguos se ponían para proteger su pecho y espalda. Las corazas que Juan vio sobre los extraños jinetes de estos caballos eran muy diferentes a las de hierro usadas por los soldados romanos. Su composición constaba de fuego, de zafiro (el conocido por los romanos era opacado y azul) y de azufre. Todo esto indica la protección demoníaca de estos jinetes. Parece indicarnos que la procedencia de los mismos es del abismo. O sea, demonios que recibirán liberación durante la gran tribulación.

De los caballos descubrimos que tenían «como cabezas de leones y de su boca salía fuego, humo y azufre». La mitología antigua creía en que los así llamados «dragones» (invención de la ignorancia) arrojaban fuego, humo y azufre de sus bocas.

En Apocalipsis 9:2 se nos dice: «Y abrió el pozo del abismo y subió humo del pozo, como humo de un gran horno...». Luego se añade: «Y del humo salieron langostas sobre la tierra...» (v. 3). El humo que tienen los caballos-jinetes evidencia que son los mismos demonios-langostas del juicio de la quinta trompeta.

Es interesante que tanto los jinetes como los caballos se distinguen por el fuego y el azufre. El azufre, cuando arde, tiene una llama azul. Nos parece que tanto los jinetes como los caballos son una misma cosa. Son, como ya hemos recalcado, demonios. Como caballos simboliza su movimiento ligero y progresivo; la palabra «jinete» simboliza su inteligencia.

Versículo 18: «Por estas tres plagas fue muerta la tercera parte de los hombres; por el fuego, el humo y el azufre que salían de su boca». Es muy posible que «el fuego, el humo y el azufre» sea una descripción de erupciones volcánicas.

Versículo 19: «Pues el poder de los caballos estaba en su boca y en sus colas, porque sus colas, semejantes a serpientes, tenían cabezas, y con ellas dañaban». La «Biblia al día» parafrasea este texto: «Pero el poder mortal de aquellos caballos no radicaba solamente en el hocico. Sus colas parecían serpientes que atacaban y ocasionaban heridas mortales». El juicio de estos ejércitos infernales puede compararse a las picadas de serpientes. En los días de Juan, en el culto pagano al dios de Esculapio, se practicaba el que sus adoradores se dejaran picar por serpientes venenosas. El ser humano, en su idolatría, paganismo y ocultismo, sin darse cuenta, ha estado orando a la serpiente-Satanás. En la gran tribulación, el poder de los demonios como picada de serpientes responderá al hombre pecador.

Nota: Algunos comentaristas identifican el «fuego, humo y azufre» con alguna referencia a una guerra termonuclear. Los ejércitos de «doscientos millones» les parece que son alusivos al ejército de la China Roja o cualquier otro ejército futuro.

Versículo 20: «Y los otros hombres que no fueron muertos con estas plagas, ni aun así se arrepintieron de las obras de sus manos, ni dejaron de adorar a los demonios y a las imágenes de oro, de plata, de bronce, de piedra y de madera, las cuales no pueden ver ni oír, ni andar».

Es algo interesante el saber que los juicios de Dios tienen el propósito de que los hombres se arrepientan. El juicio de la sexta trompeta o segundo «¡ay!» no causará arrepentimiento ninguno sobre aquellos habitantes de la tierra que logren sobrevivir.

En los días de la gran tribulación, el ocultismo o culto a los demonios, combinado con la idolatría, será algo normal. El anticristo y su sistema se opondrán a toda adoración que sea dirigida a Dios, pero patrocinarán todo lo que sea anticristiano.

En el Salmo 115:44-8 se habla sobre los ídolos como cosas inanimadas, sin vida, sin movimiento, sin sentidos. La declaración final es: «Semejantes a ellos son los que los hacen, y cualquiera que confía en ellos». El apóstol Pablo dijo de los ídolos: «... sabemos que un ídolo nada es en el mundo, y que no hay más que un Dios» (1.ª Corintios 8:4). Aunque un ídolo no es nada, la adoración que se le tributa al mismo asocia a la persona con los demonios. Por eso Pablo, en una segunda reflexión, a los corintios les añade: «Antes digo que lo que los gentiles sacrifican, a los demonios sacrifican, y no a Dios, y no quiero que vosotros os hagáis partícipes con los demonios» (1.ª Corintios 10:20).

Versículo 21: «Y no se arrepintieron de sus homicidios, ni de sus hechicerías, ni de su fornicación, ni de sus hurtos». El mundo seguirá de mal en peor. El anticristo, con todas sus medidas restrictivas, no podrá detener el aumento del crimen.

1. Homicidios. El primer homicida fue Caín al quitarle la vida a su hermano Abel. El homicida mata por placer, por encubrir sus crímenes, por venganza, por odio, por pasiones y por falta de control. Solo Cristo puede cambiarle el corazón a un homicida. El homicida es siempre inducido por el mismo Satanás.
2. Hechicerías. En el original griego se emplea el término «pharmakeia» tres veces (Gálatas 5:20; Apocalipsis

9:21 y 18:23). Siempre se traduce «hechicería». También se emplea la palabra «pharmakos» dos veces (Apocalipsis 21:8 y 22:15), rendida al castellano como «hechiceros». La palabra «hechicería» (RV) es traducida en otras versiones como «maleficios» (NBE); «brujerías» (DHH).

    La palabra «pharmakeia» da la etimología a la palabra castellana «farmacia». Término que se relaciona con la preparación, venta y usos de drogas. En los días de Juan, el hechicero era el que hacía brebajes mágicos. Hoy día, «pharmakeia» no solo se aplica al ocultismo, sino que también tiene que ver algo con el uso de estupefacientes, narcóticos, tráfico de drogas y, desde luego, con el uso legalizado de las medicinas.

3. Fornicación. En este caso debe entenderse este vocablo como referente al pecado sexual prematrimonial y al pecado sexual extramarital. Esta palabra puede rendirse como «lujuria» (NBE); «inmoralidad» (BA), homosexualidad y lesbianismo. La palabra griega para fornicación es «porneia». De aquí la palabra «pornografía» toma su raíz etimológica.
4. Hurtos. Aquí se describe todo acto de tomar la propiedad ajena, sea por medios engañosos, fraudulentos, a escondidas o a la fuerza. El robo, los atracos, los negocios ilícitos, la explotación de obreros y el timar al prójimo serán cosa común en los días de la gran tribulación.

    El anticristo no tendrá la respuesta a los problemas sociales, sicológicos, criminológicos y antropológicos del tiempo del fin. Aún más, hará caso omiso de estas realidades. Su único objetivo será ser instrumento de Satanás, dejarse posesionar por él y servirle.

CAPÍTULO 9

El ángel con el librito en su mano (Apocalipsis 10:1-11)

Este capítulo 10, sumado al capítulo 11:1-14, presenta el segundo paréntesis, interludio o interrupción. Como ya lo hemos visto entre el sexto y séptimo sello, ahora, entre la sexta y séptima trompeta habrá un detenimiento momentáneo en la narración cronológica de los juicios apocalípticos.

Todas las visiones apocalípticas son encerradas en secciones, o, por lo menos, esa es la impresión que tomamos. Fíjese en estas expresiones: «...y vuelto vi...» (1:12); «después de esto miré...» (4:1); «y vi...» (5:1); «y miré...» (5:11); «vi...» (6:1): «después de esto vi...» (7:1); «después de esto miré...» (7:9); «y vi...» (10:1); «...y vi...» (13:1); «...después vi...» (13:11); «después miré...» (14:1); «vi...» (14:6): «miré...» (14:14); «entonces vi...« (19:17); «vi...» (20:1); «y vi...» (20:4, 11, 12); «vi...» (21:1); «después me mostró...» (22:1).

Las expresiones antes citadas parecen darnos la clave a los intervalos que posiblemente hubo entre una visión y otra. O sea, el Apocalipsis no es una visión completa que Juan recibió, sino una serie de visiones intercaladas. Por lo tanto, el apóstol de Patmos no recibió todo este drama escatológico en un día. Es posible que el Apocalipsis fuera completado durante todo el tiempo que Juan estuvo en el exilio de Patmos. De acuerdo a Gordon Lindsay, Juan fue puesto en libertad bajo el reinado del emperador Nerva, es decir, dieciocho meses después de su destierro (Revelation Series, volumen I, página 10).

La sección más extensa de las visiones joaninas parece estar comprendida entre los capítulos 10 al 12. Fíjese que el verbo «vi» no reaparece hasta el capítulo 13:1.

El escenario de los capítulos 4 al 9 es el cielo. Desde allí Juan ve todo lo que se le muestra. En este capítulo 10, Juan está ubicado en la tierra, desde aquí contempla el desarrollo de los sucesos que a él, como vidente, le son presentados. Hasta el final de la narración apocalíptica, el apóstol ve todo desde la tierra.

Otro ángel

En el capítulo 8:3 Juan mencionó a «otro ángel». Ahora él nos dice: «Vi descender del cielo a otro ángel fuerte» (10:1). La declaración «otro ángel» es muy común en el lenguaje joanino (7:2, 14:6, 14:15, 18:1). En Apocalipsis 18:21 leemos de «un ángel poderoso».

Aparentemente este ángel nos recuerda al Señor Jesucristo: *a)* «envuelto en una nube» (Apocalipsis 1:7). *b)* «y su rostro como el sol» (Apocalipsis 1:16). *c)* «y sus pies como columnas de fuego» (Apocalipsis 1:15). *d)* «Tenía en su mano un librito abierto» (compárese Apocalipsis 10:2 con 5:5-7). *e)* «Y clamó a gran voz, como ruge un león» (compárese Apocalipsis 10:3 con 1:15 y 5:5).

Estas similitudes no son pruebas suficientes para concluir que este ángel sea Cristo. *a)* Cuando la palabra «ángel» se emplea en Apocalipsis, se refiere a los líderes de las iglesias. (Apocalipsis 1:19). *b)* A los ángeles caídos (Apocalipsis 9:11, 15, 12:7-10). *c)* Y a los ángeles que sirven y ministran para Dios. *d)* «Ángel» es un término que nunca se aplica o señala a Cristo. Cuando Él se manifiesta en el Apocalipsis, el apóstol se asegura de que los lectores no lo vayan a confundir, por lo tanto, le describe con algún título (Apocalipsis 1:13, 5:5-6, 6:1, 16, 12:5-6, 14:1, 19:11-26, 21:6, 22:12-13). El término «otro» hace a este ángel cosubstancial con los demás ángeles, aunque el adjetivo «fuerte» lo ubica en un rango mayor.

Si algo podemos aplicar sobre las características de este ángel es que él mismo es un representante del Señor en el acto redentivo de la tierra. Su trabajo será el de reclamar lo que pertenece a su Señor.

Versículo 4: «Cuando los siete truenos hubieron emitido sus voces, yo iba a escribir, pero oí una voz del cielo que me decía: "Sella las cosas que los siete truenos han dicho y no las escribas"».

Es muy posible que las voces de estos siete truenos sean angelicales. Juan es vedado de comunicar a los lectores lo que escuchó. Muchos comentaristas se han tomado la arrogancia de escribir lo que el apóstol oyó. Por nuestra parte, decimos que lo que los siete truenos dijeron a Juan no nos incumbe. Es algo sellado y no revelado. En Deuteronomio 29:29 leemos: «Las cosas secretas pertenecen a Jehová, nuestro Dios, mas las reveladas son para nosotros...».

Versículo 5: «Y el ángel que vi en pie, sobre el mar y sobre la tierra, levantó su mano al cielo». El mar y la tierra se mencionan en los versículos 2, 5, 6 y 8. Esto es evidencia de que este ángel está demandando para Cristo lo que a Él le pertenece, ya que el título de propiedad (rollo escrito del capítulo 5:1-7) ha sido abierto. El acto de pisar la tierra y el mar significa recibir lo que se ha prometido. Moisés dijo al pueblo: «Todo lugar que pisare la planta de vuestro pie será vuestro...» (Deuteronomio 11:24). En Josué 1:3 leemos: «Yo os he entregado, como lo había dicho a Moisés, todo lugar que pisare la planta de vuestro pie».

El juramento del ángel

Versículo 6: «Y juro por el que vive por los siglos de los siglos... que el tiempo no sería más». En la antigüedad era costumbre que para hacer algún juramento se tenía que levantar una mano al cielo. En los tribunales hay que poner la mano izquierda sobre la Biblia y con la derecha decir: «Juro decir la verdad y nada más que la verdad». Por el contexto 5 vemos que el ángel «levantó su mano al cielo».

Aquí está la prueba máxima de que este ángel no puede ser Cristo. Él no juraría por nadie mayor que Él. Tanto el Padre como el Hijo, como el Espíritu Santo, son coiguales, co-substanciales, coeternos, copoderosos, y gozan de las mismas prerrogativas y atributos. En Hebreos 6:13 leemos: «Porque cuando Dios hizo la promesa a Abraham, como no tenía a nadie superior a Él por quien jurar, juró por sí mismo». En Daniel 12:7 se menciona a un ángel que «juró por el que vive por los siglos».

«... el tiempo no sería más» (v. 6 RV). En la Versión Moderna se rinde «que no hubiese más dilación». Otras versiones leen: «Se ha terminado el plazo» (NBE); «ya no habrá dilación» (BJ); «que no habrá más tiempo» (NC); «que ya no habrá más tiempo» (BA); «que ya no habrían más demoras» (NTV). El original emplea la palabra «cronos», cuya traducción correcta debe ser «tiempo». Por esto no debe entenderse un fin acabado, un plazo terminado o sin más dilación. Más bien «... el tiempo no sería más» indica un período profético y no algo computado. Esto queda comprobado por el versículo 7: «Sino que en los días de la voz del séptimo ángel...». Indicándose que todavía faltan juicios por cumplirse.

El misterio de Dios

El misterio de Dios mencionado en el versículo 7 está asociado con el juicio de la séptima trompeta. El mismo incluye: *a)* «Los reinos del mundo han venido a ser de nuestro Señor y de su Cristo, y Él reinará por los siglos de los siglos» (Apocalipsis 11:15). *b)* «... porque has tomado tu gran poder y has reinado» (Apocalipsis 11:17). *c)* «... y tu ira ha venido y el tiempo de juzgar a los muertos» (Apocalipsis 11:18). *d)* «...y de dar el galardón a tus siervos...» (Apocalipsis 11:8). *e)* «... y de destruir a los que destruyen la tierra» (Apocalipsis 11:18).

Este secreto, por lo tanto, tiene que ver con la historia del hombre y con el establecimiento del reino literal de Dios sobre la tierra. Será entonces cuando Dios vindicará el bien sobre el mal, la justicia sobre la injusticia, la santidad sobre la iniquidad y el Dios-trino se exaltará sobre Satanás y sus satélites demoníacos.

En el Nuevo Testamento se mencionan algunos misterios: los misterios del reino que señalan el milenio (Mateo 13:11; Marcos 4:11; Lucas 8:10); el misterio del endurecimiento de Israel, que tiene que ver con los gentiles integrados a la Iglesia (Romanos 11:25); el misterio del cuerpo glorificado en relación con el rapto de la Iglesia (1.ª Corintios 15:51); el misterio de la Iglesia que fue velado en el Antiguo Testamento (Efesios 3:1-7), y el misterio de la iniquidad, cuya aplicación es al anticristo escatológico (2.ª Tesalonicenses 2:7-9).

Juan se come el librito

Hasta ahora no hemos comentado nada sobre «el librito» mencionado en el capítulo 10 de Apocalipsis. En el versículo 2, el ángel «tenía en su mano un librito abierto». En el versículo 9, Juan le pide al ángel el librito. Y en el versículo 10 el apóstol se comió el librito. El «libro sellado» (rollo) de Apocalipsis 5, que se menciona cinco veces, se traduce «biblion» en el original griego. El librito del capítulo 10 es señalado en el griego como «biblaridion», palabra que en todo el Nuevo Testamento solo aparece tres veces, y es en este capítulo.

Este librito no es el mismo del capítulo 5. Primero, aquel estaba sellado (5:2), y este aparece abierto (10:2). Segundo, aquel nadie podía ni leerlo ni mirarlo (5:4), y este, aparentemente, es visto por el ángel y por Juan (10:2 y 9-10). Tercero, aquel lo tomó Jesús (5:6-7), y este lo tiene un ángel (10:1-2). No obstante, ambos parecen asociarse con la redención de la tierra (compárese 5:13 con 10:6).

El ángel le dice a Juan: «Toma y cómelo y te amargará el vientre, pero en tu boca será dulce como la miel. Entonces tomé el librito de la mano del ángel y lo comí, y era dulce en mi boca como la miel, pero cuando lo hube comido amargó mi vientre» (10:9-10).

El profeta Ezequiel tuvo una experiencia paralela con la de Juan. El Señor le mostró al profeta antiguotestamentario un rollo de libro «escrito totalmente por delante y por detrás, y había escritos en él endechas y lamentaciones y ayes» (Ezequiel 2:10). Y luego le dijo: «Hijo de hombre, alimenta tu vientre y llena tus entrañas de este rollo que yo te doy. Y lo comí, y fue en mi boca dulce como miel» (Ezequiel 3:3).

De esto inferimos que no podemos llevar un mensaje a nadie si antes no lo hacemos nuestro. No podemos enseñar si no somos instruidos. Para predicar tenemos que aplicar el mensaje a nuestra vida. El que quiere corregir al semejante debe digerir la palabra de Dios. Primero, tenemos que alimentarnos del mensaje antes de compartirlo con los necesitados. Aunque la palabra de nuestro Dios es dulce, su aplicación puede ser amarga. Con tristeza lo admito; tenemos una generación de ministros que endulzan lo «amargo» de las exigencias del evangelio con el dulce conformismo, el modernismo, el intelectualismo y el filosofismo.

Versículo 11: «Y él me dijo: "Es necesario que profetices otra vez sobre muchos pueblos, naciones, lenguas y reyes"». La palabra «sobre» aparece en otras versiones como: «contra» (NBE); «a los» (NC); «acerca» (BA); «contra» (BJ). La palabra griega es *epi*; como preposición es más correcto traducir «sobre». El mensaje de Dios se proclama sobre toda distinción cultural (pueblos), étnica (naciones), lingüística (lenguas) y política (reyes).

CAPÍTULO 10

El templo y los dos testigos
(Apocalipsis 11:1-14)

Este capítulo 11:1-14 forma parte del intervalo entre la sexta trompeta y la séptima. Con anterioridad al capítulo 10, Juan era simplemente un espectador. En el capítulo 10, él forma parte de la visión, tomando el librito abierto y comiéndoselo. En los primeros dos versículos de este capítulo 11, el apóstol coactúa según creemos con el ángel del capítulo 10. Lo vemos en la acción de medir «el templo de Dios y el altar y a los que adoran en él».

La aplicación práctica es que el verdadero siervo de Dios oye, ve y actúa. El espectador pasa a ser actor, el que oye comunica y el que recibe comparte. No podemos ser cristianos de «balcón», sino de «caminos», como ya alguien dijo.

El templo judío

¿Qué templo es este? ¿Dónde debe ser edificado? ¿Muestra este templo visto por Juan el rechazo a su Mesías, Jesucristo?

¿Dónde la profecía habla en relación con un templo reedificado para los días de la tribulación? ¿Cómo ese templo se asociará con el anticristo? La mención de ese templo visto por Juan indudablemente no puede ser el templo judío que existió en los días de Cristo. El mismo fue destruido por los ejércitos romanos en el año 70 junto a la ciudad de Jerusalén. Sobre ese templo, Jesús profetizó: «... No quedará piedra sobre piedra que no sea derribada» (Marcos 13:2).

Algunos exégetas bíblicos afirman que este capítulo 11:1-14 es una porción bíblica añadida a la revelación tenida por Juan. Con tal argumento, ellos tratan de reforzar la idea de que el templo aquí mencionado es el que existió hasta el año 70. No existe nada en el canon neotestamentario que apoye tal afirmación, ni en la historia eclesiástica por Eusebio de Cesarea o en las antigüedades de los judíos por Flavio Josefo.

El templo visto por Juan es de un carácter escatológico. Y la Biblia lo menciona en Ezequiel 40-44: *a)* «Y por otra semana confirmará el pacto con muchos; a la mitad de la semana hará cesar el sacrificio y la ofrenda...» (Daniel 9:27; «el sacrifico y la ofrenda» señala el templo reconstruido). *b)* «Y se levantarán de su parte tropas que profanarán el santuario y la fortaleza y quitarán el continuo sacrificio y pondrán la abominación desoladora» (Daniel 11:31; esto se cumplió en días de Antíoco, pero debe haber un cumplimiento futuro). *c)* «Y desde el tiempo que sea quitado el continuo sacrificio hasta la abominación desoladora habrá mil doscientos noventa días» (Daniel 12:11; los «mil doscientos noventa días» se refieren a los tres años y medio de la gran tribulación, más treinta días extras). *d)* El mismo Señor Jesucristo previó que la señal de la gran tribulación (Mateo 24:21) sería «la abominación desoladora de que habló el profeta Daniel» (Mateo 24:15). *e)* Pablo, refiriéndose al anticristo, dijo: «El cual se opone y se levanta contra todo lo que se llama Dios o es objeto de culto, tanto que se sienta en el templo de Dios como Dios, haciéndose pasar por Dios» (2.ª Tesalonicenses 2:4).

Mucho se ha rumoreado sobre la edificación del templo judío. Si hay algo que obstaculiza dicho proyecto es la mezquita musulmana, Mezquita de Omar o Cúpula de la Roca. Esta ocupa en la actualidad el lugar donde Salomón edificó el primer templo (léase Génesis 22:2, 14; allí Abraham iba a sacrificar a Isaac). David compró este terreno a Arauna el Jebuseo (2.ª Samuel 24:18-25; 1.ª Crónicas 21:18-30).

El templo edificado por Salomón mantuvo su esplendor y gloria por treinta y tres años, siendo saqueado por Sisar, rey de Egipto (1.ª Reyes 14:25, 26). Luego lo profanaron Hazael, Teglat-Falasar, Senaquerib y otros (2.ª Reyes 12, 14, 16, 18, 24). Entre los años 588-86, Nabucodonosor lo destruyó.

Al mando de Zorobabel, los judíos que regresaron del exilio babilónico lo volvieron a reedificar (Esdras 1:1-14, 2:1, 2, 3:8-10). La labor de arquitectura fue inferior a la del templo de Salomón (Hageo 2:1-9). Los estudiantes de la profecía le llaman «el templo de Zorobabel». En el año 168 a. C., Antíoco Macabeo lo restauró y lo purificó.

Del infanticida, patricida y homicida Herodes el Grande, entre las cosas buenas que tuvo cabe mencionarse su amor por la arquitectura. En el año 20 subsidió los gastos para el embellecimiento y reedificación del templo judío. Este era el templo de los días de Jesús y de los apóstoles. Es conocido como «el templo de Herodes».

El templo de la gran tribulación, por razones religiosas, geográficas y históricas, tiene que ser edificado donde está la Cúpula de la Roca. Se le conoce entre los que estudian profecía escatológica como «el templo el anticristo».

Dios ha de tener que intervenir milagrosamente para retornar ese lugar a los judíos. Es posible que un nuevo conflicto y confrontamiento árabe-israelí les conceda el derecho militar de tomar posesión de esa área, aunque las posibilidades son pocas. Esta Mezquita de Omar es el tercer lugar más sagrado para los musulmanes. La toma de la misma podría acarrear una crisis internacional, especialmente ahora que los árabes han descubierto que con el petróleo poseen un arma de chantaje mundial. Se calcula la población mundial de musulmanes en unos 1,6 billones, y dos billones para el 2030.

El templo de la tribulación muestra el rechazo del Mesías-Jesús por parte de los judíos. Estos adoradores judíos estarán asociados con el anticristo. Quién sabe si este les ayude a realizar su sueño de un templo.

En el versículo 2 de este capítulo 11 vemos que Juan no midió el «patio» o atrio. El mismo se refiere a la ciudad de Jerusalén, la cual, después que el anticristo rompa su pacto con los judíos, será hollada por elementos gentiles durante «cuarenta y dos meses» (tres años y medio).

En Lucas 21:24, Jesús profetizó: «... Y Jerusalén será hollada por los gentiles hasta que los tiempos de los gentiles se cumplan». En la guerra árabe-israelí de junio de 1967 (duró seis días), los judíos reconquistaron la ciudad de Jerusalén del dominio gentil, pero temporalmente, ya que en los días de la gran tribulación, Jerusalén volverá a estar dominada por los gentiles. La profecía de Cristo tiene un doble cumplimiento, el del año 1967 y el del futuro escatológico.

La acción de Juan, al medir el templo, el altar y a los que adoran (v. 1), relaciona a Dios con estas tres cosas. O sea, tal parece ser que Dios tratará de rehacer sus relaciones con Israel (léase Romanos 11). Evidencia de esto son el ministerio de los dos testigos y los ciento cuarenta y cuatro mil sellados israelitas.

Dos testigos sobrenaturales

Versículo 3: «Y daré a mis dos testigos que profeticen por mil doscientos sesenta días vestidos de cilicio» («saco», NBE; «sayal», BJ). Es posible que quien aquí está hablando sea el Cordero-Jesús. «Mil doscientos sesenta días» significan lo mismo que «cuarenta y dos meses» (Apocalipsis 13:5), «un tiempo, y tiempos, y la mitad de un tiempo» (Apocalipsis 12:14; Daniel 7:25).

Versículo 4: «Estos testigos son los dos olivos y los dos candeleros que están en pie delante del Dios de la tierra». En Zacarías 4:14 leemos: «Y él dijo: "Estos son los dos ungidos que están delante del Señor de toda la tierra"». Según Scofield, por «olivos» debemos entender «árboles de aceite». En el libro de Zacarías los dos olivos eran Josué (líder político) y Zorobabel (líder religioso). Los dos olivos de Apocalipsis pertenecen al futuro y no se deben confundir con Josué y Zorobabel. Los dos olivos de Zacarías estaban «delante del Señor de toda la tierra». Indicando que su presencia no era literal. Sobre los dos olivos de Apocalipsis se nos dice: «Están en pie, delante del Dios de la tierra». El «están en pie» revela que su presencia en el cielo es literal y no en comunión espiritual o en relación con Dios. Físicamente están delante de Dios. Esto nada más es indicativo de que son dos testigos sobrenaturales.

Juan les llama también «los dos candeleros». Serán «candeleros» porque portarán un mensaje de luz iluminado por el Espíritu Santo durante la «noche» de la tribulación. El ministerio de ellos señalará a Cristo como líder político y religioso.

Identificación de los dos testigos

Sobre los dos testigos de Apocalipsis 11 se han ofrecido muchas identificaciones. De tiempo en tiempo se levanta algún intérprete con un nuevo hallazgo, sumando una interpretación más al raudal de las que ya tenemos.

1. Los testigos de Jehová dicen, refiriéndose a sus seguidores del año 1918: «Hoy los que quedan de este resto ungido son conocidos mundialmente como "testigos de Jehová". También eran sus testigos allá, en 1918. Son los que en revelación 11:3 son designados como "mis dos testigos..."» (*Entonces queda terminado el misterio de Dios*, página 288).

La señora Elena G. de White, fundadora de los adventistas del séptimo día, declaró sobre los dos testigos: «Estos dos testigos representan las Escrituras del Antiguo Testamento y del Nuevo...» (*Seguridad y paz en el conflicto de los siglos*, página 310).

En la Nueva Biblia Latinoamericana se lee el siguiente comentario sobre los dos testigos: «Los dos testigos personifican a los apóstoles cristianos de todos los tiempos... También los dos testigos son los dos apóstoles más célebres, Pedro y Pablo, ambos muertos en la ciudad grande, Roma, en los años 64-67. Pedro, primer papa, y Pablo, apóstol de los paganos».

Muchos partidarios de que la Iglesia estará en la tribulación y que será arrebatada en mitad de la misma encuentran apoyo bíblico en la narración de los dos testigos. Según estos intérpretes, los dos testigos representan a los creyentes de la Iglesia. En el versículo 12 sitúan el rapto de la Iglesia: «Y oyeron una gran voz del cielo que les decía: "Subid acá". Y subieron al cielo en una nube, y sus enemigos los vieron». El problema con esta interpretación es que se dejan muchos interrogantes sin contestaciones. Todo lo dicho sobre los dos testigos se alegoriza. Tiende a dar la impresión de que el anticristo vencerá y matará a la Iglesia de Cristo, cuando sabemos por la misma Biblia que «las puertas del Hades no prevalecerán contra ella».

Más adelante descubriremos por las mismas Escrituras que la descripción dada sobre los dos testigos no se puede aplicar a ninguna denominación religiosa, al Antiguo y Nuevo Testamento, tampoco a ningún creyente ni institución, idea, apóstoles o ninguna otra cosa que no sea a dos hombres literales que durante la primera mitad de la semana setenta de Daniel estarán aquí en la tierra, geográficamente hablando, en Jerusalén, ejerciendo un ministerio sobrenatural, especial y poderoso.

¿Serán Enoc y Elías o Moisés y Elías?

Entre los estudiantes de la profecía, unos afirman que los dos testigos tienen que ser Enoc y Elías. Otro grupo afirma que la descripción dada sobre los dos testigos solamente se aplica a Moisés y Elías. A continuación analizaremos a estos tres caracteres.

1. Elías. En el capítulo 11 del Apocalipsis, versículos 5 y 6, leemos: «Si alguno quiere dañarlos sale fuego de la boca de ellos y devora a sus enemigos, y si alguno quiere hacerles daño debe morir él de la misma manera. Estos tienen poder para cerrar el cielo, a fin de que no llueva en los días de su profecía...».

Evidentemente, estos versículos ya citados nos recuerdan a un profeta antiguo testamentario, a saber, Elías, a él se le conoce como «el profeta del fuego» (léase 1.ª Reyes 18:31-41; 2.ª Reyes 1:3-16). En 1.ª Reyes 17:1 leemos las palabras que el profeta dirigió al rey Acab: «... vive Jehová, Dios de Israel, en cuya presencia estoy, que no habrá lluvia ni rocío en estos años, sino por mi palabra». Santiago, el escritor neotestamentario, comenta, diciendo: «... y oró fervientemente para que no lloviese, y no llovió sobre la tierra por tres años y seis meses» (5:17). En el versículo 2 de Apocalipsis 11 leímos: «... que profeticen por mil doscientos sesenta días...». El número de los días que los dos testigos profetizarán o predicarán dan exactamente la división de «tres años y seis meses» (1.260/30 = 42 meses) (42/12 = 3 años y 6 meses).

En Malaquías 4:5 se nos dice: «He aquí, yo os envío el profeta Elías antes que venga el día de Jehová, grande y terrible». Esta profecía tuvo un cumplimiento parcial en Juan el Bautista (Lucas 1:13-17). Juan mismo admitió que él no era Elías: «Y le preguntaron: "¿Qué pues? ¿Eres tú Elías?". Dijo: "No soy..."» (Juan 1:21).

«El día de Jehová, grande y terrible» no es otro sino el período de la gran tribulación. En Malaquías 4:1 se describe el día de Jehová con estas palabras: «Porque aquí viene el día ardiente como un horno, y todos los soberbios y todos los que hacen maldad serán estopa; aquel día que vendrá los abrasará, ha dicho Jehová de los ejércitos, y no les dejará ni raíz ni rama». El profeta Elías precederá a la gran tribulación, así como Juan el Bautista preparó el camino para la primera venida de Cristo, Elías le preparará el camino al Mesías para su segunda venida a la tierra.

2. Enoc. Muchos intérpretes reclaman que Enoc tiene que volver a la tierra para morir, al igual que Elías, dado el caso de que los dos testigos van a morir (Apocalipsis 11:7), estos dos deben ser los dos profetas antiguotestamentarios ya mencionados. Están estos intérpretes fuertemente apoyados en Hebreos 9:27: «Y de la manera que está establecido para los hombres que mueren una sola vez, y después de esto el juicio». Esta escritura está en contraposición con 1.ª Tesalonicenses 4:17, donde aprendemos que no todos los hombres, refiriéndonos a los creyentes, no gustarán la muerte. En cambio, todos los no creyentes, los incrédulos, los no convertidos, tendrán que experimentar la muerte, sea en una forma u otra.

Entre la literatura apócrifa que data de finales del siglo I al siglo II encontramos en la llamada «Actas de Pilato», en el capítulo XXV, la siguiente declaración: «... "¿Quiénes sois vosotros, que no habéis visto la muerte ni habéis bajado al infierno, sino que vivís en cuerpo y alma en el paraíso?". Uno de ellos respondió y dijo: "Yo soy Henoc, el que agradó al Señor y a quien Él trasladó aquí; este es Elías el Tesbita; ambos vamos a seguir viviendo hasta la consumación de los siglos; entonces seremos enviados por Dios para hacer frente al anticristo y ser muertos por él y resucitar a los tres días y ser arrebatados en las nubes al encuentro del Señor"».

De esta literatura apócrifa aprendemos algunas cosas: primero, la Iglesia de los primeros siglos mostraba cierta preocupación por la muerte que deberían experimentar Enoc y Elías. Segundo, ellos creían que Enoc y Elías serían enviados en la consumación de los siglos a confrontar al anticristo. Era una Iglesia con un enfoque escatológico.

El Nuevo Testamento, categóricamente, descarta toda posibilidad de muerte para Enoc. En Hebreos 11:5 se nos dice: «Por la fe Enoc fue traspuesto para no ver muerte, y no fue hallado, porque lo traspuso Dios, y antes que fuese traspuesto tuvo testimonio de haber agradado a Dios». La expresión «para no ver muerte», en su estado infinitivo, sustenta el hecho de que Enoc no solo no murió, sino que no morirá. En vista de esto, Enoc queda descartado como el segundo candidato para ser el otro testigo u olivo.

3. Moisés. En Apocalipsis 11:6 se nos dice: «... y tienen poder sobre las aguas para convertirlas en sangre y para herir la tierra con toda plaga cuantas veces quieran». El lenguaje joanino no puede ser más claro, es de Moisés de quien él está hablando. El vocabulario aquí empleado es encontrado en el libro de Éxodo, a saber, «poder» (Éxodo 9:16); «las aguas para convertirlas en sangre», compárese con «y todas las aguas que había en el río se convirtieron en sangre» (Éxodo 7:21); «y para herir» compárese con «y se cumplieron siete días después que Jehová hirió el río» (Éxodo 7:25); «y para herir la tierra con toda plaga» (Éxodo 7:21, 8:5-7, 14, 17, 21).

En el monte de la Transfiguración, Moisés y Elías se le aparecieron a los discípulos (Pedro, Jacobo y Juan) en unión a Jesús, el cual se transfiguró delante de los apóstoles (Lucas 9:27-36). De Moisés y Elías se dice: «Quienes aparecieron rodeados de gloria, y hablaban de su partida, que iba Jesús a cumplir en Jerusalén» (v. 30). No solo se identificaron con la muerte de Jesús, también se identificarán con su retorno a la tierra, esto lo harán hablando de su segundo advenimiento.

La «gloria» que rodeaba a los cuerpos de Moisés y Elías es una demostración de que estos poseen cuerpos transfigurados. El cuerpo transfigurado de Jesús, después que este descendió del monte, volvió a su forma pasada y, por lo tanto, sufrió la muerte en el Calvario. El mismo proceso que experimentó Cristo se repetirá en los cuerpos de Moisés y Elías, a quienes en el momento oportuno de Dios se les permitirá morir.

No olvidemos que por el cuerpo de Moisés hubo una lucha entre Satanás y el arcángel Miguel (Judas 9). Es lo lógico que Dios lo haya restaurado con un cuerpo especial y que luego lo trasladara al cielo. En Deuteronomio 34:5-6 leemos: «Y murió allí Moisés, siervo de Jehová, en la tierra de Moab, enfrente de Bet-peor, y ninguno conoce el lugar de su sepultura hasta hoy». Los capítulos 33 y 34 parece que fueron escritos por Josué o cualquier otro escritor, pero no Moisés. El lugar de la sepultura de Moisés se hizo desconocido por la razón de que Dios lo restauró a una clase de vida especial.

Dios tenía sobradas razones para que el cuerpo de Moisés no fuera encontrado por nadie. No olvidemos las palabras de Dios a Moisés: «... Esta es la tierra que juré a Abraham, a Isaac y a Jacob, diciendo: "A tu descendencia la daré. Te he permitido verla con tus ojos, mas no pasarás allá"» (Deuteronomio 34:4).

En Éxodo 13:19 leemos: «Tomó también consigo Moisés los huesos de José, el cual había juramentado a los hijos de Israel, diciendo: "Dios, ciertamente, os visitará, y haréis subir mis huesos de aquí a vosotros"». Si los israelitas hubieran encontrado el cuerpo de Moisés, de seguro lo embalsamaban (Génesis

50:26) y lo entraban a la tierra prometida. El Señor le había declarado a Moisés: «mas no pasarás allá». Ni vivo ni muerto. Satanás parece que descubrió el lugar de la sepultura de Moisés y trató de apoderarse de su cuerpo. Quizá con fines de que los israelitas, pueblo débil con el pecado de la idolatría, hicieran de Moisés un objeto de adoración o una reliquia de poder. Miguel, el contrincante de Satanás, tuvo que decirle: «El Señor te reprenda» (Judas 9). Lo venció no por su poder, sino por el poder de Dios.

El ministerio de Moisés y Elías

Los dos testigos, Moisés y Elías, son otra evidencia del amor expresado de Dios por los perdidos, aun dentro de la imperante incredulidad de la tribulación. El Creador hará todo esfuerzo posible por reunir a un pueblo que le sirva y le adore. El amor por la nación de Israel, rechazadora de su Mesías, parece reafirmarse en el ministerio de estos dos testigos venidos del espacio.

El ministerio de ellos estará limitado, geográficamente expresado, a la nación de Israel y a la ciudad de Jerusalén (aunque puede que viajen a otras ciudades palestinas). La fama que alcanzarán será de una proyección internacional. Como profetas condenarán todo lo injusto y perversivo. No se alinearán a favor de un sistema opresor. No guardarán silencio ante la explotación y expropiación de un gobierno anticristiano.

El verdadero profeta de Dios no es miope a las realidades sociopolíticas que cercan a un pueblo. Dios encargó rigurosamente a Moisés para que le dijera a Faraán: «Deja ir a mi pueblo para que me sirva» (Éxodo 8:2). En la tribulación, Moisés volverá a repetir lo mismo al anticristo.

Elías le dijo a Acab: «… te has vendido a hacer lo malo delante de Jehová» (1.ª Reyes 21:20). En otra ocasión, el profeta respondió al rey idólatra: «...Yo no he turbado a Israel, sino tú y la casa de tu padre, dejando los mandamientos de Jehová y siguiendo a los baales» (1.ª Reyes 18:19). Elías volverá a confrontar un moderno Acab en la persona del anticristo.

El período del ministerio de los dos testigos cubrirá la primera mitad de la semana setenta de Daniel (léase Daniel 9:24-27), es decir, el tiempo del primer sello (Apocalipsis 6:2). Conviene hacer un alto en este punto para dar ciertas aclaraciones:

La semana setenta de Daniel no comienza con el rapto de la Iglesia, sino con el tratado o pacto que el anticristo firmará con la nación de Israel (Daniel 9:27).

Tan pronto se firme ese tratado o alianza, los dos testigos, Moisés y Elías, comenzarán su ministerio en contra del anticristo.

Es ilógico presuponer que el mismo día que el rapto acontezca dicho pacto se pueda firmar y que los judíos comiencen a adorar en el templo y que los dos testigos se manifiesten.

Entre el rapto y el pacto del anticristo con Israel debe haber un tiempo no revelado por las Sagradas Escrituras, pero sobreentendido. Es posible que el templo judío sea reconstruido, si es que el mismo no se ha finalizado antes que el rapto. Durante ese intervalo de tiempo, los dos testigos puede que sean líderes de muy poca importancia. (El doctor Martin Luther King, Jr., comenzó a ejercer influencia en los años 50, pero su ministerio «profético» se hizo patente en los 60).

Muerte de los dos testigos

No pasemos por alto que los dos testigos aparecerán misteriosamente sobre la ciudad de Jerusalén, cuartel general de su ministerio. Ambos serán visitantes extraterrestres que vendrán de más allá que el sol. Durante sus tres años y medio de ministerio estarán guardados y protegidos por el poder de Dios. Ningún atentado contra sus vidas tendrá éxito.

Versículo 5: «Si alguno quiere dañarlos sale fuego de la boca de ellos y devora a sus enemigos, y si alguno quiere hacerles daño debe morir él de la misma manera». En sus palabras tendrán un mensaje de juicio, de retribución, de castigo y de calamidades. En el Antiguo Testamento leemos sobre Elías, cuando pidió fuego del cielo y fueron consumidos dos capitanes, teniendo cada uno consigo cincuenta soldados. El rey Ocozías los había mandado, por separado, a traer al profeta. A ambos grupos Elías les dijo: «Si yo soy varón de Dios, descienda fuego del cielo y consúmate con tus cincuenta. Y descendió fuego del cielo que lo consumió a él y a sus cincuenta» (2.ª Reyes 1:10).

Elías volverá a pedir por el fuego del cielo para que los agentes del anticristo o policía de seguridad sean consumidos. Si les tratan de poner alguna bomba, la misma detonará en las manos de sus enemigos. A cualquiera que trate de dispararles, alguien les disparará. La ley de la retribución estará en vigencia.

Nota: El Señor Jesucristo tuvo un ministerio de tres años y medio, tiempo durante el cual sus enemigos no pudieron quitarle la vida, aunque sí lo intentaron.

Versículo 7: «Cuando hayan acabado su testimonio, la bestia que sube del abismo hará guerra contra ellos y los vencerá y los matará». Hasta tanto no completen su ministerio serán intocables. El tipo de homicidio del cual estos dos profetas escatológicos serán víctimas es difícil de determinar.

Las posibilidades o suposiciones son: *a)* Que sean arrestados y acusados de conspirar contra el gobierno del anticristo, enjuiciados y decapitados. (Esta parece ser la pena de muerte favorita en la tribulación, Apocalipsis 20:4). *b)* Que se haga detonar alguna bomba en algún lugar donde estén, quizás, hablando en público. *c)* Que los fulminen a balazos durante alguna reunión. *d)* Que sean envenenados. *e)* Que algún fanático o representante de las fuerzas opresivas se les infiltre y los mate. (Recuerde la manera como fueron asesinados John F. Kennedy, Robert Kennedy, Malcolm X, Patric Lumumba y el doctor Martin Luther, Jr.).

Regocijo por su muerte

Los cadáveres de Moisés y Elías quedarán sin sepultura en alguna plaza de Jerusalén (¿Muro de los Lamentos?). En el versículo 8 leemos: «Y sus cadáveres estarán en la plaza (no calle) de la grande ciudad que en sentido espiritual se llama Sodoma y Egipto, donde también nuestro Señor fue crucificado». Sodoma nos recuerda de la lujuria y la fornicación, revelando el estado espiritual de muchos de los habitantes de Jerusalén para ese tiempo escatológico. Egipto describe la opresión, indicándose que los santos del Señor fueron oprimidos y serán perseguidos de nuevo en Jerusalén durante la tribulación.

La noticia sobre la muerte de estos testigos será internacional. La expresión «los moradores de la tierra» (v. 10) se refiere a los gentiles. Por tres días y medio los habitantes de la tierra «verán sus cadáveres» (v. 9). El verbo «verán» significa «contemplarán» (BJ) y «mirarán» (NBE). Creo firmemente que aquí encontramos una profecía científica sobre la televisión, la cual a través del satélite Telstar puede transmitir en vivo a cualquier punto o lugar de la tierra ([1]).

---

[1] Esta era una de las dificultades bíblicas insolubles para millones de lectores de la Biblia en pasados siglos. Los escépticos e incrédulos de hace quinientos o tan solo cien años podían decir: ¿Cómo se podrá en tres días dar a conocer a los habitantes de todo el mundo que unos hombres famosos, a los que nadie podía herir, han sido por fin ejecutados en Jerusalén, si se necesitan semanas de trote de caballos para llevar una noticia así a una ciudad lejana de Europa y meses de navegación para llevar la noticia a otro continente? Esto es una prueba irrefutable de que el libro del Apocalipsis, como la Biblia entera, es pura imaginación de un escritor del siglo I. Pero nuestros padres y abuelos creyentes no hallaban nada imposible contando con el poder de Dios. Hoy

«Los habitantes de la tierra se felicitarán por su muerte, harán fiestas y se cambiarán regalos, porque estos dos profetas eran un tormento para los habitantes de la tierra» (v. 10, NBE). La muerte de Moisés y Elías será motivo de alegría para el mundo entero. En alguna manera ellos serán culpados por muchas calamidades, disturbios, incitaciones y huelgas religiosas o confrontaciones de índole política. Posteriormente, bajo los juicios de la gran tribulación, comprenderán que todo era «dedo de Dios» (Éxodo 8:19).

La resurrección

Al cabo de los tres días y medio resucitarán en presencia de sus enemigos; por el poder de Dios causarán temor a los que lo vean (v. 11). ¡Qué sorpresa inesperada! Así como Cristo es primicia de los que resucitarán en el rapto, los dos testigos serán primicia de los que resucitarán en la revelación de Cristo. La doctrina de la resurrección será patentizada por el levantamiento físico-glorificado de ellos.

Versículo 12: «Y oyeron una gran voz del cielo que les decía: "Subid acá". Y subieron al cielo en una nube, y sus enemigos los vieron». La expresión «los vieron» se repite dos veces (v. 11 y 12), dándose como hecho seguro que se ha de cumplir. El imperativo «subid acá» nos recuerda la experiencia de Juan cuando oyó la voz de Cristo que le dijo: «Sube acá» (Apocalipsis 4:1). Por lo tanto, creemos que es la misma voz que escuchó Juan la que oirán estos dos testigos.

---

nosotros no necesitamos apelar a ningún milagro para creer esta declaración, pues los hombres han conocido en la electrónica uno más de los secretos de Dios que era inimaginable en aquel tiempo. ¿Y cuántos más quedan aún por descubrir que vindicarán el pre-conocimiento del divino autor de la Biblia? *Nota editorial.*

Nota: Entre los dos testigos y Cristo existen ciertos paralelismos. *a)* Ellos vestían de saco, símbolo de humildad. Jesús fue humilde en su ministerio. *b)* El ministerio de ellos y el de Cristo es de la misma longitud de tiempo. c) Jesús resucitó tres días después de muerto; ellos resucitarán tres días y medio después de estar muertos. *d)* Jesús ascendió al cielo llevado en una nube; lo mismo se nos dice de los dos testigos. *e)* Cuando Jesús murió hubo un terremoto; lo mismo sucederá con la resurrección de Moisés y Elías.

Dios contesta

Versículo 13: «En aquella hora ("momento", NBE) se produjo un violento terremoto, y la décima parte de la ciudad se derrumbó, y con el terremoto perecieron siete mil personas. Los supervivientes, presa de espanto, dieron gloria al Dios del cielo» (BJ). Dios no dejará impune el crimen cometido contra los dos testigos; Él responderá con «un gran terremoto» (RV).

La expresión «dieron gloria al Dios del cielo» es algo difícil de ser interpretada. Algunas versiones rinden así: «dieron la razón» (NBE); «alabaron a Dios» (DHH); «glorificaban al Dios del cielo» (NTV). Entendamos que ellos dan «gloria al Dios del cielo» bajo un estado emocional de temor y miedo, lo cual no se puede entender como una conversión genuina. El rey Nabucodonosor reconoció la grandeza de Dios y le glorificó, sin embargo, carecemos de la evidencia para probar su conversión (léase Daniel 2:47, 3:28, 4:1-3, 37). En Éxodo 9:27 leemos: «Entonces Faraón envió a llamar a Moisés y a Aarón y les dijo: "He pecado esta vez; Jehová es justo y yo y mi pueblo impíos"». Faraón reconoció las plagas sobre Egipto como juicio de Dios, no obstante, vinieron dos plagas más y él siguió endurecido.

Versículo 14: «El segundo "¡ay!" pasó, he aquí, el tercer "¡ay!" viene pronto». El hecho de Juan haber dado este anuncio no significa que el ministerio de los dos testigos ocurrirá bajo el juicio de la sexta trompeta. No olvidemos en nuestro estudio que el capítulo 10 hasta el 1:4 es el segundo paréntesis apocalíptico. El apóstol está preparando a los lectores para introducirlos a la cronología de la séptima trompeta.

Tercer «¡ay!»

«*El séptimo ángel tocó la trompeta, y hubo grandes voces en el cielo que decían: "Los reinos del mundo han venido a ser de nuestro Señor y de su Cristo, y Él reinará por los siglos de los siglos..."*» (11:15-19).

Este juicio nos introduce al tiempo del fin. El séptimo sello fue un juicio séptuplo, es decir, de las siete trompetas. La séptima trompeta o tercer «¡ay!» es una colección de los juicios de las siete copas (Apocalipsis 16).

En la séptima trompeta somos introducidos a la revelación de Cristo, al juicio de las naciones y al comienzo del milenio aquí, en la tierra (léanse los versículos 15 al 18).

Las «grandes voces» (versículo 15) tienen que ser angelicales. Los ángeles han estado observando el drama de los siglos en relación con la humanidad. Su satisfacción y gozo será cuando Cristo se entronice para siempre sobre toda dirección social, política y religiosa.

En los versículos 16 al 18 los veinticuatro ancianos adoran a Dios con una oración de acción de gracias. En el versículo 18 leemos: «Y se airaron las naciones y tu ira ha venido y el tiempo de juzgar a los muertos...» (léase el Salmo 2 en relación con las naciones y la ira divina). Este versículo nos enmarca en el juicio de las naciones y en el juicio del gran trono blanco. Ya que los «muertos» serán juzgados «un poco de tiempo» después del milenio (Apocalipsis 20:3, 11-15).

«...y de dar el galardón a tus siervos, los profetas, a los santos y a los que temen tu nombre...» (v. 18). Este galardón para los santos de todas las dispensaciones debe distinguirse del galardón que recibirán los creyentes de la dispensación de la gracia en el tribunal de Cristo (léase 1.ª Corintios 3:14; Daniel 12:3; Apocalipsis 22:12). Este galardón general de Apocalipsis 11:18 se asocia con la revelación de Cristo y con su gobierno milenial. Todos los profetas y santos tendrán entrada al milenio y participarán de todos los beneficios ofrecidos por el mismo.

La expresión «los reinos del mundo» (v. 15 RV) debería ser traducida «el reinado sobre el mundo» (NBE); «el reinado» (BJ); «el reino del mundo» (VM); «el reino» (NC); «el reino del mundo» (BA). En el dominio y gobierno del anticristo se singularizarán todos «los reinos» en «el reino». Al someter Jesús a la «bestia» estará conquistando el reino universal de la misma.

Conviene traer a colación que este capítulo 11 comienza mencionando «el templo de Dios» en la tierra (vv. 1 al 2), y termina aludiendo al «templo de Dios» en el cielo (v. 19). El mismo se describe «abierto en el cielo, y el arca de su pacto se veía en el templo...».

Las imágenes del «templo» y del «arca» son una alusión apocalíptica al pueblo de Israel. En el libro de Apocalipsis se hace notorio el interés de Dios por esta nación. Podemos corroborar lo ya dicho por el ministerio de los dos judíos-testigo, Moisés y Elías, los ciento cuarenta y cuatro mil judíos sellados, la mención del templo y la mujer vestida del sol (Apocalipsis 12), son todo ello episodios referentes al pueblo judío.

Mostramos desacuerdo con aquellos comentaristas que a la luz del texto que estamos explicando sostienen que el arca del pacto, desaparecida, fue escondida por Dios en el cielo.

El arca era símbolo de la presencia de Dios en medio de su pueblo Israel. Cómo y cuándo desapareció es muy difícil de ser determinado. Las hipótesis en este particular son muchas: *a)* Se cree que Sisac, rey de Egipto, se apoderó de ella junto con los tesoros del templo (1.ª Reyes 14:25-26). *b)* En la destrucción del templo judío por Nabucodonosor (año 586) posiblemente fue destruida. *c)* En 2.ª Macabeos 2:1-8 se presenta una leyenda donde se afirma que Jeremías escondió el arca en una gruta hasta el tiempo final de la restauración judía. *d)* Hay una leyenda que declara que Menelik (supuesto hijo de la reina de Saba y Salomón) hizo una réplica del arca y se llevó la original a Abisinia o a Yemen.

El arca fue construida de madera de acacia, cubierta de oro por dentro y por fuera (Éxodo 25:10-14). En su interior guardaba las dos tablas de la ley (Éxodo 40:20), un vaso con maná (Hebreos 9:4) y la vara de Aarón (Números 17:10).

La tipología del arca señala a Cristo: *a)* La madera de acacia habla de lo humano en Él. *b)* La cubierta de oro nos recuerda su divinidad. *c)* La vara reverdecida de Aarón representa la resurrección y eternidad del Señor. *d)* El maná nos indica que Jesús es el pan que de Dios descendió a los hombres (Juan 6:31-35).

El templo abierto en el cielo simboliza que la entrada a la presencia y comunión con Dios está expedita. Jesús rasgó el velo del templo dando libre y pronto acceso a los creyentes, sin mediación humana ninguna (Mateo 27:51). Ahora tenemos un sumo sacerdote en la persona de Jesús (Hebreos 6:20).

Los «relámpagos, voces, truenos, un terremoto y grande granizo» (v. 19) están asociados con la presencia manifestada de Dios. En forma sintetizada se nos presenta un cuadro final de lo que precederá a la revelación de Cristo.

CAPÍTULO 11

La mujer, su simiente y el dragón
(Apocalipsis 12:1-17)

Este capítulo 12 de Apocalipsis es la primera de una serie de visiones intercaladas que interrumpen la secuencia cronológica de los juicios apocalípticos. Es decir, entre las siete trompetas y las siete copas. Las otras dos visiones intercaladas están registradas en los capítulos 13, 14 y 15.

Apocalipsis 12 es tanto historia pretérita como historia futurista. Es una revelación del pasado y una escatología del mañana. En importancia escatológica este capítulo puede ser comparado con las setenta semanas de Daniel (9:20-27). Ofrece un compendio o sumario de la historia de Satanás, su rebelión original y postrera y su expulsión del cielo, tanto en la pasada eternidad como en los días de la tribulación.

Al igual que todo escrito apocalíptico, el lenguaje alegórico es altamente pronunciado. La interpretación de este capítulo se esconde detrás de una asociación mitológica, numerológica y colorológica. Los personajes que toman parte como figuras centrales en este drama apocalíptico son: *a)* Una mujer vestida del sol con la luna debajo de sus pies. *b)* Un dragón escarlata. *c)* Un hijo varón. *d)* Un arcángel de Dios llamado Miguel. El escenario es el cielo, y luego la tierra. La palabra «cielo» se emplea 7 veces (12:1, 3, 4, 7, 8, 10 y 12). El término «tierra» se cita 5 veces (12:4, 9, 12, 13 y 16).

Una mujer vestida del sol

Versículo 1: «Apareció en el cielo una gran señal: una mujer vestida del sol con la luna debajo de sus pies y sobre su cabeza una corona de doce estrellas». Israel fue la nación escogida por Dios, no predilecta, para que fuese luz del mundo y para que reflejara la imagen del Mesías-Jesús, por medio de la ley, los sacrificios, las ofrendas, el sumo sacerdocio, las festividades anuales, las profecías y los tipos. En este aspecto, Israel es tanto «sol» como «luna». Por una parte tiene luz, y por otra parte la refleja. Su luz es continua, así como el sol alumbra de día y la luna de noche. De aquí es que esta mujer apocalíptica esté «vestida del sol, con la luna debajo de sus pies».

El vestido del sol nos habla de la gloria y de la manera como esta mujer fue exaltada entre las naciones. La luna debajo de sus pies indica que a ella se le dio dominio, gobierno y especial autoridad.

Además, se nos dice que «sobre su cabeza» tenía «una corona de doce estrellas». El número doce, en la simbología bíblica, se refiere al pueblo de Dios en el Antiguo Testamento como en el Nuevo (los doce patriarcas y los doce apóstoles). En un sentido nacional, este número simboliza al pueblo de Israel.

Tanto el sol, la luna, como las estrellas, son símbolos que retratan a la nación de Israel, dándose por sentado la interpretación de esta mujer apocalíptica. En relación con estos símbolos léase Génesis 37:9; Jeremías 31:35-36; Josué 10:12-14; Salmo 89:35-37 y Jueces 5:20). Notemos la expresión «una mujer». Por sí solo esto es suficiente para entender que aquí se está describiendo a la nación de Israel y no a la Iglesia. A esta segunda nunca se le llama mujer, sino «virgen» o «esposa». La palabra «mujer» se cita 8 veces en este capítulo 12 (versículos 1, 4, 6, 13, 14, 15, 16 y 17). Los siguientes pasajes del Antiguo Testamento corroboran esta posición (Isaías 47:7-9, 54:5-6; Jeremías 4:31; Miqueas 4:9-10, 5:3; Jeremías 31:32, 3:8, 14; Oseas 2:4-16 e Isaías 66:7-8).

Versículo 2: «Y estando encinta clamaba con dolores de parto en la angustia del alumbramiento». La misión de Israel fue de traer a este mundo al Mesías. En Romanos 9:5 leemos: «De quienes son los patriarcas y de los cuales, según la carne, vino Cristo, el cual es Dios sobre todas las cosas, bendito por los siglos. Amén». En Hebreos 7:14 se nos dice también: «Porque manifiesto es que nuestro Señor vino de la tribu de Judá, de la cual nada habló Moisés tocante al sacerdocio».

Un dragón escarlata

Versículo 3: «También apareció otra señal en el cielo: he aquí un gran dragón escarlata que tenía siete cabezas y diez cuernos y en sus cabezas siete diademas». El versículo 9 nos da la gran interpretación de este mitológico dragón: «Y fue lanzado fuera el gran dragón, la serpiente antigua, que se llama diablo y Satanás, el cual engaña al mundo entero; fue arrojado a la tierra, y sus ángeles fueron arrojados con él».

En el capítulo 12 de Apocalipsis, al gran archienemigo de Dios y patrocinador de todo mal se le asignan muchos nombres y títulos: dragón, serpiente antigua, diablo, Satanás, engañador, acusador, devorador y perseguidor.

La expresión «siete cabezas y diez cuernos» sigue un patrón de repetición o estereotipo en la descripción joanina: «... que tenía siete cabezas y diez cuernos y en sus cabezas siete diademas» (Apocalipsis 12:3). «... que tenía siete cabezas y diez cuernos, y en sus cuernos diez diademas» (Apocalipsis 13:1). «... que tenía siete cabezas y diez cuernos» (Apocalipsis 17:3).

En la antigüedad se consideraba a los dragones como monstruos reales. Las historias legendarias decían que los mares estaban habitados por dragones y que destruían los navíos para devorar a sus ocupantes. Uno de estos ejemplos es la popular Hidra de las nueve cabezas, que devoró muchas doncellas, hasta que, según la mitología, Hércules la aniquiló. A los dragones se los describía alados, con ojos enormes y que arrojaban fuego por sus bocas.

El dragón escarlata, rojo o bermejo, en el Apocalipsis es la encarnación del mal satánico, figura muy apropiada para describir en lujo de detalles la actividad satánica. Durante los siglos III al V el dragón rojo fue otro de los símbolos del Imperio romano. El otro símbolo era el águila. Para los lectores primitivos del Apocalipsis, Roma fue la encarnación del poder satánico. Para los lectores contemporáneos, el Imperio romano, que será restaurado en la persona del anticristo, será recipiente de todos los poderes diabólicos.

Las siete cabezas del dragón parecen asociarse con el distintivo geográfico de Roma, «la ciudad de las siete colinas». Contrario a los dragones mitológicos, el visto por Juan no arrojaba fuego de su boca, pero sí arrojó «agua como un río».

El dragón es mencionado 12 veces en el Apocalipsis (12:3, 4, 7, 9, 13, 17, 13:2, 4, 11, 16:13 y 20:2). Siempre está asociado con Satanás, con persecución, con autoridad, con ira, con adoración, con espíritus malos, con palabras demoníacas y con ataduras. En el Antiguo Testamento, los siguientes pasajes mencionan al dragón: Nehemías 2:13; Salmo 91:13; Isaías 27:1; Jeremías 51:34; Ezequiel 29:3 y 32:2.

Versículo 4: «Y su cola arrastraba la tercera parte de las estrellas del cielo, y las arrojó sobre la tierra. Y el dragón se paró frente a la mujer que estaba para dar a luz, a fin de devorar a su hijo tan pronto como naciese». Por el contexto 9 entendemos que las «estrellas» se refieren a los ángeles caídos. En la rebelión que Lucero tuvo en el cielo en una pasada eternidad, una tercera parte de los ejércitos angelicales lo siguieron, haciendo de él su líder supremo. Como resultado fueron exiliados del paraíso celestial e hicieron de la tierra su cuartel general (léase Ezequiel 28:14-19 e Isaías 14:12-17). Muchos de estos ángeles rebeldes y revolucionarios están aprisionados en el abismo (2.ª Pedro 2:4 y Judas 6).

La agenda que se trazó Lucero al planificar su golpe de estado contra la soberanía y gobierno de Dios se sumariza en cinco fuertes declaraciones (Isaías 14:13 y 14).

«Subiré *al cielo y junto a las estrellas de Dios*». En su corazón él quería completo gobierno sobre los ejércitos celestiales. No deseaba el ser parte de ellos, sino gobernarlos y dirigirlos. «Levantaré mi trono». O sea, «Yo, Lucero, quiero destronar a Dios y entronarme en su lugar». «En el monte del testimonio me sentaré, a los lados del Norte». «Yo seré más soberano que Dios. De mí se dará testimonio. Sentado, decretaré mis leyes». «Sobre las alturas de las nubes subiré». Aquí expresaba no libertad, sino libertinaje, no permiso, sino capricho, no disciplina, sino rebeldía. «Seré semejante al Altísimo». Si algo Lucero codició, anheló, deseó, aspiró, intentó, creyó, fue que podría ser «semejante al Altísimo. Preste atención a los verbos que él empleó: «subiré», «levantaré», «me sentaré», «subiré» y «seré». Todo le salió al revés; bajó, se cayó, se paró, descendió y cambió.

A Génesis 3:15 se le conoce como el protoevangelio por su relación con los evangelios: «Y pondré enemistad entre ti y la mujer y entre tu simiente y la simiente tuya; esta te herirá en la cabeza y tú le herirás en el calcañar». Este pasaje bíblico se contextualiza con Apocalipsis 12:3 y 4. El mismo mensaje se proclama y los mismos personajes se mencionan. La serpiente y el dragón son el mismo personaje: Satanás. La simiente de la mujer y el hijo varón: Cristo.

Satanás, desde el principio de la descendencia humana de Adán y Eva, hizo todo lo posible por destruir la simiente de la mujer, sabiendo que de ella vendría el Mesías, el que lo habría de derrotar. Cómo lo derrotaría era algo que el diablo no sabía. Satanás causó que Caín matara a Abel (Génesis 4:8). Él obró para que los setistas y los cainitas se mezclaran. Dios tronchó sus planes enviando un diluvio universal (Génesis 6:1, 7:15-19). Él atacó a Noé para que actuara neciamente bajo los efectos del vino (Génesis 9:20-29). A través de Nimrod trató de rebelar a la raza humana contra Dios; Dios contestó a esta arrogancia con juicio (Génesis 10:7-9, 11:1-9).

Fue Satanás responsable por el carácter de engaño que en ocasiones Abraham manifestó (Génesis 12:10-20). Además, el diablo parece que tuvo que ver algo con la esterilidad en ciertas matriarcas bíblicas (Génesis 21:1-3, 25:21, 29:31).

El deseo de Amán de destruir a todos los judíos fue obra satánica (Ester 3:6). La muerte de los niños belenitas por orden de Herodes el Grande fue otro propósito del maligno para devorar a la simiente de la mujer (Mateo 2:16).

El diablo tentó a Jesús en el desierto para ver si lo hacía pecar con la vanagloria, la codicia, y aun le puso pensamientos suicidas (Mateo 4:1-11). En otra ocasión levantó a un grupo para que lo matara (Lucas 4:28-30). Parece ser que la tormenta que se levantó en el mar mientras Jesús dormía fue otro intento satánico para que muriese (Mateo 8:23-27).

Por último, el diablo, sin saberlo, lo llevó a la cruz del Calvario. Para este plan usó a uno de los discípulos, Judas. También incitó el corazón de los líderes religiosos, sanedrín, y recurrió al poder político, Pilato y Herodes. La idea de que la tumba fue cubierta con una pesada piedra sellada y guardada por la guardia romana fue plan de este proscrito ángel. Jesús, con su muerte y resurrección, derrotó a la serpiente antigua. Esto el diablo lo desconocía.

Un hijo varón

Versículo 5: «Y ella dio a luz un hijo varón que regirá con vara de hierro a todas las naciones, y su hijo fue arrebatado para Dios y para su trono». Dos eventos cristológicos son aquí integrados: la encarnación y la ascensión. Entre ambos hubo un lapso de tiempo de más de treinta y tres años con meses. Este pasaje apocalíptico encuentra su paralelismo en el Salmo 2. Este gobierno «con vara de hierro» (Salmo 2:9) señala al milenio y al gobierno eterno del Mesías-Jesucristo.

Versículo 6: «Y la mujer huyó al desierto, donde tiene lugar preparado por Dios, para que allí la sustenten por mil doscientos sesenta días». El número «mil doscientos sesenta días» es escatológico en su aplicación. Los dos testigos profetizarán «mil doscientos sesenta días» (Apocalipsis 11:3).

Los versículos 13 al 16 tienen que ser leídos en conjunto con el versículo 6. Allí los «dos mil doscientos sesenta días» se presentan como «un tiempo, y tiempos, y la mitad de un tiempo». La palabra «tiempo», en este caso, quiere significar «año». Los «siete tiempos» que Nabucodonosor estuvo entre las bestias de la tierra, sufriendo una demencia, son siete años (Daniel 4:16). Daniel, hablando del anticristo, nos dice: «Y hablará palabras contra el Altísimo, y a los santos del Altísimo quebrantará, y pensará en cambiar los tiempos y la ley, y serán entregados en su mano hasta tiempo, y tiempos, y medio tiempo. Pero se sentará el juez y le quitará su dominio para que sea destruido y arruinado hasta el fin» (Daniel 7:25-26).

Entre el versículo 5 y 6 hay un período de tiempo indefinido. Desde que Cristo ascendió al cielo hasta que la mujer Israel huya al desierto, no sabemos cuántos siglos pasarán; hasta la fecha estamos cerca de los dos mil años y ella todavía no ha huido. Esa huida de la mujer tiene que cumplirse durante la gran tribulación. El anticristo será la encarnación de ese dragón que la perseguirá.

El «desierto» siempre identifica a la nación de Israel. En Ezequiel 20:36 leemos: «Como litigué con vuestros padres en el desierto de la tierra de Egipto, así litigaré con vosotros, dice Jehová, el Señor». En Oseas 2:14 leemos: «Pero he aquí que yo la atraeré al desierto y hablaré a su corazón». A partir del año 70 los judíos fueron esparcidos en el desierto de las naciones. En el año 1948, después que el gran holocausto de los nazis despertó la conciencia nacional e internacional, los judíos obtuvieron el derecho a establecerse como nación en Palestina. En el 1950, más de 169.000 inmigraron. En el 1951 regresaron alrededor de 174.000 judíos para establecerse en la naciente nación de Israel. Cada año son muchos los judíos que regresan del desierto de las naciones a su tierra prometida, cumpliéndose la visión del valle de los huesos secos vista por Ezequiel (capítulo 37)[1].

Esta mujer que huirá al desierto en el plan profético de Dios parece señalar al remanente escogido de los ciento cuarenta y cuatro mil judíos sellados. La razón para reflexión está en el hecho de que los ciento cuarenta y cuatro mil serán preservados y protegidos divinamente, teniendo el sello de Dios (Apocalipsis 7:4, 14:1 y 9:4). Estos escogidos parecen ser tipi-

---

[1] Véase el notable libro *Israel antiguo y moderno,* por Johan Carlsen, que explica con todo detalle los 85 hechos históricos relacionados con el pueblo escogido por Dios en sus planes para la salvación del mundo mediante nuestro Señor Jesucristo. Un libro estrictamente histórico de veinte siglos, y particularmente detallado en los últimos cincuenta años. Publicado por Editorial Clie. *(Nota editorial).*

ficados por los tres jóvenes hebreos en el horno de fuego y por Daniel en el foso de los leones (Daniel 3:19-28, 6:16-24).

En Daniel 11:4 leemos: «Entrará el anticristo a la tierra gloriosa (Israel), y muchas provincias caerán, mas estas escaparán de su mano: Edom y Moab y la mayoría de los hijos de Amón». Esta profecía tuvo un cumplimiento en los días de Antíoco Epífanes, el tipo del anticristo, aunque proyecta un cumplimiento todavía futurístico. En Edom hay un desierto rocoso donde se ven las ruinas de la ciudad antigua de Petra. Se localiza al sureste del mar Muerto, a 80 kilómetros de distancia. Es un lugar donde muy fácilmente el remanente judío podrá ser preservado.

Durante estos tres años y medio, Dios obrará para que la mujer sea alimentada en el desierto. Él sustentó al pueblo hebreo en su peregrinación por el desierto durante aquellos cuarenta años (Éxodo 16:35; Números 11:9, 31). A Elías le proveyó de alimentos y agua en el arroyo de Querit (1.ª Reyes 17:2-7).

Las dos alas de águila que se le dieron a la mujer simbolizan la rapidez y la presteza de cómo esta huirá al desierto. Es posible que aquí se señale algún medio de transportación masivo, como son los aviones y los helicópteros.

El agua que la serpiente arrojó de su boca parece referirse a los elementos que el anticristo empleará para perseguir a este remanente fiel. Dios, por intermedio de la tierra, ayudará al remanente. La tierra se abrirá y tragará a los perseguidores con todo su equipo bélico.

Versículo 17: «Entonces el dragón se llenó de ira contra la mujer y se fue a hacer guerra contra el resto de la descendencia de ella, los que guardan los mandamientos de Dios y tienen el testimonio de Jesucristo». En cierto sentido, al grupo que el dragón ahora decide perseguir se le llama «la descendencia de la mujer», porque parece que es resultado del impacto evangelístico de los ciento cuarenta y cuatro mil judíos sellados.

Aunque se nos dice «guardan los mandamientos de Dios», no por esto debemos pensar que son judíos ortodoxos. Juan dice que «tienen el testimonio de Jesucristo». Son judíos convertidos al cristianismo. Los judíos, en general, serán víctimas de una campaña de antisemitismo por parte de los poderes diabólicos. Lo que sucedió en Alemania y Polonia en relación con el genocidio experimentado por los judíos será repetido en la gran tribulación. Ese será el holocausto escatológico.

Un arcángel de Dios llamado Miguel

Versículos 7 al 9: «Después hubo una gran batalla en el cielo: Miguel y sus ángeles luchaban contra el dragón, y luchaban el dragón y sus ángeles, pero no prevalecieron, ni se halló ya lugar para ellos en el cielo. Y fue lanzado fuera el gran dragón, la serpiente antigua, que se llama diablo y Satanás, el cual engaña al mundo entero; fue arrojado a la tierra».

Miguel se menciona en Daniel 10:3; allí se le llama uno «de los principales príncipes»; en Daniel 10:21 Gabriel llama a Miguel «vuestro príncipe», en relación con la nación de Israel; en Daniel 12:1 leemos: «En aquel día se levantará Miguel...», y es asociado con la gran tribulación. En Judas 9 es el único lugar en las Escrituras donde se le llama «arcángel». Casi siempre aparece combatiendo contra los poderes satánicos.

En Hebreo se lee «Mikael», que significa: «¿Quién es como Dios?». Las únicas palabras de Miguel, registradas en la Biblia, son: «El Señor te reprenda» (Judas 9). Palabras que dirigió al mismo Satanás cuando trató de apoderarse del cuerpo de Moisés. Aun siendo un ángel de un rango tan elevado, no pudo pronunciar juicio sobre Satanás. El juicio sobre las criaturas de Dios es algo que solo pertenece a Él.

Esta guerra entre Miguel y los ángeles escogidos y el dragón y los ángeles caídos (demonios) ocurrió antes de que nuestros padres, Adán y Eva, fueran creados, y se volverá a repetir en los días de la gran tribulación. Satanás todavía tiene acceso al cielo (Job 2:1 y Apocalipsis 12:10). Allí es el «acusador de nuestros hermanos» (v. 11). Él nos acusa sin clemencia y nos fiscaliza sin misericordia. Pero en el cielo tenemos a un «paracleto», a Jesucristo, el justo (1.ª Juan 2:1).

Los versículos 10 al 12 parecen ser un himno de victoria sobre el poder satánico. El creyente en Dios tiene «la salvación, el poder y el reino de nuestro Dios y la autoridad de su Cristo» (v. 10). El acusador trabaja «día y noche», pero nuestro defensor tampoco se toma descanso; día y noche Jesús intercede por nosotros.

Versículo 11: «Y ellos le han vencido por medio de la sangre del Cordero y de la palabra del testimonio de ellos, y menospreciaron sus vidas hasta la muerte». Estos creyentes son los de la gran tribulación. Judíos que verán en la sangre de Jesucristo el único medio de redención y purificación. El testificar de Cristo, tanto verbal como no verbal, será un arma de derrota contra Satanás. Al igual que Pablo, para ellos «el vivir es Cristo y el morir es ganancia». Sus cuerpos los perderán para ganar la vida eterna. La muerte no los amedrentará para que abandonen su fe cristiana.

Nota 1. Las siete cabezas del dragón, con los diez cuernos y las siete diademas, deben ser estudiadas con los pasajes paralelos de Apocalipsis 13:1, 17:3, 7, 9-12 y Daniel 2:40-44 7:5-12. En el capítulo 13 de Apocalipsis seremos más explícitos sobre esto.

Nota 2. La interpretación mariológica de la mujer vestida del sol no encuentra lugar en Apocalipsis 12. La Iglesia católica romana insiste en que esta mujer apocalíptica es la llamada «virgen» María. En la Biblia católica Nacar-Colunga aparece la fotografía del cuadro de *La Inmaculada Concepción*, pintado por Francisco Zurbarán (1598-1664). En el año 1678, el pintor español Murillo hizo su famosa pintura, llamada *Misterio de la Inmaculada Concepción*. Ambos pintores fueron inspirados por este relato apocalíptico. Estos cuadros han hecho que muchos católicos crean sinceramente que Juan vio a la «virgen» María. Después que Cristo nació, María dejó de ser virgen (Mateo 1:25, 13:55-56; Juan 7:1-5; Hechos 1:14; 1.ª Corintios 9:5; Gálatas 1:19).

Los detalles que se dan sobre esta mujer de Apocalipsis 12 no se pueden aplicar a María, aunque la Iglesia católica se las ha ingeniado para acomodarlos a la madre de nuestro Señor. Pedro Drovin, un escatólogo católico, dice: «A lo largo de los siglos se ha querido varias veces identificarla con María, que da a luz a Jesús en Belén. Creemos que no podemos aceptar esta interpretación, dado que el evangelio nunca habla de un parto doloroso».

La doctrina católica de la asunción de María toma como fundamento bíblico la descripción de esta mujer apocalíptica. Entre María y esta mujer encontramos marcadas y pronunciadas diferencias: *a)* El conflicto de la mujer apocalíptica es el de los siglos o las edades; comenzó en el jardín del Edén y se extiende hasta la gran tribulación. El conflicto que María confrontó después que Jesús nació, es decir, su huida a Egipto, se limitó a un período histórico de la vida de esta. *b)* María tuvo su alumbramiento en la tierra, y no en el cielo. *c)* María huyó a Egipto acompañada y no sola. *d)* María no se refugió en el desierto; la mujer apocalíptica, sí. *e)* El tiempo de la huida que María, José y Jesús estuvieron en Egipto no se especifica. De esta mujer simbólica se nos dice que estará en el desierto «un tiempo, y tiempos, y la mitad de un tiempo» (tres años y medio). *f)* María huyó a Egipto y no dejó tras sí descendencia. *g)* Cuando María huyó a Egipto no fue perseguida. En cambio, la mujer vestida del sol sí es perseguida.

Nota 3. Hay una interpretación eclesiológica que ha surgido de este pasaje bíblico-escatológico. Muchos escatólogos ven en ella a la Iglesia. Basan su interpretación en las siguientes ideas:

a) La ven como «una gran señal» en el cielo, indicación de que la Iglesia está sentada en lugares celestiales (Efesios 2:6). *b)* La vestidura del «sol» la interpretan en la redención de Cristo y la luz del creyente (Malaquías 4:2; Romanos 13:12-14). *c)* «La luna debajo de sus pies» la ven como símbolo de la justicia que la Iglesia refleja sobre este mundo en tinieblas. *d)* La «corona de doce estrellas» la ven como símbolo de Israel y de la Iglesia (Génesis 37:9; Apocalipsis 1:20, 21:14 y Mateo 19:28).

¿Por qué esta mujer apocalíptica no puede ser la Iglesia? *a)* Esta mujer da a luz a «un hijo varón» que exegéticamente es el Mesías. Israel, nacionalmente, es la «madre» del Mesías, algo que no se puede decir de la Iglesia. *b)* El «hijo varón» es Jesucristo, no hay base bíblica ni exegética para comparar a este hijo que «fue arrebatado para Dios y para su trono» con los santos que serán tomados en el rapto de la Iglesia. *c)* La mujer que huye al desierto para ser protegida tres años no puede interpretarse como una parte de la Iglesia que se quedará sin ser tomada en el rapto, siendo dejada en la tierra para que experimente la gran tribulación. La Iglesia ha recibido la garantía divina de que no pasará por la gran tribulación. *d)* El lugar de refugio para la Iglesia será en el cielo y no en un desierto aquí, en la tierra. *e)* A la Iglesia no se le conoce como «el pueblo del desierto», pero sí a la nación de Israel. *f)* Después de Apocalipsis 3, la Iglesia desaparece del escenario profético y no reaparece hasta el capítulo 19, indicación de que esta mujer-señal no puede ser ella. *g)* La descripción simbólica de esta mujer-profética claramente descarta a la Iglesia. Ver a la Iglesia en estos símbolos es elastizar la interpretación exegética. *h)* En Apocalipsis 11:1-2 se nos menciona el templo judío; los versículos 3 al 7 mencionan a los dos testigos de Israel; en el versículo 8, a Jerusalén se la llama «Sodoma y Egipto». El arca del pacto se revela en el versículo 19 de este capítulo 11. En Apocalipsis 13:6 se hace alusión a «el tabernáculo».

El capítulo 14 y versículo 1 menciona a los «ciento cuarenta y cuatro mil». En Apocalipsis 15:3 se presenta «el cántico de Moisés». ¿Por qué todas estas referencias? Simplemente para que entendamos que Apocalipsis 12 forma parte de una secuencia profética que señala a Israel y no a la Iglesia. *i)* El arcángel Miguel se identifica con Israel y no con la Iglesia (Daniel 10:13, 21, 12:1). *j)* El conflicto entre el mitológico dragón y la mujer es descriptivo del conflicto pasado y futuro entre Satanás e Israel y no entre Satanás y la Iglesia.

Muchos creyentes e intérpretes han asociado Cantares 6:10 y la mujer apocalíptica del capítulo 12 con la Iglesia: «¿Quién es esta que se muestra como el alba, hermosa como la luna, esclarecida como el sol, impotente como los ejércitos en orden?». Para dicha interpretación eclesiológica se basan en el paralelismo simbólico. Aunque Cantares 6:10 puede aplicarse a la Iglesia, el contexto escatológico de Apocalipsis 12 solo es aplicable a Israel.

CAPÍTULO 12

El anticristo y el falso profeta (Apocalipsis 13:1-18)

La literatura apocalíptica siempre surgió en un tiempo de persecución política, leyes en contra de la libertad religiosa y desasosiego espiritual. Los escritores apocalípticos encierran una respuesta a la arrogancia política y una esperanza liberalizadora para el pueblo de Dios. El Apocalipsis joanino parte de un contexto de opresión y persecución religiosa por parte del Imperio romano contra la Iglesia de Cristo.

Juan mismo estaba experimentando el exilio en la isla de Patmos como resultado de su liderazgo religioso. El instrumento satánico fue el emperador Domiciano de la dinastía vespasiana. El Apocalipsis es un libro que tiene que ser leído dentro de ese marco de referencia, con particularidad este capítulo 13.

Apocalipsis 13 es la contraposición, la antítesis, la paradoja de Romanos 13:1-7. Pablo, en el año 58 d. C., escribió a la Iglesia de Roma exhortándola a obedecer, a someterse y a cumplir con las leyes del Imperio romano. En el versículo 1 él declaró: «Sométase toda persona a las autoridades superiores, porque no hay autoridad, sino de parte de Dios, y las que hay por Dios han sido establecidas». Esta era la tesis paulina. Juan, treinta y ocho años después, en su escrito desde Patmos, les deja ver a los cristianos que los poderes satánicos se han levantado contra ellos por medio del Imperio y del emperador romanos.

En el capítulo 12 el dragón perseguía solo a la mujer. En este capítulo 13 lo vemos acompañado. Para los cristianos primitivos significaba que Satanás estaba asociado con el Imperio romano (la primera bestia) y con la religión pagana romana (la segunda bestia). En su aplicación escatológica significa que durante la semana 70 de Daniel la nación de Israel y los gentiles convertidos a Cristo serán perseguidos y oprimidos por la trinidad satánica, o sea, la bestia-anticristo, la bestia-falso profeta y el dragón-Satanás.

Estas dos bestias apocalípticas del capítulo 13 son conocidas por muchos nombres: *a)* La bestia que sube del mar y la bestia que sube de la tierra. *b)* La bestia política y la bestia religiosa. *c)* El anti-Hijo y el anti-Espíritu Santo. *d)* La bestia con diez cuernos y la bestia con dos cuernos. *e)* La bestia-leopardo y la bestia-cordero. *f)* La bestia herida y la bestia sanadora. *g)* La primera bestia y la segunda bestia. *h)* El líder político y el líder religioso. *i)* El cuerpo de Satanás y la mente de Satanás.

El mar

Versículo 1: «Me paré sobre la arena del mar y vi subir del mar una bestia que tenía siete cabezas y diez cuernos, y en sus cuernos diez diademas y sobre sus cabezas un nombre blasfemo».

La expresión «Me paré sobre la arena del mar...» (RV), al ser considerada en otras versiones de la Biblia, presenta una gran diferencia en persona, o sea, que en vez de ser Juan el que se paró, lo fue el dragón. Demos un vistazo a algunas de esas versiones: «Se apostó sobre la playa del mar» (NC); «el dragón se detuvo en la arena del mar» (NBE); «y se quedó a orillas del mar» (NBL); «y estaba de pie sobre la arena, a la orilla del mar» (VM); «y el dragón se plantó a la orilla del mar» (DHH); «a tal efecto se paró estratégicamente en una playa del mar» (NTV); «y el dragón se puso de pie sobre la arena del mar» (NVI).

En muchos de los manuscritos antiguos se hace referencia al dragón y no a Juan, como el que se paró sobre la arena. El texto de Nestle rinde literalmente: «Y él se paró sobre la arena del mar». Por tal razón, muchas versiones incorporan dicha frase en el capítulo 12, llegando a ser el versículo 18 del mismo, y comienzan el capítulo 13 con: «Y vi subir del mar...».

El dragón se paró sobre la arena del mar, esperando que algún asociado de él viniera en su ayuda contra la mujer. Juan vio a ese ayudante satánico, que él describe en lenguaje simbólico, emerger del mar.

Esta imagen del mar y de la bestia ascendiendo del mismo se toma prestada del libro de Daniel: «Y cuatro bestias grandes, diferentes la una de la otra, subían del mar» (7:3).

El mar, para los lectores de la época joanina, se relacionaba con el Mediterráneo, y la bestia con el Imperio romano. En el mar Mediterráneo las flotas romanas hacían sus ejercicios y desde ahí zarpaban hacia sus conquistas militares. Existía una leyenda primitiva que afirmaba que Nerón, que cometió suicidio en el año 68 d. C., resucitaría y aparecería en el mar Mediterráneo. Otra leyenda afirmaba que realmente él no había muerto, sino que había huido y que regresaría por el mar Mediterráneo con una gran flota para guerrear contra sus enemigos y tomar nuevamente el poder.

Dentro del contexto del Apocalipsis y el trasfondo escatológico, el «mar» es símbolo del conglomerado de las naciones: «... Las aguas que has visto donde la ramera se sienta, son pueblos, muchedumbres, naciones y lenguas». En Daniel 7:17 se explica el mar así: «Estas cuatro grandes bestias son cuatro reyes que se levantan en la tierra». En los días postreros del mar agitado, turbulento e inquieto de las naciones, emergerá un poder político que la profecía llama «la bestia» o «el anticristo».

El anticristo

Daniel, en visiones, había visto el levantamiento histórico del anticristo; Juan, en sus visiones apocalípticas, ve el levantamiento político, religioso, comercial y militar del anticristo.

Jesús se refirió al anticristo cuando dijo: «Porque muchos vendrán en mi nombre diciendo: "Yo soy el Cristo", y a muchos engañarán» (Mateo 24:5). «Yo he venido en nombre de mi Padre y no me recibís; si otro viniere en su propio nombre, a ese recibiréis» (Juan 5:43).

La Iglesia primitiva, antes de que el Apocalipsis fuera escrito, en su escatología predicaba y enseñaba sobre el advenimiento del anticristo: «Hijitos, ya es el último tiempo, y según vosotros oísteis que el anticristo viene, así ahora han surgido muchos anticristos; por esto reconocemos que es el último tiempo» (1.ª Juan 2:18). «Nadie os engañe en ninguna manera, porque no vendrá sin que antes venga la apostasía y se manifieste el hombre de pecado, el hijo de perdición» (2.ª Tesalonicenses 2:3).

Sus nombres

El anticristo es un personaje del fin que, desde el Antiguo Testamento, su retrato, su sombra, su silueta, se hace visible por medio de los títulos y nombres que a él se le han aplicado: «el rey de Babilonia» (Isaías 14:4); «el príncipe de Tiro»

(Ezequiel 28:2); «cuerno pequeño» (Daniel 7:8); «un cuerno pequeño que creció...» (Daniel 8:9); «un rey altivo de rostro» (Daniel 8:23); «un príncipe que ha de venir» (Daniel 9:26); «el desolador» (Daniel 9:27); «un hombre despreciable» (Daniel 11:21); «el rey del norte» (Daniel 11:40).

Pablo lo llamó «el hombre de pecado», «el hijo de perdición» y «aquel inicuo» (2.ª Tesalonicenses 2:3, 9). En Apocalipsis se le describe como «la bestia» (11:7, 13:1, 2, 3, 4, 11, 12, 14, 15, 17, 18, 14:9, 11, 15:2, 16:2, 10, 13, 17:3, 7, 8, 11, 12, 13, 16, 17, 18:13, 19:19, 20, 20:4, 10).

El cuerno simbólico

En Daniel 7, el profeta apocalíptico del Antiguo Testamento nos revela que del mar surgieron cuatro bestias, o sea, imperios. La primera era parecida a un león con alas de águila, que le fueron quitadas, y tenía un corazón de hombre (7:4). La segunda bestia era un oso, teniendo un costado más bajo que el otro, y llevaba en su boca tres costillas y devoraba mucha carne (7:5). La tercera bestia era un leopardo de cuatro cabezas y cuatro alas, y dominaba (7:6). La cuarta bestia era más espantosa y terrible que las que le antecedieron; fuerte, y tenía dientes de hierro y, además, tenía diez cuernos (7:7). Conforme a Daniel 7:17, las cuatro bestias son reyes y no puede haber reyes sin reinos.

Estas bestias vistas por Daniel, en su orden de aparición, representan cuatro antiguos imperios: Babilonia (606-538 a. C.); Media y Persia (538-331 a. C.); Grecia (331-168) y Roma (168-476 d. C.). Estos imperios están integrados en la bestia apocalíptica: «Era semejante a un leopardo, y sus pies como de oso y su boca como boca de león» (Apocalipsis 13:2). En el versículo 1 leemos: «tenía siete cabezas y diez cuernos».

A cada una de las bestias de Daniel, en su orden de aparición, se les había dado algo: *a)* Al león, «y le fue dado corazón de hombre» (v. 4). *b)* Al oso, «y le fue dicho: "levántate, devora mucha carne"» (v. 5). *c)* Al leopardo, «y le fue dado dominio» (v. 6). *d)* A la bestia terrible, en vez de dársele, se le quita: «Pero se sentará el juez y le quitarán su dominio para que sea destruido y arruinado hasta el fin» (v. 26). El anticristo tendrá «corazón de hombre» al hacer pacto con los judíos; devorará «mucha carne» después que rompa dicho pacto; tendrá «dominio» universal, pero será «destruido y arruinado hasta el fin» por Dios mismo.

La bestia joanina representa a un imperio y a un emperador, a un reino y a un rey. Este es el Imperio romano que será restaurado al fin de los tiempos, teniendo al anticristo como cabecilla del mismo. El hecho de que la bestia sube del mar es indicativo de que el Imperio romano del futuro surgirá de la representación de varias naciones gentilicias. Étnicamente o racialmente el anticristo será judío; geográficamente surgirá de alguna nación gentil, posiblemente Siria. Esta parece ser la nación-cuna de la bestia escatológica. Antíoco Epífanez, el cuerno pequeño del Antiguo Testamento y el tipo del cual el anticristo es el antitipo, se levantó de Siria.

Siete cabezas y diez cuernos

El dragón «tenía siete cabezas y diez cuernos, y en sus cabezas siete diademas» (12:3). La bestia de Apocalipsis 13:1 «tenía siete cabezas y diez cuernos, y en sus cuernos diez diademas». En Apocalipsis 17:3 leemos: «... una bestia escarlata llena de nombres de blasfemia que tenía siete cabezas y diez cuernos».

El número siete denota plenitud, universalidad y totalidad. El gobierno satánico, simbolizado por las siete cabezas, en su carácter y alcance es completo.

El dragón tenía diademas sobre sus siete cabezas, representando siete imperios. La bestia apocalíptica tenía diez diademas sobre sus diez cuernos, indicando una confederación de naciones que en el futuro serán gobernadas por el anticristo. Los cuernos son figuras que significan poder, dominio, fuerza, autoridad y victorias. Características de Dios que serán imitadas por Satanás y por su hombre, el anticristo.

El dragón y la bestia tienen marcados parecidos: *a)* Tienen siete cabezas. *b)* Tienen diez cuernos. *c)* Tienen el mismo color (12:3 y 17:3). El anticristo será la simiente de la serpiente-Satanás. Es considerado la obra maestra del ingenio satánico. En muchos aspectos puede ser llamado «el hijo de Satanás».

Las siete cabezas deben interpretarse como «... siete montes sobre los cuales se sienta la mujer» (Apocalipsis 17:9). También «son siete reyes. Cinco de ellos han caído; uno es, y el otro aún no ha venido, y cuando venga es necesario que dure breve tiempo» (17:10).

Para los días joaninos, los siete montes eran una característica geográfica de una gran ciudad, es decir, Roma. Se le conocía como «la ciudad de las siete colinas». Estas siete colinas eran: «Palatino, Celio, Esquilino, Quirinal, Viminal, Capitolio y Aventino».

Las siete cabezas también nos recuerdan siete grandes imperios, por medio de los cuales el dragón entró en conflicto con la mujer-Israel: Egipto, Asiria, Babilonia, Media-Persia, Grecia, Roma y el Imperio romano restaurado. De ahí que se diga: «Cinco de ellos han caído» (los primeros cinco); «uno es» (Roma) «y el otro aún no ha venido» (la confederación de diez naciones).

Las bestias vistas por Daniel tenían en totalidad siete cabezas, contando las cuatro cabezas del leopardo. Esto parece relacionarse con el número de cabezas del dragón y de la bestia.

En Daniel 9:26 hay una profecía que se cumplió en el año 70, cuando Tito Vespasiano destruyó Jerusalén y el templo judío: «... y el pueblo de un príncipe que ha de venir destruirá la ciudad y el santuario, y su fin será con inundación y hasta el fin de la guerra durarán las devastaciones». Esta misma profecía mira y enfoca al anticristo futuro, representante de las diez cabezas y líder de los diez cuernos.

La cabeza herida

Versículo 3: «Vi a una de sus cabezas como herida de muerte, pero su herida mortal fue sanada y se maravilló toda la tierra en pos de la bestia». Cómo y cuándo fue esta cabeza herida es algo que el vidente apocalíptico no sabe. Juan describe el estado de esta cabeza «como herida de muerte» y «su herida mortal». El anciano de Patmos es también testigo de cierto milagro; «fue sanada». El resultado es que esto se convierte en un testimonio que favorece y hace popular a la bestia ante la opinión mundial.

Esta cabeza herida representa a un imperio que ha pasado y pasará por un proceso de restauración. Roma es ese imperio; históricamente ha sido indisoluble. Ha pasado por muchas fases, pero su «herida mortal» continúa siendo sanada. En la persona del anticristo y por medio de las diez naciones, Roma, la sexta cabeza, será sanada; es decir, resurgirá de nuevo.

Dado el caso de que «la bestia» no solo representa un sistema político, sino a un hombre, como representante de dicho sistema, la cabeza herida tiene que referirse al mismo. De la bestia se nos dice: «se le dio boca que hablaba grandes cosas y blasfemias», «y se le permitió hacer guerra contra los santos y vencerlos», «y la adoraron todos los moradores de la tierra», «aquí hay sabiduría. El que tiene entendimiento cuente el número de la bestia, pues es número de hombre...» (Apocalipsis 13:5, 7, 8 y 18). Todos estos pasajes señalan a un hombre de carne y de hueso.

El anticristo y el falso profeta (Apocalipsis 13:1-18)

El anticristo, como último representante del Imperio romano, experimentará una «herida de muerte». Dicho sea de paso, la cabeza será herida de muerte en la bestia, es una caricatura del «Cordero inmolado» de Apocalipsis 5:6. Es posible que después que la bestia rompa su pacto de paz con la nación de Israel, su vida será objeto de un complot para que sea asesinado.

Apocalipsis 13:14 cita: «... que le hagan imagen a la bestia que tiene la herida de espada y vivió». En Apocalipsis 17:8 leemos: «... se asombrarán viendo la bestia que era y no es y será». Esto, indiscutiblemente, indica un estado agónico por el cual pasará el anticristo. La «herida de espada» no significa necesariamente que la bestia será herida con una espada literal. Puede ser cualquier otra arma la que se emplee con tan nefando propósito. En otras partes de la profecía, «espadas» y «lanzas» se utilizan para señalar cualquier implemento de guerra o de muerte (Isaías 2:4; Joel 3:10; Miqueas 4:3).

La noticia de su inminente muerte hará eco a través de los medios de difusión (radio, televisión, internet, periódicos). La esperanza que muchas naciones han puesto en la bestia parece que se tronchará por la mala noticia de que su vida está por llegar al final. Pero súbitamente, milagrosamente, su cuerpo comenzará a responder a los tratamientos médicos, sus párpados se abrirán, balbuceará palabras, será sacado del cuarto de «cuidados intensivos». La noticia en la primera plana de los periódicos quizá leerá: «Líder político triunfa en su lucha contra la muerte».

Este levantamiento de lo que parecerá una muerte segura será un acto satánico con el propósito de que la resurrección de Cristo sea imitada. El anticristo se recuperará, primero porque Dios lo permite y, segundo, por la intervención del dragón Satanás. Considero que esa sanidad será posible con la posesión corporal que el dragón efectuará en el anticristo como falsificación de la encarnación de Dios en Jesús. A esto también le podemos sumar la posesión de un aconte del abismo que será liberalizado para que cohabite junto al dragón dentro del cuerpo del anticristo. Por eso es que en Apocalipsis 11:7 leemos: «La bestia que has visto era, y no es, y está para subir del abismo e ir a perdición...».

La misión

Esta bestia será un dirigente político, comercial, religioso y militar: «Y el dragón le dio su poder y su trono, y grande autoridad» (Apocalipsis 13:2). Todo lo que haga será por el poder y la inspiración satánica. Su misión la podemos resumir así: *a)* Será causa de maravilla: «... y se maravilló toda la tierra en pos de la bestia» (13:3). *b)* Será invencible por el tiempo que Dios se lo permita: «¿Quién, como la bestia, y quién podrá luchar contra ella?» (13:4). *c)* Será objeto de adoración: «Y adoraron al dragón que había dado autoridad a la bestia y adoraron a la bestia...» (13:4). *d)* Será adorado universalmente: «Y le adoraron todos los moradores de la tierra...» (13:8). *e)* Será un controlador del comercio y la economía mundial: «Y que ninguno pudiese comprar ni vender, sino el que tuviese la marca o el nombre de la bestia o el número de su nombre» (13:17). *f)* Será perseguidor de los creyentes de la tribulación: «Y se le permitió hacer guerra contra los santos y vencerlos...» (13:7). *g)* Será de una política que alcanzará todas las naciones: «También se le dio autoridad sobre toda tribu, pueblo, lengua y nación» (13:7).

El anticristo será el «hombre total» de Satanás. Para un mundo lleno de presunción, la bestia responderá al orgullo y ambición del hombre que tiene a Dios exiliado de su diario vivir.

Cristo es el verdadero Salvador del mundo, la verdadera paz y la encarnación divina. La bestia o anticristo es el falso salvador del mundo, la falsa paz y la encarnación de Satanás. En Jesús hay luz, en la bestia habrá tinieblas. Jesús es salvación, el anticristo será condenación. Jesús lleva al cielo, el anticristo, al infierno. Muchas versiones de la Biblia, en vez de «bestia», le llaman «monstruo». El anticristo será el monstruo de Satanás. En él se deformará la humanidad. En vez de amor tendrá odio; el bien lo sustituirá por el mal, la paz la suplantará por la guerra. Donde estaba Cristo estaba el cielo, donde esté el anticristo estará el infierno. Calígula, Nerón, Barba Azul, Napoleón, Hitler, Himmler, Mussoline, Idi Amin y cualquiera de los personajes malvados de la historia parecerán caricaturas, simples muñequitos del anticristo. La talla de este monstruo escatológico será incomparable. El anticristo será el «Frankeistein» del «doctor» Satanás.

En 2.ª Tesalonicenses 2:9-12 leemos: «Inicuo cuyo advenimiento es por obra de Satanás, con gran poder y señales y prodigios mentirosos y, con todo engaño de iniquidad para los que se pierden, por cuanto no recibieron el amor de la verdad para ser salvos. Por esto Dios les envía un poder engañoso, para que crean la mentira, a fin de que sean condenados todos los que no creyeron a la verdad, sino que se complacieron en la injusticia».

El blasfemador

Algunos pasajes de Daniel y de Apocalipsis se refieren al anticristo como un gran blasfemador: «... y he aquí que este cuerno tenía ojos como de hombre y una boca que hablaba grandes cosas» (Daniel 7:8). «Y hablará palabras contra el Altísimo y a los santos del Altísimo quebrantará y pensará en cambiar los tiempos y la ley, y serán entregados en su mano hasta tiempo, y tiempos, y medio tiempo» (Daniel 7:25). «Y el rey hará su voluntad y se ensordecerá y se engrandecerá sobre todo dios y contra el Dios de los dioses hablará maravillas ("cosas espantosas", VM; "cosas increíbles", NC; "con arrogancia", NBE)...» (Daniel 11:36).

«También se le dio boca que hablaba grandes cosas y blasfemias y se le dio autoridad para actuar cuarenta y dos meses, y abrió su boca en blasfemias contra Dios para blasfemar de su nombre, de su tabernáculo y de los que moran en el cielo» (Apocalipsis 13:5-6).

Los pasajes bíblicos de Daniel y Apocalipsis son contextuales en su aplicación e interpretación; ambos señalan el carácter blasfemador de la bestia escatológica.

Leemos sobre la bestia que tenía «sobre sus cabezas un nombre blasfemo» (Apocalipsis 13:1). En Apocalipsis 17:3 se nos informa de que el apóstol vio una vez más a la «bestia escarlata llena de nombres de blasfemia». El primer pasaje habla en singular, «un nombre blasfemo». El segundo hace alusión al plural, «nombres de blasfemia». En los dos casos, la importancia no radica en la interpretación, o más bien revelación del «nombre» o de los «nombres», sino que son empleados como señal descriptiva del carácter blasfemador de la bestia.

El escritor Alfred Lapple dice: «Basta traer a la mente los himnos al emperador y la teología de estado entonces en boga para descubrir detrás de "los nombres blasfemos" (Apocalipsis 13:1) determinados títulos sumamente honoríficos que los emperadores romanos se arrogaban: el Venerable (en griego *sebastós*, en latín *augustus*), Dios, Hijo de Dios, *(deus, divus),* Salvador y Redentor *(sotér)* (*El Apocalipsis de san Juan*, Ediciones Paulinas, página 151).

Otros títulos favoritos de los emperadores romanos, considerados títulos de blasfemias por los cristianos primitivos, eran: *theos* (se inscribía sobre las monedas imperiales), *Dominus et Deus* (Señor y Dios en latín), *Kiryos* (Señor).

El astuto

Muchos amigos cubanos dicen que Fidel Castro los tomó por sorpresa, que fue después que la revolución triunfó, que él declaró públicamente su ideología marxista-leninista. En este particular, Castro se puede considerar sagaz y astuto. El anticristo, al igual que su tipo, Antíoco Epífanez, alcanzará la jefatura mundial por medio de la astucia.

Algunos pasajes bíblicos revelan esto: «... pero vendrá sin aviso y tomará el reino con halagos» (Daniel 11:21). «Con lisonjas seducirá a los violadores del pacto...» (Daniel 11:32). «... y colmará de honores a los que le reconozcan y por precio repartirá la tierra» (Daniel 11:39). «Y por otra semana confirmará el pacto con muchos...» (Daniel 9:27).

El inicuo

El anticristo será la actual y completa personificación de toda iniquidad. Pablo se refirió a él con estas palabras: «Porque ya está en acción el misterio de la iniquidad...». «Y entonces se manifestará aquel inicuo...». «Inicuo cuyo advenimiento es por obra de Satanás...». «Y con todo engaño de iniquidad...» (2.ª Tesalonicenses 2:7, 8, 9 y 10).

La expresión «el misterio de la iniquidad» debe ser entendida comparándola con «el misterio de la piedad» (1.ª Timoteo 3:16): «Dios fue manifestado en carne, justificado en el Espíritu, visto por los ángeles, predicado en el mundo, recibido arriba en gloria». El misterio de la piedad diría: «Satanás será manifestado en carne, justificado "con gran poder y señales y prodigios mentirosos", visto por los demonios, predicado en el mundo, recibido abajo en deshonra».

El permiso divino

La bestia, sin el permiso de Dios, no podría actuar. Satanás tuvo que tener el permiso divino para poder afligir a Job (1:12, 2:6). En Juan 19:10-11 leemos: «Entonces le dijo Pilato: "¿A mí no me hablas? ¿No sabes que tengo autoridad para crucificarte y que tengo autoridad para soltarte?". Respondió Jesús: "Ninguna autoridad tendrías contra mí si no te fuese dada de arriba..."». Pilato necesitó el permiso de Dios para sentenciar a Jesús.

El permiso divino conferido al anticristo lo vemos en estas expresiones: «*También se le dio* boca que hablaba grandes cosas...» (13:5). «... *y se le dio* autoridad para actuar cuarenta y dos meses» (13:5). «Y *se le permitió* hacer guerra contra los santos y vencerlos. *También se le dio* autoridad sobre toda tribu, pueblo, lengua y nación» (13:7).

Cuarenta y dos meses

Versículo 5: «... y se le dio autoridad para actuar cuarenta y dos meses». Este espacio de tiempo corresponde al período durante el cual la mujer vestida del sol estará siendo sustentada en el desierto.

Juan lo define así: «... para que allí la sustenten por mil doscientos sesenta días» (12:6). «... donde es sustentada por un tiempo, y tiempos, y la mitad de un tiempo» (12:14).

Apocalipsis 17:10 describe este período como «... breve tiempo». En el versículo 12 de este mismo capítulo 17 se le llama «una hora». Apocalipsis 3:10 le denomina «la hora de la prueba».

Toda esta equivalencia de tiempo se refiere a la gran tribulación profetizada por Cristo (Mateo 24:21) a la segunda mitad de la semana 70 de Daniel y al «tiempo de angustia para Jacob» (Jeremías 30:7). Es decir, los tres años y medio que antecederán a la revelación de Cristo y al establecimiento del milenio. A partir del momento cuando el anticristo rompa el pacto con los judíos (Daniel 9:27) hasta el descenso corporal y visible del Señor, se contarán tres años y medio del ministerio diabólico de la bestia. Es significativo que el ministerio de Jesús duró tres años y medio.

¿Predestinación?

El versículo 8 de este capítulo 13 ha dado bases para que muchos apoyen teológicamente la así llamada doctrina de la predestinación salvífica. Es indiscutible que Dios, en su omnisciencia, predestina para la realización de ciertos propósitos: Dios le dijo a Jeremías: «Antes que te formase en el vientre te conocí, y antes que nacieses te santifiqué, te di por profeta a las naciones» (Jeremías 1:5). En Isaías 44:28 leemos: «Que dice de Ciro: "Es mi pastor y cumplirá todo lo que yo quiero", al decir a Jerusalén: "Será edificada", y al templo: "Serás fundado"». El profeta antiguo-testamentario, alrededor del año 700 a. C., habló de la restauración de Jerusalén y del templo un siglo antes de que fueran destruidos, y aproximadamente unos 162 años antes de que Ciro (año 538 a. C.) los reconstruyera.

Pablo mismo dijo: «Pero cuando agrado a Dios, que me apartó desde el vientre de mi madre y me llamó por su gracia» (Gálatas 1:15). En Romanos 8:30, el apóstol de Tarso añade: «Ya los que predestinó, a estos también llamó, y a los que llamó, a estos también justificó, y a los que justificó, a estos también glorificó».

Dios nunca predestina para salvación o condenación. En Ezequiel 18:4 se nos dice: «He aquí que *todas* las almas son mías, como el alma del padre, así el alma del hijo es mía; el alma que pecare, esa morirá». En 2.ª Pedro 3:9 leemos: «El Señor... es paciente para con nosotros, no queriendo que ninguno perezca, sino que *todos* procedan al arrepentimiento». El llamado arrepentimiento, en el Apocalipsis, es un mensaje muy repetido (2:5, 16, 21, 22, 3:3, 9:20, 21, 16:9 y 16:11).

Apocalipsis 13:8 es citado en algunas versiones: «La adoraron todos los moradores de la tierra, cuyo nombre no está escrito desde el principio del mundo en el libro de la vida del Cordero degollado» (NC). «Le rendirán homenaje todos los habitantes de la tierra, excepto aquellos cuyos nombres están escritos, desde que empezó el mundo, en el registro de los vivos que tiene el Cordero degollado». (NBE).

La lectura en este pasaje de estas versiones parece dar la impresión de que Dios tiene personas predestinadas para la salvación, ya registradas en el libro de la vida (léase en relación con esto Apocalipsis 20:11-15). Es notable que sean las versiones católicas las que rinden ese versículo de esa manera.

Las versiones protestantes parecen ser más correctas en su traducción. En ellas es el Cordero el que se menciona como predestinado y no los que tienen su nombre en el libro de la vida: «Y la adoraron todos los moradores de la tierra cuyos nombres no estaban escritos en el libro de la vida del Cordero que fue inmolado desde el principio del mundo» (RV). «... aquellos cuyos nombres no están escritos en el libro de la vida del Cordero que fue inmolado desde la fundación del mundo» (VM). «... todos aquellos cuyos nombres no han sido registrados en el libro de la vida perteneciente al Cordero que fue inmolado desde la creación del mundo» (NVI).

El apóstol Pedro dijo: «Sabiendo que fuisteis rescatados de vuestra vana manera de vivir, la cual recibisteis de vuestros padres, no con cosas corruptibles, como oro o plata, sino con la sangre preciosa de Cristo, como de un Cordero sin mancha y sin contaminación, ya destinado desde antes de la fundación del mundo, pero manifestado en los postreros tiempos por amor de vosotros» (1.ª Pedro 1:18-20). Pedro afirma la misma verdad que Juan al referirse a Cristo como el Cordero, que antes de que el mundo fuese ya había sido destinado para la redención humana. La expiación, aunque fue ordenada en la tierra y tipificada por los sacrificios de corderos, ya en el cielo había sido instituida divinamente.

La ley de la retribución

Versículo 10: «Si alguno lleva en cautividad, va en cautividad; si alguno mata a espada, a espada debe ser muerto. Aquí está la paciencia y la fe de los santos». La ley retributiva encierra la sentencia de que «todo lo que el hombre sembrare, eso también segará» (Gálatas 6:7). Según Reina Valera rinde en este versículo hay una sentencia divina para los perseguidores de los santos.

El sentido de interpretación para este versículo es afectado conforme a la manera como es traducido en otras versiones: «Quien esté destinado a ir a la cautividad, a la cautividad irá. Quien esté destinado a morir a espada, a espada será matado. Esto pide constancia y fidelidad de parte de los creyentes» (NVI). En este caso, significa que el creyente no debe oponer resistencia a la cautividad o a la muerte que le quieran infligir sus enemigos, ya que las mismas han sido destinadas por Dios.

«Quien está destinado a ir a la cárcel, irá a la cárcel; quien está destinado a muerte de espada, perecerá por la espada. Para los santos es la hora de la perseverancia y de la fe» (NBL). Aquí se hace referencia a los perseguidos, es decir, a los santos. En la versión NBE se presenta la misma alusión.

En la versión NVI se traduce de esta manera: «Si alguno está destinado a la cautividad, a la cautividad irá; si alguno mata por la espada, por la espada morirá. En esto está la paciencia y la fe de los santos». En este caso se hace alusión al perseguido como al perseguidor.

La segunda bestia

Los versículos 11 al 18 de Apocalipsis 13 introducen un tercer personaje, que unido al dragón y a la primera bestia formará una coalición satánica, un triunvirato diabólico y un triángulo infernal. Aquí se vislumbra el intento de Satanás por reproducir la Santísima Trinidad. La serpiente antigua es un copiador, un imitador, un aparentador, un falsificador de todo lo bueno que Dios es y hace.

Su descripción

Versículo 11: «Después vi otra bestia que subía de la tierra y tenía dos cuernos semejantes a los de un Cordero, pero hablaba como dragón». Puede que la expresión «subía de la tierra» se refiera a Palestina, y que de esa región donde está Israel se levante el «falso profeta», un judío apóstata.

En 1.ª Samuel 28:13 leemos: «... Y la mujer respondió a Saúl: "He visto dioses que suben de la tierra"». La expresión «suben de la tierra» y «subía de la tierra» parece señalar el mundo de los espíritus cautivos, o sea, el abismo. Juan se refirió al anticristo como «la bestia que sube del abismo» (Apocalipsis 11:7), y «la bestia que has visto era y no es, y está para subir del abismo» (17:8). Hay la posibilidad de que el «falso profeta» sea también posesionado por otro arconte del abismo, de aquellos que serán libertados bajo el juicio de la quinta trompeta.

Tiene semejanza de «cordero», pero en sus palabras se identifica con el «dragón». Esto indica que será un personaje diabólico, camuflado y anonimizado por un disfraz de religión. La inspiración de sus discursos será el mismo Satanás.

Es un falso profeta que será usado por el dragón. En Apocalipsis 16:13 y 19:20, Juan lo llamó «el falso profeta». Jesús hizo alusión típica a él cuando dijo: «Y muchos falsos profetas se levantarán y engañarán a muchos» (Mateo 24:11). Como todo falso profeta, esta segunda bestia desviará de la verdad, contradecirá las Sagradas Escrituras, profetizará mentiras, endiosará al hombre, iniciará un nuevo culto, recurrirá al engaño espiritual, apelará a lo sobrenatural, patrocinará la falsa adoración y se conocerá por sus frutos. Sus palabras contradecirán su apariencia. En Deuteronomio 13:1-13 se da la prueba para examinar a un falso profeta.

En Apocalipsis 5:6, el Cordero-Jesús se presenta teniendo «siete cuernos». El «siete» es un número apocalíptico que denota perfección y un todo acabado. Los «dos cuernos» del cordero-dragón, cinco menos que el Cordero-divino, significan la limitación de su poder, la imperfección de su carácter y la pobreza de su imitación. Su propio disfraz lo delatará.

Su misión

Esta otra bestia es el precursor, el vocero, el preparador, el embajador, el primer ministro de la primera bestia. Su ministerio será un complemento al de la bestia que sube del «mar». Todas sus actividades se enfocarán en exaltar al anticristo.

Es una copia del ministerio de Juan el Bautista, el cual preparó el camino a Cristo y menguó para que este creciera. El «falso profeta» le aderezará el camino al anticristo, y a través de su satánico ministerio lo hará crecer mientras él decrece. Aun esta asociación de las dos bestias parece ser otra imitación del ministerio de los dos testigos del capítulo 11.

El «falso profeta» es la tergiversación de la operación del Espíritu Santo, tanto en palabras, señales, prodigios y testimonio. Sus mensajes procederán del mismo dragón. Será el «evangelista» de las tinieblas, el predicador del otro evangelio que Pablo censuró.

El ministerio del «falso profeta» se puede resumir así: *a)* Ejercerá autoridad en favor del anticristo (13:12). *b)* Hará que los seres humanos adoren al anticristo (13:12). *c)* Manifestará señales como propaganda religiosa (13:13). *d)* Engañará con sus «milagros» (13:14). *e)* Incitará la idolatría (13:14). *f)* Usará una imagen como símbolo de su poder religioso (13:15). *g)* Supervisará el proyecto para que los hombres sean marcados (13:16). *h)* Será un ministro de comercio para el anticristo (13:17). *i)* Empleará el número «666» como clave especial. Todo es evidencia de que el título de «falso profeta» es el más apropiado que se puede dar a esta bestia.

La imagen de la bestia

La imagen de la bestia es mencionada tres veces en los versículos 14 y 15. Nótese estas declaraciones: «... que le hagan *imagen a la bestia*...», «Y se le permitió infundir aliento *a la imagen de la bestia* para que *la imagen* hablase e hiciese matar a todo el que no la adorase».

En Apocalipsis 14:9 leemos: «... Si alguno adora a la bestia y a su imagen...». En este pasaje bíblico, el sentido de la imagen de la bestia es más claro. Anteriormente se dijo: «imagen a la bestia», «imagen de la bestia», y «la imagen». Según muchos comentaristas, la imagen de la bestia no tiene que ver con su parecido, ya que los textos indican «a la», «de la» y «la». No obstante, Apocalipsis 14:9 dice: «Y a su imagen...», indicativo de que la estatua que se levantará al anticristo será una reproducción de su fisonomía.

A través de la historia, las imágenes, estatuas, bustos y pinturas han sido medios de reconocimiento y preservación de ciertos personajes cuya influencia ha dejado huellas impresas en la arena del género humano. En esto no hay idolatría.

En otros casos, las estatuas e imágenes se han convertido en objeto de veneración y adoración, violándose así el primer y el segundo mandamiento del «decálogo»: «No tendrás dioses ajenos delante de mí. No te harás imagen ni ninguna semejanza de lo que esté arriba, en el cielo, ni abajo, en la tierra, ni en las aguas debajo de la tierra. No te inclinarás a ellas ni las honrarás, porque yo soy Jehová, tu Dios, fuerte, celoso...» (Éxodo 20:3-5). Un ejemplo de esta violación a la ley de Dios lo es la Iglesia Católica con sus imágenes de «santos». Ellos son idólatras y mariólatras y hasta papálotras.

En Daniel 3 se nos declara que «Nabucodonosor hizo una estatua de oro cuya altura era de sesenta codos y su anchura de seis codos; la levantó en el campo de Dura, en la provincia de Babilonia» (v. 1).

Es interesante notar que esto ocurrió en el año 600 y que la estatua tenía medidas de 60 codos por 6 codos. Esto nos recuerda el apocalíptico número de la bestia (600 + 60 + 6 = 666). En original griego, el número «666» está escrito en palabras, leyéndose literalmente *exakosioi* (seiscientos, 600), *exekonta*, (sesenta, 60), *ex*, (seis, 6).

La Biblia anotada de Scofield da el siguiente comentario a Daniel 3:1: «El intento de este gran rey de Babilonia de unificar las religiones de su imperio por medio de la deificación de sí mismo será repetido por la bestia, el último gobernante del dominio mundial de los gentiles» (Apocalipsis 13:11-15, página 863).

Tres jóvenes hebreos, Ananías, Misael y Azarías (Sadrac, Mesac y Abed-nego) se resistieron a darle culto a esta estatua. Ellos sabían que era homenaje y que era idolatría. Es interesante la manera como ellos respondieron a Nabucodonosor: «Y si no, sepas, oh, rey, que no serviremos a tus dioses, ni tampoco adoraremos la estatua que has levantado» (v. 18). Solo Dios tiene que ser adorado y no el hombre. Aunque fueron sentenciados al horno de fuego, de allí los sacó Dios.

El llamado «tiempo de los gentiles», conforme a los dispensacionalistas, comenzó con el Imperio babilónico, y finalizará con el Imperio romano restaurado o las diez naciones gobernadas por el anticristo (Lucas 21:24 menciona «el tiempo de los gentiles»).

En Daniel 2 la cabeza de oro es Babilonia, el pecho y los brazos de plata es Media-Persia, el vientre y los muslos de bronce es Grecia, las piernas de hierro son Roma, y los pies de hierro y barro cocido señalan a las diez naciones que serán gobernadas por la bestia. En los días de estos diez reyes, la piedra cortada, no con mano de hombre, herirá a la estatua en los pies; el Mesías-Jesús es esa piedra. La reflexión es que el tiempo de los gentiles comenzó con la adoración de una estatua representativa de un imperio y de un monarca, y finalizará con el culto a otra estatua y la adoración a otro emperador, el anticristo.

Domiciano es el emperador romano que arroja sombra política y religiosa dentro del Apocalipsis joanino. Tratar de entender el capítulo 13 de Apocalipsis sin hacer referencia a Domiciano es como hablar del «Quijote» sin aludir a Miguel de Cervantes Saavedra, el padre de la lengua castellana.

Este emperador de la dinastía vespasiana que ostentó títulos divinos demandó la adoración hacia sí de parte de todos sus súbditos, logró usurpar derechos divinos por medio de las imágenes o estatuas que de él se habían distribuido por todo el Imperio romano. Los sacerdotes romanos eran como la voz que hacía hablar a estas estatuas, exigiendo la adoración del emperador. Los cristianos perseguidos podían comparar a Domiciano con la primera bestia y a los sacerdotes paganos con la segunda bestia; un «anticristo» y un «falso profeta» al servicio del dragón-Satanás. Desde luego, la misma escritura apocalíptica demanda un cumplimiento escatológico o futurístico, pero no podemos «raptar» a las Escrituras de la interpretación que tuvieron para sus lectores inmediatos, que vivieron en un contexto muy diferente al nuestro.

El «falso profeta» de la escatología empeñará la idea para que se haga una estatua del anticristo. A través de la misma se promoverá la humanolatría, la idolatría y la satanolatría. El culto a la bestia disfrazará la adoración a Satanás: «Y adoraron al dragón... y adoraron a la bestia...» (13:4). Los movimientos satánicos y demoníacos presentes señalan hacia esa realidad profética.

Satanás mismo trató de tentar a Jesús para que lo adorase: «... "Todo esto te daré si, postrado, me adorases". Entonces Jesús le dijo: "Vete, Satanás, porque escrito está: Al Señor, tu Dios, adorarás, y a Él solo servirás"» (Mateo 4:9-10).

En 2.ª Tesalonicenses 2:4, Pablo habló de la deificación del anticristo: «El cual se opone y se levanta contra todo lo que se llama Dios o es objeto de culto, tanto que se sienta en el templo de Dios como Dios, haciéndose pasar por Dios».

Satanás, en el Antiguo Testamento, cuando aún se le conocía como «Lucero», dijo: «Y seré semejante al Altísimo» (Isaías 14:14). Ese deseo eterno lo cumplirá en su «títere» humano el anticristo. Toda religión que entronice a Dios será prohibida y todo culto dirigido al Altísimo se sancionará. Note lo que Pablo dijo: «... se sienta en el templo de Dios como Dios, haciéndose pasar por Dios». La bestia dirá que es Dios y actuará como si fuera Dios. Con razón se le llama a Satanás, «el dios de este mundo».

La religión del anticristo se caracterizará por su anticristianismo, su antisemitismo, la sangre de Cristo será desvalorizada, la gracia divina se pisoteará, el Espíritu Santo, con sus manifestaciones, estará fuera, la Biblia se adulterará en su exposición, habrá un formalismo hipócrita. Esa es la religión que le agrada al diablo; religiosos sin Cristo, adoración sin Espíritu Santo.

Las persecuciones de los cristianos bajo el anticristo Domiciano se fundaron en ciertas razones, que Ray Summers enumera así: *a)* El cristianismo era considerado como una religión ilegal... *b)* El cristianismo aspiraba a la universalidad... *c)* El cristianismo era una religión exclusiva... *d)* Los cristianos fueron acusados de toda clase de perversidades... *e)* Los cristianos se negaban a ir a la guerra... *f)* Las personas que se hacían cristianas provenían, principalmente, de la gente pobre y desechada... *g)* Los cristianos fueron participantes del desprecio que los romanos tenían por los judíos... *h)* Los cristianos eran despreciados como si fueran fanáticos alborotadores... *i)* El cristianismo se ponía en conflicto con los intereses temporales de muchos romanos... *j)* Los cristianos se negaban a adorar al emperador... (*Digno es el Cordero*, Casa Bautista de Publicaciones, páginas 123-125).

En Mateo 24:15 Jesús dijo: «Por tanto, cuando veáis en el lugar santo la abominación desoladora de que habló el profeta Daniel» (el que lee, entienda). El contexto bíblico de este versículo lo encontramos en Daniel 11:31: «Y se levantarán de su parte tropas que profanarán el santuario y la fortaleza y quitarán el continuo sacrificio y pondrán la abominación desoladora». Otro pasaje contextual es Daniel 12:11: «Y desde el tiempo que sea quitado el continuo sacrificio hasta la abominación desoladora habrá mil doscientos noventa días». Ambos pasajes señalan dos cosas: *a)* La descontinuación de los sacrificios. *b)* Una «abominación desoladora». Daniel 7:8-14 señala lo mismo, aunque no con el mismo vocabulario.

Los escatólogos e historiadores bíblicos están de acuerdo en que el que descontinuó los sacrificios y abominó el santuario de los judíos fue Antíoco Epífanez. La profanación del templo judío por este rey seleucida duró desde el año 168 a. C. hasta el 165 a. C. La historia de Antíoco Epífanez, a la cual

Daniel alude en su lenguaje apocalíptico, aparece mencionada en los libros de los Macabeos.

En 1.ª Macabeos leemos: «... Por medio de mensajeros, el rey (Antíoco Epífanez) envió a Jerusalén y demás ciudades de Judea decretos que obligaban a seguir costumbres extrañas en el país y que prohibían ofrecer holocaustos, sacrificios y ofrendas en el santuario que hacían profanar el día de reposo, las fiestas, el santuario y todo lo que era sagrado, que mandaban construir altares, templos y capillas para el culto idolátrico, así como sacrificar cerdos y otros animales impuros... El día quince del mes de quisleu del año ciento cuarenta y cuatro, el rey cometió un horrible sacrilegio, pues construyó un altar pagano encima del altar de los holocaustos... El día veinticinco de cada mes se ofrecían sacrificios en el altar pagano que estaba sobre el altar de los holocaustos...» (1:41-64, DHH).

En 2.ª Macabeos 6:2 se nos añade otro detalle: «Para profanar el templo de Jerusalén y consagrarlo al dios Zeus Olímpico...». La abominación sacrílega de Antíoco la expresó por sus sacrificios inmundos en el templo y por dedicar el mismo a su dios pagano, Zeus. Cuando los paganos dedicaban templos a sus dioses lo anunciaban con la instalación de una imagen o estatua de los mismos. Es decir, Antíoco tuvo que poner en el templo judío una imagen de su dios, Zeus.

En Daniel 9:27 hay una profecía bíblica que se cumplió en Tito, emperador romano, que en el año 70 destruyó Jerusalén y el templo judío, haciendo cesar el sacrificio y la ofrenda. Este pasaje todavía está en espera de un cumplimiento futuro con «el desolador» del fin, el anticristo.

La bestia apocalíptica, al igual que sus antecesores, Antíoco y Tito, hará cesar el sacrificio en el templo judío restaurado. Como Antíoco, no solo profanará el mismo con su presencia, sino que permitirá que se le levante una estatua en sus inmediaciones. A esto puede referirse la blasfemia del tabernáculo mencionada en Apocalipsis 13:6.

Es posible que los adoradores de la bestia tengan gigantescas estatuas en los principales lugares públicos y privados (museos, parques, universidades, hospitales, etc.). Réplicas de la imagen del anticristo en tamaño pequeño o de bolsillo serán asequibles. En muchos hogares no faltará alguna representación de la bestia. Y habrá quien la lleve colgada, teniendo miniaturas de oro o plata. Otros tendrán láminas a colores o en blanco y negro de la misma, que colgarán sobre las paredes de los hogares y llevarán en las carteras. Será un tiempo de «anticristomanía». Habrá hasta *T-Shirts* con dicha imagen o con el número «666».

En el periódico *Noticias del Mundo*, fechado el 20 de agosto de 1981, apareció una estatua gigantesca del papa de Roma, debajo de la misma se leía: «El escultor mexicano, Ernesto Eduardo Tamariz da los toques finales a la estatua de bronce de seis metros que ha construido del sumo pontífice de la Iglesia Católica, Juan Pablo II, la cual será instalada en la basílica de Nuestra Señora de Guadalupe, patrona de dicha nación azteca».

En la basílica de san Pedro, en Roma, se encuentra una gigantesca estatua de bronce que hace muchos siglos era una representación del dios pagano Júpiter, y después de ciertos arreglos fue rededicada en honor de «san» Pedro. Es costumbre de los peregrinos católicos besar esta estatua en el pie.

Estos dos ejemplos son evidencias de que el escenario está preparado para que la estatua del anticristo levantada no sea ninguna novedad religiosa, sino una continuación de algo que ya se ha hecho en el pasado. Satanás es astuto y muchas veces no le gusta causar sorpresas.

La imagen hablando

Versículo 15: «Y se le permitió infundir aliento a la imagen de la bestia para que la imagen hablase e hiciese matar a todo el que no la adorase». Es posible que en este pasaje se nos esté presentando algún fenómeno satanológico. Gordon Lindsey dice: «Que alguna clase de vida diabólica entre dentro y habite la imagen de la bestia no es difícil de creer. Muchos acontecimientos extraños están tomando lugar al tiempo presente que no son explicados por causas naturales... Que la imagen pueda ser habitada por un espíritu diabólico poderoso que dé órdenes a esos que visiten este lugar sagrado de la bestia, no es algo extraño» (*Revelations Series*, volumen 10, páginas 315-316).

Por otra parte, la expresión «infundir aliento» no significa literalmente «infundir aliento de vida» (NVI); «transmitir vida» (NTV); «dar vida» (DHH); que denota algún tipo de característica humana; ejemplo de esto es que se nos dice que la imagen habla.

El vidente de Patmos no vio a la imagen moverse, sentarse, caminar o haciendo alguna otra acción física. Basados en esto no podemos decir que la misma tendrá vida. Es muy posible que la imagen, hablando, se refiera a lo que ya habíamos dicho de que los sacerdotes paganos eran como la voz de las imágenes domicianas que pedían adoración.

Puede ser también que Juan fuera testigo del fenómeno moderno de la tecnología de las computadoras.

Algo así puede verse ya en Disney World. Tuve el privilegio de visitar este lugar en el verano de 1979 en compañía de mi esposa e hija. Hay un salón presidencial donde se ven imágenes de los más distinguidos presidentes de los Estados Unidos. Un androide de Abraham Lincoln era el encargado de presentar a los demás presidentes; él caminaba, se sentaba, se paraba y hablaba. Nos ofreció un gran discurso. Su boca se movía, así como sus cejas y sus ojos. Parecía casi real. Mientras yo contemplaba ese milagro electrónico, le dije a mi esposa: «No me sorprendería si la estatua del anticristo fuera similar a lo que estamos viendo».

El número «666»

Versículos 16-18: «Y hacía que a todos, pequeños y grandes, ricos y pobres, libres y esclavos, se les pusiese una marca en la mano derecha o en la frente y que ninguno pudiese comprar ni vender, sino el que tuviese la marca o el nombre de la bestia o el número de su nombre. Aquí hay sabiduría. El que tiene entendimiento cuente el número de la bestia, pues es número de hombre, y su número es seiscientos sesenta y seis».

Por siglos este número de la bestia apocalíptica ha cautivado la atención de los lectores bíblicos. Durante muchos años he dictado un curso escatológico sobre «Daniel y Apocalipsis», y al llegar al capítulo 13, lo primero que me preguntaban los estudiantes era: «¿Qué significa el número "666" y cómo se puede descifrar?».

Para muchos escatólogos y aficionados a la profecía bíblica, el «666» es como un «Everest», muy difícil de ser escalado, un tesoro enterrado que no se puede encontrar, la porción bíblica más difícil de toda la revelación escrita.

En la ciudad de Nueva York he visto un jarabe para la tos cuya marca es «666». La firma productora del mismo parece que escogió este número por razones de propaganda comercial. Recuerdo a una creyente que me mostró un recibo de la luz que ella había recibido; desde luego lo que vi fue la copia fotostática del mismo. Me decía ella: «Fíjese, hermano, que el número "666" está aquí escrito, ¿no será acaso una señal de que Cristo viene pronto?».

Charles L. Pack, comentarista y predicador de eventos escatológicos, en uno de sus viajes a Jerusalén, notó: «Todos los taxis, autobuses y otros vehículos comerciales en Jerusalén deben tener el prefijo 666 en las tablillas. ¡666! El número de la bestia» (*Prophecy, Sept.*, octubre 1976, volumen 3, número 4). Adjunto a esta declaración vi fotografías de automóviles y autobuses mostrando la famosa numeración apocalíptica.

En la revista *Moody Magazine* de marzo de 1974 se presentó un artículo referente a una programación computada en forma electrónica, la cual ya estaba planificando el Mercado Común Europeo: «En la reunión sobre la crisis a la cual asistieron científicos, consejeros y líderes de la Confederación del Mercado Común, el doctor Elderman le quitó el velo a la bestia. La bestia es una computadora gigantesca... de las oficinas centrales del mercado... Los expertos en computadoras han estado elaborando un plan para computar electrónicamente todo el comercio mundial... para compra y venta... El número sería invisiblemente tatuado con rayos láser sobre la frente o dorso de la mano... El número sería visible con examinadores infrarrojos que serían colocados en todo lugar de negocios. El doctor Elderman sugirió que usando unidades de seis dígitos se le podría asignar al mundo entero un número de crédito efectivo».

Ningún creyente se debe alarmar por el simple hecho de que vea la numeración de la bestia en algún artículo, automóvil, en los dígitos de los teléfonos, recibos, cheques, inscripciones, lápidas o en cualquier otra manera. Más adelante veremos que la importancia profética o escatológica radica más en el «hombre» que en el número o el «nombre».

En cuanto al artículo de la revista *Moody Magazine* y la bestia del doctor Elderman tenemos que señalar algunas cosas: *a)* La bestia mencionada en Apocalipsis 13 que se refiere al anticristo será un hombre y no una computadora. *b)* El hecho de que esta gigantesca computadora comercial esté vinculada a la compra y venta no tiene nada que ver con la marca de la bestia apocalíptica. *c)* Las «unidades de seis dígitos» necesariamente no tienen que asociarse con el número «666». *d)* En 2.ª Tesalonicenses 2:7 y 8 se nos dice sobre el anticristo: «Porque ya está en acción el misterio de la iniquidad; solo que hay quien al presente lo detiene, hasta que él (Espíritu Santo, añadido por el autor), a su vez, sea quitado de en medio. Y entonces se manifestará aquel inicuo...». La Iglesia, con el Espíritu Santo, tiene frenado al anticristo para que no se manifieste.

Sobre el número «666» se han desarrollado muchísimas interpretaciones, cada una reclamando ser la correcta. Este deseo por descubrir al anticristo joanino, relacionando su nombre con el «666», ha sido algo muy popular. El Apocalipsis no es un libro sobre enigmas, sino de símbolos. Para algunos intérpretes de este libro escatológico la numeración «666» se ha convertido en un enigma que puede ser descifrado. Personalmente, considero que el significado de este triple número no fue algo oscuro para los cristianos de la época de Juan ni tampoco lo será para los convertidos de la tribulación. Pero deseo compartir con el lector de este libro algunas de entre las docenas de interpretaciones que se le han dado al «666». Al final de las mismas haremos una reflexión general en relación con este número escatológico.

1. En el sistema numérico romano originalmente no se tenía incluida la M (1000). La suma de los demás números romanos conforme al valor dado por ellos y por nosotros da exactamente el número de la bestia (I = 1, + V = 5, + X = 10, + L = 50, + C = 100, + D = 500, = 666).

2. Ireneo (año 130-200 d. C.), discípulo de Policarpo, le asignó un valor numérico a la palabra *Lateinos*, y logró tener la suma de 666 (L = 30, + A = 1, + T = 300, + E = 5, + I = 10, + N =50, + O = 70, + S = 200 = 666). Se considera a *Lateinos* como el primer rey de un reino que se llegó a llamar «Latinos», y que después del mismo se originaron los romanos. Muchos han visto en esta interpretación de Ireneo una aplicación a la Iglesia católica, la cual, por muchos siglos, usó y aún en algunas regiones continúa usando el latín para oficiar las misas.

3. Uno de los títulos del papa que lleva su mitra es *Vicarius Filii Dei*. Al asignarse un valor en número a las letras de este

título que se encontraban en el sistema numérico romano encontramos la suma 666. Este título se lee en español «vicario del Hijo de Dios».

V = 5	F = 0	D = 500
I = 1	I = 1	E = 0
C = 100	L = 50	I = 1
A = 0	I = 1	—
R = 0	I = 1	501
I = 1	—	
U = 5	53	
S = 0	—	
112		

Ralph Woodrow señala que las letras de este título papal que quedan sin valor numérico forman la palabra inglesa *farse*, señalándose así el catolicismo como un movimiento religioso falso.

4. Martín Lutero, reformador protestante, le sumó 666 al año 1000 con la firme creencia de que algún acontecimiento de índole profética ocurriría dicho año, pero el mismo llegó y nada relacionado con la escatología sucedió.

5. Después de la muerte del emperador romano Tiberio, el Senado nombró como su sucesor a Gayo Calígula (reinó entre los años 37 al 41 d. C.). Durante su reinado levantó una estatua de sí mismo en el templo de Jerusalén. Muchos historiadores bíblicos han asociado este incidente con «la abominación desoladora» mencionada en Marcos 13:14. Al relacionar su título y nombre con el número de la bestia han encontrado que él tenía que ser la bestia apocalíptica. El valor numérico de su nombre lo encuentran en el idioma griego, dado el caso que Juan escribió el Apocalipsis en dicho lenguaje.

C = 3
A = 1
I = 10
O = 70
S = 200
—
284

K = 20
A = 1
I = 10
S = 200
A = 1
R = 100
—
332

El lector se fijará en que la suma, en vez de dar 666, da 616. Esto lo defienden estos intérpretes diciendo que el número 666 no aparece en muchos manuscritos antiguos, sino que leen 616.

6. La expresión «El Antiguo Caos», considerada bajo las letras hebreas de «THWM-QDMWNYH», da la suma de 666, y parece referirse al caos religioso de la Edad Media.

T = 400
H = 5
W = 6
M = 40
—
451

Q = 100
D = 4
M = 40
W = 6
N = 50
Y = 10
H = 5
—
215

7. Cierto intérprete le asignó el número de la bestia al profeta Mahoma, para esto alteró su nombre y le dio un valor griego a las letras. En lugar de leerse Mahoma, se debe leer «Maometis».

M = 40
A = 1
O = 70
M = 40
E = 5
T = 300
I = 10
S = 200
—
666

8. Nerón, el cruel emperador bajo el cual Pablo y Pedro fueron martirizados, ha sido favorito de muchos para relacionarlo con el anticristo joanino. Su nombre se ha rendido en letras hebreas de dos maneras:

a) Q = 100   *b)* N = 50
    S = 60   R = 200
    R = 200   O = 6
    N = 50   N = 50
    R = 200   K = 100
    W= 6   S = 60
    N = 50   R = 200
    —   —
    666   666

9. Ireneo también se refirió a la palabra «Teitan» y la relacionó con el número 666 al ser sumados sus valores numéricos en griego. Existe la sospecha de que dicha palabra tenga alguna relación con el emperador Tito.

T = 300
E = 5
I = 10
T = 300
A = 1
N = 50
—
666

10. A otro emperador romano, Trajano, que reinó durante los años 98 al 117 d. C., con una transliteración de su nombre al griego, se ha encontrado que da la suma 666.

T = 70
R = 400
A = 30
J = 80
A = 10
N = 70
O = 6
—
666

11. El nombre «Nimrod» (Génesis 10:8-12), en caldeo se lee «Stur». La Iglesia Católica se considera como la heredera de los misterios de la religión fundada por Nimrod y su esposa Semiramis, la cual pasó a Babilonia, y de esta a la Roma pagana, y desde allí a la Roma papal. Dándosele un valor a cada letra en la numeración para las mismas en caldeo, nos hallamos con el apocalíptico número de la bestia.

S = 60
T = 400
U = 6
R = 200
—
666

12. En el libro *Babilonia, misterio religioso*, Ralph Woodrow nos declara que las dos palabras que corrompieron a la Iglesia de Roma fueron «fortuna y tradición». En el original griego, «fortuna» es «euporia», y «tradición» es «paradosis». Este escritor encontró que ambas palabras, con su valor numérico en griego, dan cada una la suma de 666 (página 160). Quise verificar esto y encontré que el mencionado autor está en lo correcto.

E = 5	P = 80
U = 400	A = 1
P = 80	R = 100
O = 70	A = 1
R = 100	D = 4
I = 10	O = 70
A = 1	S = 200
—	I = 10
666	S = 200
	—
	666

13. Uno de los estudiantes del profesor Ray Summers, en una de sus clases que dictó en el año 1941, sugirió que asignándole un valor de 100 a la letra A, 101 a la B, 102 a la C, etc., se podría encontrar que siguiendo este patrón el nombre de Hitler daba 666. El señor Summers aclara: «Sin duda, en ese tiempo mucha gente ha de haber aceptado tan interesante

resultado. Desafortunadamente, aquel estudiante no tuvo buenas razones para explicar por qué comenzaba su evaluación con 100 en lugar de comenzarla con otro número, y esto llegó a ser únicamente otro misterio matemático» (*Digno es el Cordero*, Casa Bautista de Publicaciones, página 233).

$$H = 107$$
$$I = 108$$
$$T = 119$$
$$L = 111$$
$$E = 104$$
$$R = 117$$
$$\overline{}$$
$$666$$

14. Durante el apogeo político y magnético de Benito Mussolini, las multitudes lo aclamaban con las palabras italianas «Viva il duce» («Viva el líder»). Si a las letras de esta expresión les asignamos el valor en números romanos, con la excepción de la «i» primera, encontraremos que la suma total da «666».

V = 5	I = 1	D = 500
I = 0	L = 50	U = 5
V = 5	—	C = 100
A = 0	51	E = 0
—		—
10		605

15. Un escritor llamado E. Stauffer, defensor de la teoría de que el Apocalipsis fue escrito bajo el emperador Diocleciano (245-313 d. C), propuso que el número «666» aparecía en el título que dicho emperador tenía en muchas inscripciones: «Autokrator Kaisar Dometianos Sebastos Germanikos». Para

que la suma diera en el valor de las letras griegas, él sugirió que no se contaran muchas letras.

A = 1	K = 20	D = 4	S = 200	G	419
U	A = 1	O = 70	E = 5	E = 5	207
T	I = 10	M = 40	B = 2	R = 3	31
O	S —	E = 5	A —	M —	8
K	A 31	T = 300	S 207	A 8	1
R	R	I —	T	N	—
A		A 419	O	I	666
T		N	S	K	
O		O		O	
R		S		S	

16. Algunos grupos religiosos que hacen una diferencia entre «la marca» y «el número» de la bestia insisten en que los cristianos que guardan el día domingo, religiosamente, tienen la «marca» de la bestia.

a) La Iglesia de Dios Universal, cuyo fundador es Herbert W. Armstrong, declaró: «El Imperio romano original, por autoridad del emperador Constantino, había exigido que se guardase el día domingo, el día del Sol, el primer día de la semana. Esta era una exigencia del gobierno civil de la "bestia", y se convirtió en señal o "marca" del pueblo del Imperio romano...».

Así pues, la observancia del domingo como día de descanso y adoración se identifica como «la marca» de la bestia. Ella fue impuesta al mundo romano por el emperador de la «bestia», y se convirtió así en su «marca» (Institución Ambassador, curso por correspondencia, lección 10, página 15).

b) Los adventistas del séptimo día, cuya fundadora fue la señora Elena G. de White, hacen suyas las palabras de ella: «Cualquiera que pisotee la ley de Dios para obedecer una ordenanza humana recibe la marca de la bestia, acepta el signo de sumisión al poder al cual prefiere obedecer, en lugar de obedecer a Dios...».

«El sábado será la gran piedra de toque de la lealtad... Mientras la observancia del falso día de reposo (domingo), en obedecimiento a la ley del estado y en oposición al cuarto mandamiento, será una declaración de obediencia a un poder que está en oposición a Dios... Mientras que una clase de personas, al aceptar el signo de la sumisión a los poderes del mundo, recibe la marca de la bestia, la otra, por haber escogido el signo de obediencia a la autoridad divina, recibirá el sello de Dios» (*Seguridad y paz en el conflicto de los siglos*, Publicaciones Interamericanas, páginas 662-663).

Aunque es cierto que el día domingo los romanos adoraban al sol, no por eso los cristianos lo estamos adorando. Cada uno de los días de la semana, los romanos los dedicaban al culto especial de algunas de sus deidades paganas: el lunes (*Monday* en inglés, y toma su raíz de *moonday*) se dedicaba a la Luna. El martes se honraba al dios Marte. El miércoles se adoraba a Mercurio, dios mitológico. El jueves era el día dedicado a Júpiter. El viernes se honraba a la diosa Venus. Y el sábado (*Saturday* en inglés) era el día separado para Saturno. De aplicarse que el domingo es el día del sol, habría que aceptar que el sábado le corresponde a Saturno.

El sábado, día en el cual los judíos adoraban a Dios y que es un recordatorio de la creación, bajo la gracia fue sustituido por el día domingo. *a)* Jesús resucitó el domingo (Marcos 16:9). *b)* El primer domingo de resurrección se manifestó cinco veces a sus discípulos, y otra vez el domingo siguiente (Lucas 24:13, 33-36; Juan 20:13-19, 26). *c)* El Espíritu Santo vino sobre aquellos discípulos (120) congregados en el aposento alto el día de Pentecostés, es decir, domingo (Levítico 23:15, 16, 21; Hechos 2:1-4). *d)* Parece ser que el Señor se le reveló a Juan, estando este en la isla de Patmos en el día domingo (Apocalipsis 1:10). *e)* Los días domingo los cristianos primitivos tomaban la cena del Señor, predicaban y apartaban la ofrenda del Señor (1.ª Corintios 16:1-2; Hechos 20:7).

El consejo paulino, en relación con el sábado o el domingo fue: «Así que nadie os critique por cuestiones de comidas o bebidas ni porque no celebráis las festividades judías ni sus ceremonias de luna nueva ni sus sábados» (Colosenses 2:16, NTV)

17. Gordon Lindsay, gran escatólogo y experto intérprete de la profecía ya fallecido, encontró la repetición de ciclos de «666» días en muchos eventos de la historia contemporánea:

a) A finales de agosto de 1939, Hitler hizo un convenio de paz con los rusos, pero el día 22 de junio de 1941 rompió el mismo, contándose «666» días.

b) Desde el asesinato del Archiduque de Austria, que trajo la Primera Guerra Mundial, hasta la proclamación de Mussolini como cabeza del Imperio romano restaurado, Lindsay señala que hubieron «12 ciclos de 666 días».

c) Lindsay también afirma que desde que comenzó la Primera Guerra Mundial (28 de julio al 4 de agosto de 1941) hasta la primera explosión de la bomba de hidrógeno (noviembre de 1952), encontramos 21 ciclos de 666 días. La Liga de las Naciones nace 3 ciclos de 666 días después que la Primera Guerra Mundial comenzó (16 de enero de 1920). Desde la Primera Guerra Mundial hasta el ataque a Pearl Harbor por los japoneses y la intervención de los Estados Unidos en la Segunda Guerra Mundial (7-8 de diciembre de 1941), se cuentan 15 ciclos de 666 días. Desde el momento en el que los Estados Unidos entraron en la Segunda Guerra Mundial hasta que la bomba atómica pone fin a la guerra (1 al 14 de agosto de 1945), hay registrados 2 ciclos de 666 días. Luego, hasta el Tratado del Atlántico Norte (18 al 24 de marzo de 1949), hay dos ciclos más de 666 días. Desde el mencionado tratado hasta que la bomba de hidrógeno explota hay otros dos ciclos de 666 días.

d) Lindsay encontró que el día que los aliados invadieron Europa para derrotar a Hitler, llamado el «día-D», revela el número 6 muy repetidamente: «La hora 6 del día 6 del mes 6 del año 6 de la guerra (6 de junio de 1944)».

(Para más información sobre los cálculos de Gordon Lindsay le recomiendo que lea: *Revelation Series*, volume 10, 307; *Signs of the Coming of the Antichrist, End of the Age Series*, volume 1, 14; *40 Signs of the Soon Coming of Christ, The Sign of Timing of World Events*, 34).

Para la época bíblica del Antiguo Testamento como del Nuevo, el número 666 representaba lo humano en contraposición con el siete que hablaba de lo divino. Por eso Juan recalca «es número de hombre».

El seis era número de malos agüeros, malos presagios y señal de calamidades, así como el número trece (13) lo es para algunas personas. Hace muchos años me encontraba trabajando en el entonces Hotel Comodoro, localizado en la calle 42 y Lexington Avenue en Manhattan (actualmente el Grand Hyatt). Recuerdo una peculiaridad, y era que allí no había habitaciones con el número 13; de la habitación 12 se saltaba a la 14. No había tampoco el piso 13. En definitiva, no se encontraba ninguna puerta con dicha numeración. Esto era algo practicado en muchos otros hoteles y edificios, como he podido comprobar.

De niño escuché un dicho muy popular en Puerto Rico: «El martes 13 ni te cases ni embarques». El martes 13 muchas personas no viajaban ni se casaban.

En la Biblia se presentan ciertas analogías relacionadas con el número «6». *a)* La estatua de Nabucodonosor medía sesenta codos (6 x 10) de alta y seis codos (6 x 1) de ancha. *b)* El gigante Goliat «tenía de altura seis codos y un palmo... y el hierro de su lanza pesaba seiscientos siclos de hierro...» (1.ª Samuel 17:4 y 7). *c)* El período apocalíptico de «mil doscientos sesenta días» encierra doscientos diez seis (6 x 210). *d)* Los «cuarenta y dos meses» mencionados en Apocalipsis 11:2 son la suma de seis semanas (6 x 7). *e)* Los juicios del sexto sello (Apocalipsis 16:12-14), conforme al lugar que ocupan, nos recuerdan «666».

El número 6, faltándole uno para 7, denota algo que está incompleto, que no ha dado la suma total, que es insuficiente, que todavía es imperfecto, que es menor y que le falta. Es número de hombre, porque fue en el día sexto que este fue creado.

Los tres 6 describen la deficiencia, la imperfección, el deseo de llegar a ser como Dios, de la trinidad diabólica (el dragón, el anticristo y el «falso profeta»). El tres es número de la verdadera trinidad, el seis lo es de la falsa trinidad.

En alguna manera que no se nos ha comunicado, los cristianos de la época de Juan podían asociar dicha numeración «666» con el emperador romano. Es posible que originalmente el número correspondiera al nombre y al hombre Domiciano. Después de este emperador, el número se hizo simbólico de otros emperadores anticristianos.

A este particular, el historiador eclesiástico Eusebio de Cesarea citó las palabras de Ireneo: «Si en este tiempo hubiese de ser predicado públicamente el nombre del anticristo, hubiese sido vaticinado por el que vio la revelación. Porque no en tiempos pasados, sino casi en nuestra edad, a saber, al final del Imperio de Domiciano, tuvo lugar esa revelación» (*Historia eclesiástica*, Libro III, capítulo 18).

En el cumplimiento escatológico, entre el nombre que tendrá el anticristo y el número «666» habrá cierta relación. Los convertidos de la tribulación podrán asociar dicho número con este hombre de Satanás. ¿Cómo lo harán? Con toda franqueza y sinceridad, es algo que no se ve. Vuelvo a reiterar que el hombre apocalíptico es más importante que el número escatológico del «666». Esa invitación: «... El que tiene entendimiento cuente el número de la bestia...» (13:18) fue para los cristianos primitivos y lo será para los creyentes de la semana 70 de Daniel, no para nosotros.

Para más información sobre la marca de la bestia o el sello, le remito a la página 93 de este libro.

Nota 1. El «falso profeta» me recuerda al Ministro de Propaganda de Adolfo Hitler, Pablo José Goebbels. Este ha sido llamado por muchos historiadores «el monstruo de la propaganda nazi». Por el empleo del engaño disfrazado aduló y exaltó la imagen de Hitler. Siempre negó los cargos que contra los alemanes se hacían en relación con el genocidio de judíos.

Sergio Pena Clos, periodista del periódico *El Nuevo Día de Puerto Rico,* dijo de las mentiras de Goebbels: «... jugaba con la información mientras creaba el impacto del mensaje que quería llevar al pueblo. No importaba nada que ese mensaje fuese una mentira. Lo importante era que la mentira impactara en la imaginación del pueblo y se convirtiera en esa imaginación pueblerina, en la única verdad...» (*El Nuevo Día,* sábado 2 de enero de 1982).

Goebbels fue un genio de la mentira y la propaganda. Usó el nacionalismo, la cultura y la religión para incubar el odio «ario» contra otras razas, particularmente los judíos. (No se puede negar que la economía de Alemania, antes de Hitler ascender al poder, estaba controlada por los judíos, y que muchos de ellos económicamente tenían al pueblo alemán oprimido).

En resumen, Hitler y Goebbels se pueden considerar como las sombras del anticristo y el falso profeta. El camino al armagedón ya se está pavimentando.

Nota 2. La «swastika», la cruz rota o deformada, es tipo de la señal de la bestia. Los nazis fueron geniales en desarrollar este símbolo político, militar, religioso, comercial, racial y nacional. El gobierno del anticristo, el futuro «fuhrer», el «duce», el «césar», se caracterizará por su insignia, emblema, escudo, señal o marca.

Nota 3. Es muy posible que ya el anticristo esté en el mundo; esto, desde luego, lo basamos en la presunción de la inminencia del rapto de la Iglesia (puede ocurrir en cualquier momento). Si el rapto de la Iglesia se demora unos cien años más, o quizá más tiempo, el anticristo entonces no está en el mundo. Es posible que el anticristo se manifieste al mundo públicamente a la edad de treinta años, en imitación de Cristo. Lógicamente, precediendo al rapto de la Iglesia.

Nota 4. Son muchos los predicadores y creyentes que están preocupados por descubrir al anticristo. Unos dicen que está en Siria, otros que en el desierto de Egipto, otros que puede ser cualquiera de los papas en turno. Leía un artículo que decía que era el ex secretario de Estado, Henry Kissinger.

Estuve en una conferencia escatológica en la cual el orador principal dejó ver la sospecha de que el rey Juan Carlos de España podía ser el anticristo. En algún lugar recuerdo haber leído la opinión de un exiliado cubano que se refería a Fidel Castro como la bestia de Apocalipsis 13.

En Mateo 24:4 y 26, Jesús dijo unas palabras en relación consigo mismo y a su manifestación que en cierto grado, aunque impropio, nos dan una enseñanza en relación con el juego de tratar de descubrir al anticristo: «... Mirad que nadie os engañe», «Así que si os dijeren: "Mirad, está en el desierto", no salgáis; o "mirad, está en los aposentos", no lo creáis».

Cuando al anticristo le llegue su hora en el calendario profético de Dios, él mismo se revelará al mundo, y por medio de las señales apocalípticas se confirmará. El propio libro del Apocalipsis lo declarará y los dos testigos lo denunciarán.

CAPÍTULO 13

Comunión y juicio
(Apocalipsis 14:1-20)

Apocalipsis 14 es como la luz que se filtra en un oscuro cuarto, la llama de fuego que derrite un frío témpano de hielo o el sol que calienta durante un frío día. Los capítulos precedentes presentaron el desenvolvimiento de las fuerzas anticristianas sobre el pueblo de Dios. En este capítulo, los santos hallan consuelo y esperanza en el «Cordero». Por medio de los ángeles, una oportunidad de arrepentimiento se prefigura para los hombres, y la vendimia y siega final se efectúa.

Para los cristianos joaninos perseguidos por la bestia emperador y la bestia paganismo era una demostración de que su fidelidad sería remunerada. Los santos escatológicos, que serán perseguidos por la bestia anticristo y la bestia «falso profeta», son revelados como que han alcanzado una recompensa espiritual en contraposición con los sufrimientos terrenales.

En este capítulo 14 se suman una serie de visiones escenográficas: *a)* El monte de Sión (v. 1). *b)* El trono de Dios (v. 2).

c) El cielo (vv. 6-11). *d)* La nube blanca (v. 14). *e)* El templo (vv. 15-18). *f)* La tierra (vv. 19-20).

Los personajes que toman parte activa son: *a)* El Cordero sobre el monte de Sión (v. 1). *b)* Los arpistas (v. 1). *c)* Los ciento cuarenta y cuatro mil sellados (vv. 1, 3-5). *d)* Los tres ángeles con mensajes (vv. 6, 8 y 9). *e)* El Hijo del Hombre (v. 14). *f)* Los tres ángeles que salen del templo en el cielo (vv. 15, 17-19).

El monte de Sión

«El monte de Sión», en las Sagradas Escrituras, se refiere a Jerusalén (2.ª Samuel 5:7; 1.ª Crónicas 11:4-7; Salmo 48:2), a un monte literal en Jerusalén (Salmo 125:1), a la Jerusalén celestial y al cielo (Hebreos 12:22). En el caso de Apocalipsis 14:1, «el monte de Sión» describe más un estado espiritual que algún lugar geográfico.

No se debe confundir el monte de Sión con el monte de los Olivos. Será sobre este último que Cristo se posará en su revelación (Zacarías 14:4; Hechos 1:11; Apocalipsis 19:11-16). Apocalipsis 14:1 no se refiere a la segunda etapa del segundo advenimiento del Señor. En el monte de Sión, en Jerusalén, lugar que he visitado 25 veces en Israel, no se tiene el espacio suficiente para acomodar a los ciento cuarenta y cuatro mil judíos sellados. Aunque Sión es figura de todo Israel.

Los ciento cuarenta y cuatro mil

La reunión del Cordero con los 144.000 sellados debe interpretarse en un lenguaje alegórico. En un sentido espiritual, no físico, ellos están en comunión y relación con Él.

Estos 144.000 son el mismo grupo ya mencionado en Apocalipsis 7:4. ¿Por qué? Se describen con el mismo número y se identifican por el sellamiento. El sello se sobreentiende en el capítulo 14 y versículo 1, como el nombre del Cordero y el de su Padre sobre las frentes de ellos. O sea, son propiedad legítima de Dios, creyendo en el Padre y aceptando al Hijo (Juan 6:37, 10: 30, 12:26, 15:23).

Los versículos 4 y 5 describen el carácter moral y espiritual de este remanente escogido, prototipo de los santos primitivos y de los santos de la tribulación.

1. «Estos son los que no se contaminaron con mujeres, pues son vírgenes...». La palabra «vírgenes» ("puros", NVI) no se debe tomar en un sentido físico, sino moral y espiritual (físicamente no fornicaron ni adulteraron).

El matrimonio, en la Biblia, alcanza un lugar de honor: «Honroso sea en todos el matrimonio y el lecho sin mancilla, pero a los fornicarios y a los adúlteros los juzgará Dios» (Hebreos 13:4).

Existen motivos deductivos para creer que los apóstoles (incluyendo a Pablo), en su mayoría o todos, tuvieron la experiencia del matrimonio: «¿No tenemos derecho de traer con nosotros una hermana por mujer, como también los otros apóstoles y los hermanos del Señor y Cefas?» (1.ª Corintios 9:5). El celibato no formó parte de los dogmas apostólicos, aunque Pablo lo recomendó: «... bueno le sería al hombre no tocar mujer» (1.ª Corintios 7:1). Pero luego añadió: «¿Estás ligado a mujer? No procures soltarte. ¿Estás libre de mujer? No procures casarte. Mas si te casas, no pecas, y si la doncella se casa, no peca...» (1.ª Corintios 7:27-28).

La enseñanza en favor de un estado célibe como prohibición religiosa es una doctrina demoníaca: «Pero el Espíritu dice claramente que en los postreros tiempos algunos apostatarán de la fe, escuchando a espíritus engañadores y a doctrina de demonios por la hipocresía de mentirosos que, teniendo cauterizada la conciencia, prohibieran casarse...» (1.ª Timoteo 4:1-3).

Los 144.000 «son vírgenes» porque no fornicarán adorando al anticristo, ni se postrarán ante su ídolo, ni tampoco se dejarán marcar. Los cristianos primitivos preferían morir martirizados antes de fornicar con el culto imperial al César ofreciendo incienso a sus estatuas abominables, o comprometer su conciencia cristiana (léase Hechos 4:19, 5:29; Gálatas 1:10; 1.ª Corintios 9:16).

2. «Estos son los que siguen al Cordero por dondequiera que va...». Son seguidores y no observadores. El seguir al Cordero significa tomar el sendero trazado por sus pisadas. Es el resultado de una actitud de fe. Ellos lo seguirán porque lo aman y «porque el Cordero que está en medio del trono los pastoreará y los guiará a fuentes de aguas de vida, y Dios enjugará toda lágrima de los ojos de ellos» (Apocalipsis 7:17).

3. «Estos fueron redimidos de entre los hombres como primicias para Dios y para el Cordero...». Dios siempre pide las primicias de todas las cosas.

Los levitas fueron las primicias de todo Israel (Números 8:16); en el mes primero había que celebrarse la Pascua (Números 28:16); el primer día del primer mes sería convocación santa (Números 28:18); los primeros frutos de la tierra tenían que ser primicias (Éxodo 23:19); Cristo es las primicias de la resurrección (1.ª Corintios 15:20, 23); el Espíritu Santo nos hace nacer de nuevo para ser primicias de las criaturas de Dios (Santiago 1:18).

Dios exige primicias porque Él es primero. Es interesante notar que el primer versículo del primer libro de la Biblia, Génesis, dice: «En el principio creó Dios los cielos y la tierra». Dios es antes que los cielos y que la tierra. Él es el efecto, estos son la causa.

Los 144.000 serán las primicias de «una gran multitud, la cual nadie podía contar, de todas naciones y tribus y pueblos y lenguas...» (Apocalipsis 7:9). Son la primera cosecha de convertidos de la semana 70 de Daniel.

4. «Y en sus bocas no fue hallada mentira...». Jesús dijo de Natanael: «He aquí un verdadero israelita en quien no hay engaño» (Juan 1:47). De los 144.000 judíos sellados, el Señor podrá decir lo mismo.

Los que hablan mentiras imitan al diablo, «porque es mentiroso y padre de mentira» (Juan 8:44). El que adora las criaturas del Creador ha sustituido la verdad por la mentira (Romanos 1:25). El creyente debe desechar la mentira al hablar (Efesios 4:25). La verdad no produce mentiras (1.ª Juan 2:21). En la nueva Jerusalén y en el estado eterno no habrá mentirosos (Apocalipsis 21:27, 22:15).

Los verdaderos mártires cristianos nunca diluyeron, disfrazaron o camuflaron la verdad cristiana por el comodismo material o social. La verdad la proclamaron con integridad y valentía. El creyente que está en la verdad, y la verdad es Cristo (Juan 14:6, 18:37-38), denuncia la injusticia, defiende al oprimido y al menesteroso, protesta contra la explotación en todas sus manifestaciones y aboga por el «reino de Dios» aquí, en la tierra.

5. «Pues son sin mancha delante del trono de Dios». Cualquiera aprueba eficientemente una evaluación humana. Pero cuando esa evaluación sale del mismo trono de Dios se necesita dar una talla de «perfección». Sería bueno que le preguntáramos al Señor: «¿Qué opinas tú de mí? ¿Estoy sin mancha delante de tu trono? ¿Ves mis vestiduras limpias, o están salpicadas por el pecado y la indiferencia o el conformismo?».

Los arpistas

Versículo 2: «Y oí una voz del cielo como estruendo de muchas aguas y como sonido de un gran trueno, y la voz que oí era como de arpistas que tocaban sus arpas».

En el original griego se emplea la palabra *phone* unas 138 veces. Siempre es vertida por los traductores como: «voz» (RV,

1909, la traduce 127 veces así); «sonido» (RV, 1909, 5 veces); «estruendo» (RV, 1909, 2 veces) y «ruido» (RV, 1909, 4 veces).

En este pasaje ya citado, la palabra *phone* es empleada 4 veces en los originales: «voz», «estruendo», «sonido» y «voz». De la palabra *phone* toman su etimología palabras como fonógrafo, fonética, teléfono, micrófono, audífono y megáfono. En vez de «voz», como traduce RV, sería más correcto leerse «ruido» (BJ).

La palabra «como» implica una descripción analógica (símil). El sonido o ruido oído por Juan se compara con tres cosas: con el agua, con el trueno y con música de arpas. Para cualquier buen músico esto es un paradigma de sonidos que denota profundidad, penetración y melodía.

Aunque nos referimos tradicionalmente a este segundo grupo como «arpistas», el texto no nos dice que Juan vio «arpistas», sino que oyó «como arpistas». En Apocalipsis 15:2 se nos declara que son arpistas. El arpa es símbolo de gozo, de victoria y de comunión con el Cordero.

Versículo 3: «Y cantaban un cántico nuevo delante del trono y delante de los cuatro seres vivientes y de los ancianos, y nadie podía aprender el cántico, sino aquellos ciento cuarenta y cuatro mil que fueron redimidos de entre los hombres de la tierra».

Ese cántico nuevo es un cántico de redención, y está contextualizado en Apocalipsis 15:3-4. Se conoce como «el cántico de Moisés» y «el cántico del Cordero». Estos cantores no son ángeles, tampoco son los patriarcas antiguo-testamentarios o novo-testamentarios. Fíjese que «los cuatro seres vivientes» (representantes de los ángeles) y «los ancianos» (representantes de los santos de todas las edades hasta el rapto de la Iglesia) no «podían aprender el cántico».

Este cántico es para los creyentes de la tribulación, los que serán mártires, y para los ciento cuarenta y cuatro mil. Por eso lo podían aprender ellos.

Nótese las diferencias entre las dos compañías descritas por el vidente de Patmos: *a)* Unos están en la tierra (monte de Sión); los otros están en el cielo (delante del trono). *b)* Unos son numerados (144.000); los otros no. *c)* Los 144.000 pueden aprender el cántico; los otros lo saben. *d)* El sello de los 144.000 se menciona; el del otro grupo, no.

La reflexión escatológica es que los 144.000 sobrevivirán a la persecución del anticristo, y los «arpistas» serán martirizados (Apocalipsis 15:2, 20:4). Por eso unos están en la tierra y los otros en el cielo. Unos están cantando y los otros no.

Los tres ángeles mensajeros

Los versículos 6 al 11 registran tres mensajes angélicos. Los ángeles siempre han estado interesados por la redención y el bienestar humano: *a)* Querubines guardaron el jardín del Edén después del fracaso de la primera pareja (Génesis 3:24-25). *b)* Gabriel le reveló y explicó las setenta semanas proféticas a Daniel (9:20-27). *c)* Gabriel anunció el nacimiento de Juan el Bautista y el de Cristo, y dio nombre a los dos (Lucas 1:11-17 y 26-35; Mateo 1:18-25). *d)* Los ángeles se gozan por la conversión de los pecadores (Lucas 5:7, 10). *e)* Un ángel ayudó a Juan en la recepción de la revelación apocalíptica (Apocalipsis 1:1, 19:9-10, 22:8-9 y 22:16). *f)* Un ángel hizo lamentación por los últimos tres toques de trompeta (Apocalipsis 8:13).

Los ángeles, directamente, no se encargan de predicar el evangelio, pero indirectamente cooperan en la obra redentora del mismo: *a)* Un ángel dirigió a Felipe hasta donde estaba el etíope eunuco (Hechos 8:26-40). *b)* Un ángel se le reveló a Cornelio y lo envió al hogar de Pedro (Hechos 10:3-6). *c)* Pedro dijo de los ángeles: «... cosas en las cuales anhelan mirar los ángeles». *d)* Pablo dijo: «Mas si aun nosotros o un ángel del cielo os anunciare otro evangelio diferente del que os hemos anunciado, sea anatema» (Gálatas 1:8).

Primer ángel

«Vi volar por en medio del cielo a otro ángel que tenía el evangelio eterno para predicarlo a los moradores de la tierra, a toda nación, tribu, lengua y pueblo...» (Apocalipsis 14:6-7).

Este ángel es portador del «evangelio eterno». En el Nuevo Testamento hay varias referencias al evangelio: «el evangelio del reino» (Mateo 4:23, 9:35, 24:14); «el evangelio de Jesucristo» (Marcos 1:1); «el evangelio del reino de Dios» (Hechos 8:12); «el evangelio de Dios» (Romanos 15:16); «mi evangelio» (Romanos 16:25); «el evangelio de la incircuncisión» (Gálatas 2:7) y «el evangelio eterno» (esta última expresión solo aparece aquí, en Apocalipsis 14:6).

No es que haya muchos evangelios, es el mismo con una diferente connotación. Las mismas «buenas nuevas» (griego *euangelio)* proclamadas bajo diferentes circunstancias.

Es posible que la palabra «ángel», aplicada a estos tres voceros, no sea en un sentido literal. En los capítulos 2 y 3 de Apocalipsis, la palabra «ángel» se usa figurativamente para indicar a los pastores locales de las siete iglesias del Asia Menor.

Este ángel, predicando el evangelio eterno, representa el último gran avivamiento evangelístico sobre la faz de la tierra. A esto se refirió el Señor al decir: «Y será predicado este evangelio (buenas nuevas, buenas noticias) del reino en todo el mundo para testimonio a todas las naciones, y entonces vendrá el fin» (Mateo 24:14). Esta evangelización será el resultado unido de los dos testigos luego de los ciento cuarenta y cuatro mil y después por el testimonio de los convertidos de la tribulación.

Segundo ángel

«Otro ángel le siguió diciendo: "Ha caído, ha caído Babilonia, la gran ciudad, porque ha hecho beber a todas las naciones del vino del furor de su fornicación"» (Apocalipsis 14:8).

Este mensaje es el anuncio inminente del juicio sobre la simbólica Babilonia del fin. Para los lectores de los primeros siglos podría interpretarse como la seguridad de que el juicio divino alcanzaría a Roma.

Por vez primera en la narración apocalíptica se menciona a «Babilonia». Otros pasajes que aluden a ella son Apocalipsis 16:19 y los capítulos 17-18. Hay tres pasajes apocalípticos que tienen una misma equivalencia conceptual en relación con «Babilonia»: «… porque ha hecho beber a todas las naciones del vino del furor de su fornicación» (14:8). «… y los moradores de la tierra se han embriagado con el vino de su fornicación» (17:2). «Porque todas las naciones han bebido del vino del furor de su fornicación…» (18:3).

Los capítulos 17 y 18 de Apocalipsis presentan a Babilonia como un sistema religioso y una ciudad; paganismo y riquezas; religión y comercio. En dichos capítulos daremos más detalles. Baste decir que el juicio sobre la Babilonia ciudad es aquí preanunciado.

Tercer ángel

«Y el tercer ángel los siguió, diciendo a gran voz: "Si alguno adora a la bestia y a su imagen y recibe la marca en su frente o en su mano, él también beberá del vino de la ira de Dios, que ha sido vaciado puro en el cáliz de su ira, y será atormentado con fuego y azufre delante de los santos ángeles y del Cordero…"» (Apocalipsis 14:9-11).

En este mensaje se termina como se empieza (compárese los versículos 9 y 11). Hay una amonestación perenne en contra de la adoración a la bestia, del culto a su imagen y de aceptar su «ID» (identificación).

Para cualquier amante de la homilética, este mensaje (Apocalipsis 14:9-11) tiene introducción (v. 9), cuerpo (v. 10) y conclusión (v. 11). En el mismo se localiza un tema principal: «la bestia». En la presentación se enfatizan tres puntos: *a)* No adorar a la bestia. *b)* No adorar a su imagen. *c)* No recibir su marca. Los versículos 10 y 11 son la aplicación, o sea, el resultado de los que adoren al anticristo.

El vino de la ira

Versículo 10: «Él también beberá del vino de la ira de Dios, que ha sido vaciado puro en el cáliz de su ira...». Otros equivalentes de esta declaración son: «... para darle el cáliz del vino del ardor de su ira» (Apocalipsis 16:19); «... en el cáliz en que ella preparó bebida preparadle a ella el doble» (Apocalipsis 18:7).

Las dos imágenes, el «vino» y el «cáliz», describen la «ira de Dios». El vino de la ira de Dios, en esta dispensación, está diluido por la gracia manifestada en Cristo, que aplaza la ira divina, por la obra continua del Espíritu Santo y por la presencia e intercesión de la Iglesia. En la tribulación, la ira concentrada, sin diluir, de Dios será probada por los adoradores y sectarios de la bestia.

El castigo eterno

Versículos 10 y 11: «... y será atormentado con fuego y azufre delante de los santos ángeles y del Cordero, y el humo de su tormento sube por los siglos de los siglos. Y no tienen reposo ni de día ni de noche...».

El castigo eterno en el infierno es aquí revelado. El «fuego y azufre» hallan su contextualización en Apocalipsis 20:10, 15, donde se habla del castigo eterno «en el lago de fuego y azufre». Dios está en todas partes, siempre se ha dicho. De tal manera que aun en el mismo infierno su presencia y la de sus ángeles está. Pero una cosa es participar de la presencia del Cordero y de sus ángeles y otra es ser rechazado por dicha presencia. Ni aun en el mismo infierno el pecador no podrá esconderse de Cristo ni de sus ángeles.

El infierno es un lugar eterno, no temporal; es un lugar, no un estado; es literal, no figurativo. Allí la memoria no se pierde, los apetitos son insaciables, el remordimiento es continuo, los ruegos no son escuchados, la tristeza no se termina, el dolor no es fingido, las compañías son innecesarias, la separación de Dios es experimentada, allí nunca habrá descanso ([1]).

La paciencia

Versículo 12: «Aquí está la paciencia de los santos, los que guardan los mandamientos de Dios y la fe de Jesús». Anteriormente, en Apocalipsis 13:10 leímos: «… aquí está la paciencia y la fe de los santos».

La palabra «paciencia» es definida: «Virtud que consiste en sufrir resignadamente los infortunios y trabajos. Virtud cristiana opuesta a la ira. Espera y sosiego en cosas que se desean mucho» *(Diccionario Sopena)*.

El vidente de Patmos se refirió a ella cuando dijo: «Yo, Juan, vuestro hermano y copartícipe vuestro en la tribulación, en el

---

[1] Jesús nos revela en Mateo 11:20-24 que habrá diversidad de castigos entre los condenados, según el grado de su conocimiento (Lucas 12:48) los rebeldes de este tiempo escatológico serán mucho más responsables que los pecadores de todos los siglos durante los cuales Dios ha callado, y posiblemente merecerán un juicio sin misericordia, tal como lo describe el autor. *(Nota editorial)*

reino y en la paciencia de Jesucristo, estaba en la isla llamada Patmos por causa de la palabra de Dios y el testimonio de Jesucristo» (Apocalipsis 1:9).

En NC hay una nota marginal sobre Apocalipsis 14:12: «La sabiduría de los santos está en entender el fin de los unos y de los otros, y su paciencia en ser fieles a los dictados de esta sabiduría».

El propio anciano, Juan, fue víctima de la persecución imperial organizada por la bestia Domiciano. En su propia experiencia él descubrió que la paciencia era un elemento esencial en su identificación cristiana. Para los creyentes sufrientes la paciencia es como un pañuelo para las lágrimas.

Si de algo estarán necesitados los perseguidores santos de la tribulación será de paciencia. Sabiendo que su tristeza se tornará en gozo y que su sufrimiento será pasajero, no rendirán adoración al anticristo. Preferirán la muerte al infierno. Su paciencia se convertirá en bienaventuranza (v. 13).

La siega y la vendimia

Apocalipsis 14, en vez de ser una sola visión, son tres visiones sumadas en una. El anciano de Patmos las recibió en intervalos de tiempo. Esto se desprende de las siguientes expresiones: «Después miré, y he aquí...» (v. 1); «Vi volar por en medio del cielo a otro ángel...» (v. 6); «Miré, y he aquí...» (v. 14).

Los versículos 14 al 20 apuntan al armagedón (Apocalipsis 16:16), a la revelación (Apocalipsis 1:7), y al llamado «día del Señor» (1.ª Tesalonicenses 5:2-3; 2.ª Tesalonicenses 2:2-4; 2.ª Pedro 3:10).

El Hijo del Hombre

Versículo 14: «Miré, y he aquí una nube blanca, y sobre la nube uno sentado semejante al Hijo del Hombre, que tenía en la cabeza una corona de oro y en la mano una hoz aguda».

No cuesta mucho descubrir al personaje escondido tras el título «Hijo de Hombre». Juan, en su literatura apocalíptica, hace mención de este título por vez primera en el capítulo 1 y versículo 13. Por el contexto sabemos que es Jesús.

En Daniel 7:13 se presentan dos elementos apocalípticos encontrados en el versículo ya citado. Allí Daniel se refiere como a «un Hijo de Hombre» y habla de «las nubes». Pero en esencia escatológica ambos escritores señalan el mismo asunto, es decir, la manifestación en gloria de Jesús para establecer su reinado milenario.

Este título resume la misión y naturaleza mesiánica. El Mesías sería participante del carácter y naturaleza humana, aunque divino en esencia y procedencia. El Señor se autollamó a sí mismo «Hijo del Hombre» (Mateo 8:20, 9:6, 11:19, 12:8, 13:41, 16:13, 18:11). Él usó este título en relación con su segunda venida (Mateo 13:41, 24:27, 30, 37, 39, 44, 25:31). Lo aplicó a su muerte (Mateo 17:12), a su entrega (Mateo 17:22) y a su resurrección (Mateo 17:9).

Un escritor ha señalado que «hijo de» significa «nacido de»; en su encarnación el «logos» nace de la raza humana por medio de María, quien era virgen cuando él fue concebido. El calificativo «Hijo de Hombre» en Jesús es más que una relación humana, es su realización divina.

La «nube» identifica al «Hijo del Hombre» con el cielo. Él vino del cielo a la tierra, volvió al cielo y retornará del cielo. Las nubes se asocian con el rapto de la Iglesia (1.ª Tesalonicenses 4:16) y con la revelación (Hechos 1:9-11; Mateo 24:30; Apocalipsis 1:7).

La «hoz» es un instrumento usado para segar (cortar); tiene una hoja acerada, corva y con dientes. Se usa para segar o cortar el trigo, la hierba u otros cultivos parecidos. La «hoz» es mencionada 7 veces en este capítulo 14 de Apocalipsis (versículos 14, 15, 16, 17, 18 [2 veces] y 19). Las tres primeras veces se aplica al Señor; las últimas cuatro veces se usa en alusión a un ángel.

La «hoz» fue un símbolo altamente popularizado por la ideología comunista y su nación propagandista, Rusia. Esta nación segó para su comunismo ateo: Cristo siega para su reino eterno.

La «corona de oro» es símbolo de la realeza y divinidad del «Hijo del Hombre». Al jinete del caballo blanco que sale bajo el primer sello «le fue dada una corona...» (Apocalipsis 6:2). Esta relación de la «corona» ha llevado a muchos comentaristas a la suposición de que aquel jinete y el Hijo del Hombre son la misma persona.

En el comentario que dimos a aquel jinete y a su corcel blanco establecimos que era el anticristo y su falsa paz prometida o politicada (Daniel 9:27; 1.ª Tesalonicenses 5:3).

Hagamos una analogía de ambas coronas (Apocalipsis 6:2 y 14:14). *a)* El Hijo del Hombre «tenía» una corona. Al jinete se le es «dada» una corona. *b)* La corona del Hijo del Hombre es de «oro». La de aquel jinete se desconoce su material que de declararse, tendría que ser, evidentemente, perecedero.

La siega

Versículos 15 al 16: «Y del templo salió otro ángel, clamando a gran voz al que estaba sentado sobre la nube: "Mete tu hoz y siega, porque la hora de segar ha llegado, pues la mies de la tierra está madura". Y el que estaba sentado sobre la nube metió su hoz en la tierra y la tierra fue segada».

En el Nuevo Testamento viviente el mensaje o mandato del ángel se parafrasea así: «¡Mete la hoz y recoge la cosecha! ¡Los sembrados del mundo están listos para la cosecha!».

Un ángel le anuncia al Hijo del Hombre que la hora de la siega ha llegado y que la mies está madura. Esta siega se refiere al «fin del siglo», cuando Cristo venga en su revelación a separar los santos de la gran tribulación del resto del mundo anticristiano. El rapto de la Iglesia es también una siega.

En lenguaje parabólico, «el trigo» será separado de «la cizaña»; los hijos del reino de los hijos del malo; los buenos de los malos. La parábola de «El trigo y la cizaña» ilustra esta verdad (Mateo 13:36-43). Nótese en la parábola que son los ángeles quienes hacen la siega, y no el Hijo del Hombre. El «trigo» entrará al milenio, la «cizaña» será echada en el fuego (tormento eterno).

La vendimia

Versículos 17 al 20: «... Y salió del altar otro ángel que tenía poder sobre el fuego y llamó a gran voz al que tenía la hoz aguda, diciendo: "Mete tu hoz aguda y vendimia los racimos de la tierra, porque sus uvas están maduras". Y el ángel arrojó su hoz en la tierra y vendimió la viña de la tierra y echó las uvas en el gran lagar de la ira de Dios, y fue pisado el lagar fuera de la ciudad y del lagar salió sangre hasta los frenos de los caballos por mil seiscientos estadios».

La imagen de la vendimia, con la cual estaban muy relacionados los creyentes de la época joanina, es muy apropiada para revelar el juicio divino. La vendimia es una palabra que tiene que ver con el corte y recogimiento de los racimos de uvas cuando ya las mismas están maduras. El lagar era una especie de barril con orificios, donde se echaban las uvas maduras, y el labrador las exprime con sus pies hasta que el zumo de las mismas salía por los agujeros y era recogido en un envase preparado.

En Isaías 63:1-4 tenemos el pasaje paralelo de Apocalipsis 14:17-20. Dijo el profeta mesiánico: «"¿Quién es este que viene de Edom, de Bosra, con vestidos rojos? ¿Este hermoso en su vestido, que marcha en la grandeza de su poder?". "Yo, el que hablo en justicia, grande para salvar". "¿Por qué es rojo tu vestido y tus ropas como del que ha pisado el lagar?". "He pisado yo solo el lagar, y de los pueblos nadie había conmigo; los pisé con mi ira y los hollé con mi furor, y su sangre salpicó mis vestidos y manché todas mis ropas. Porque el día de la venganza está en mi corazón, y el año de mis redimidos ha llegado"».

Esta vendimia señala a la batalla del armagedón (Isaías 66:15-16; Zacarías 14:12-13; Apocalipsis 16:14-19, 19:17-19) y al juicio de las naciones (Mateo 25:31-46). El lagar mencionado por Juan es una referencia al valle de Armagedón (conocido como Meguido o Jezreel), y está en la baja Galilea. También es una referencia al valle de Josafat, el cual está «fuera de la ciudad» de Jerusalén.

En el versículo 20 leemos: «... y del lagar salió sangre hasta los frenos de los caballos por mil seiscientos estadios». En el Nuevo Testamento viviente se rinde: «... y de este brotó un río de sangre de trescientos veinte kilómetros de largo en el que un caballo podía sumergirse hasta las bridas».

Por la comparación de esta porción bíblica en dos versiones diferentes, una fiel a los originales (RV) y la otra una paráfrasis (NTV), se desprende el hecho de que el lenguaje usado es hiperbólico. Este cuadro describe una gran mortalidad como resultado de la ira de Dios.

W. Hendricksen dice sobre este particular: «En el cuadro visto por Juan aparece un lago de sangre tan profundo que los caballos pueden nadar en él. Se extiende por todos lados hasta por mil seiscientos estadios. Recuerde que cuatro es el número del universo o la tierra. Este es el juicio sobre la tierra, sobre los malvados. Diez es el número de entereza. Por tanto, parece que mil seiscientos, que es el producto de cuatro multiplicado por cuatro, multiplicado por diez, multiplicado por diez, significa que este es el juicio enteramente completo sobre la tierra y sobre los inicuos...» (*Hacemos más que vencer*, Editorial Buena Semilla, página 168).

Alfred Lapple ofrece este comentario: «La puntualización numérica 1.600 estadios (1 estadio = 192 m), haciendo referencia al color local, podría ser una perífrasis que quiere significar Palestina, que efectivamente, en el sentido de la longitud, de Norte a Sur (desde Tiro hasta los confines egipcios), mide 1.664 estadios. Si, en cambio, se entiende la escena en sentido simbólico, habría que ver comprendido en ella al mundo entero, sobre el cual cae la manera devastadora de toda aquella sangre» (*El Apocalipsis de san Juan*, Ediciones paulinas, página 167).

CAPÍTULO 14

La preparación para las copas (Apocalipsis 15:1-8)

Este es un capítulo introductivo al capítulo 16. Encontramos tres escenas principales en su contenido: *a)* La visión de los siete ángeles en el cielo (15:1). *b)* La visión de los mártires de la gran tribulación sobre el mar de vidrio y el doble cántico (15:2-4). *c)* La visión del templo celestial, de los siete ángeles y de uno de los cuatro seres vivientes (15:5-8). El orden cronológico del Apocalipsis, que había sido interrumpido por los capítulos 12, 13 y 14, es ahora reiniciado.

Otra señal

Versículo 1: «Vi en el cielo otra señal, grande y admirable: siete ángeles que tenían las siete plagas postreras, porque en ellas se consumaba la ira de Dios».

A la visión de la mujer vestida del sol, Juan se refirió como: «Apareció en el cielo una gran señal...» (Apocalipsis 12:1). En cuanto al dragón escarlata, el apóstol se expresó: «También apareció otra señal en el cielo...» (Apocalipsis 12:3).

Sobre estas tres señales notemos lo siguiente: *a)* Fueron vistas en el cielo. *b)* Son denominadas «señales» («prodigio», VM). Es decir, señalan algo. *c)* La de la mujer vestida del sol se describe como «una gran señal». *d)* La del dragón escarlata se denomina «otra señal». *e)* Pero la de los siete ángeles con las plagas postreras se califica como «otra señal, grande y admirable». Para esta última se emplean dos adjetivos superlativos. Esto describe su contenido y aplicación. Juan lo explica diciendo: «... porque en ellas se consumaba la ira de Dios».

Según la opinión de Gordon Lindsay, estas siete plagas son referidas en siete maneras diferentes en el registro apocalíptico: *a)* El tercer «¡ay!» (Apocalipsis 11:14). *b)* La séptima trompeta (Apocalipsis 11:15). *c)* La ira de Dios (Apocalipsis 11:8 y 15:1). *d)* La hora de su juicio (Apocalipsis 14:7). *e)* El lagar de la ira de Dios (Apocalipsis 14:9). *f)* Las siete plagas postreras (Apocalipsis 15:1). *g)* Las copas de la ira (Apocalipsis 15:7). (*Revelations Series*, volumen 12, página 365).

El mar de vidrio

Versículo 2: «Vi también como un mar de vidrio mezclado con fuego...». El apóstol presenta un símil, fíjese en el «como». Este no es un mar literal, sino simbólico. Por ser «como un mar de vidrio», en él se representa la quietud y tranquilidad celestial.

En Apocalipsis 5:6 leemos: «Y delante del trono había como un mar de vidrio semejante al cristal...». Un detalle adicional es su semejanza al cristal. El cristal describe lo diáfano y lo transparente, y en relación con el creyente simboliza pureza espiritual.

Ese mar de vidrio estaba «mezclado con fuego». En la escritura apocalíptica el fuego es una imagen que denota el juicio divino (Apocalipsis 1:14, 8:7-8, 10:1, 11:5, 20:9, 10, 14, 15, 21:8); la presencia divina (Apocalipsis 3:18, 4:5, 19:12) y el castigo de los malignos (Apocalipsis 20:14-15). En este caso es la imagen para indicar la ira consumada de Dios.

Los arpistas

Versículo 2: «Vi también... a los que habían alcanzado la victoria sobre la bestia y su imagen y su marca y el número de su nombre, en pie sobre el mar de vidrio, con las arpas de Dios».

Aquí se nos presenta la compañía de los mártires de la gran tribulación. Bajo el juicio del quinto sello fueron vistos (Apocalipsis 6:9-11). Son la multitud vestida de ropas blancas (Apocalipsis 7:9-12). Son los santos vencidos por la bestia (Apocalipsis 13:7). Son el grupo que cantaba un cántico nuevo (Apocalipsis 14:2-3). Son los santos y mártires que se nombran en relación con la gran ramera (Apocalipsis 17:6). Son los decapitados «que vivieron y reinaron con Cristo mil años» (Apocalipsis 20:4).

La frase «y su marca» aparece omitida en muchas versiones de la Biblia, tanto católicas como protestantes (NC, BJ, VM, BA, NBE y NVI). El texto griego de Nestle tampoco hace mención de dicha frase. En muchos manuscritos antiguos, la tal expresión no aparece.

Apocalipsis 14:2 señala tres cosas sobre los mártires de la tribulación: *a)* «Habían alcanzado la victoria sobre la bestia...». *b)* Estaban «en pie sobre el mar de vidrio». *c)* Estaban «con las arpas de Dios». Por su testimonio de valor ellos recibirán la victoria y el gozo celestial. Para el anticristo la inquisición de ellos será una derrota, para ellos será todo lo contrario. Las «arpas», al igual que «las palmas en las manos» (Apocalipsis 7:9), simbolizan gozo y felicidad con el Señor.

El mar, literalmente, se usa como referencia a lo inestable, a lo inseguro, a lo agitado, a lo transitorio, a lo peligroso, a lo incierto y a lo incomprensible. El estar este «mar» apocalíptico solidificado y cristalizado bajo los pies de los mártires tribulacionistas describe una victoria alcanzada sobre toda agitación, persecución y mal terrenal.

Un doble cántico

Versículo 3: «Y cantan el cántico de Moisés, siervo de Dios, y el cántico del Cordero...». Este doble cántico es el «cántico nuevo» de Apocalipsis 14:3. Es un cántico de liberación y redención. Encontramos tres elementos litúrgicos que se fusionan en este cántico: *a)* Alabanza, «Grandes y maravillosas son tus obras, Señor Dios todopoderoso...». *b)* Agradecimiento, «justos y verdaderos son tus caminos, Rey de los santos...». *c)* Adoración, «¿Quién no te temerá, oh, Señor, y glorificará tu nombre? Pues solo tú eres santo, por lo cual todas las naciones vendrán y te adorarán, porque tus juicios se han manifestado».

La versión Reina Valera, según hemos ya citado, rinde la expresión «Rey de los santos» (v. 3). La alusión a «los santos» tampoco aparece en muchos manuscritos antiguos. La versión VM rinde «Rey de los siglos»; NC, «Rey de las naciones»; NVI, «Rey de los siglos»; BA, «Rey de las naciones»; BJ, «Rey de las naciones». La mayoría de los manuscritos lee de una de las maneras ya citadas.

Últimos preparativos

Versículo 5: «... fue abierto en el cielo el templo del tabernáculo del testimonio». Juan alude constantemente, en su escrito apocalíptico, a la tipología litúrgica del Éxodo.

En el año 96, tiempo durante el cual se escribió el Apocalipsis, ya hacía veintiséis años que el templo judío en Jerusalén había sido destruido por las huestes romanas (año 70). El templo, para el judío, representaba el centro de su religión; era el eje gravitacional sobre el cual giraba su cultura y valores sociales. Para el judío, el tabernáculo, y luego el templo, era el único lugar en la tierra donde Dios (Jahvé) moraba. La pérdida del mismo se asociaba con el alejamiento de Dios de su pueblo. Aun los judíos convertidos a la fe cristiana mostraban añoranza y nostalgia por el templo.

La imagen del templo es revivida en el lenguaje apocalíptico: *a)* El templo (Apocalipsis 3:12, 7:15, 11:19, 14:15, 15:5, 6, 8, 16:1, 16:17, 21:22). *b)* El altar (Apocalipsis 6:9, 8:3, 5, 9:13, 11:1, 14:18, 16:7). *c)* El incensario de oro (Apocalipsis 8:3, 5). *d)* El arca del pacto (Apocalipsis 11:19). *e)* El incienso (Apocalipsis 5:8, 8:3, 4).

En la teología paulina, la pérdida del templo de Jerusalén es compensada por la morada del Espíritu Santo en los creyentes. El cuerpo de cada cristiano es un templo para Dios y para el Espíritu Santo (1.ª Corintios 3:16, 6:19, 2.ª Corintios 6:16). Para Juan, el templo destruido ha sido sustituido por uno celestial, figurativamente hablando.

La expresión «... fue abierto en el cielo el templo...» (14:5) tiene su equivalencia con «Y el templo de Dios fue abierto en el cielo...» (11:19). Esto es una señal de juicio y retribución divina. La palabra «abierto» significa actividad (Apocalipsis 11:19) y salida (Apocalipsis 14:15, 17, 18, 15:6).

Versículo 6: «... vestidos de lino limpio y resplandeciente y ceñidos alrededor del pecho con cintos de oro». La vestidura describe el carácter y naturaleza de estos ángeles. El «cinto de oro» nos recuerda que Juan tuvo una visión donde vio a Cristo «ceñido por el pecho con un cinto de oro» (Apocalipsis 1:13). Estos agentes celestiales por la obediencia al Señor y por la voluntad que este ejerce sobre ellos son ceñidos del cinto con el cual Él está ceñido.

Versículo 7: «Y uno de los cuatro seres vivientes dio a los siete ángeles siete copas de oro llenas de la ira de Dios...». Los seres vivientes son mencionados en Apocalipsis 4:6-9, 5:6, 8, 11, 14, 6:1, 5, 6, 7, 7:11, 14:3, 15:7 y 19:4. Su historia, en la Biblia, se puede resumir así: *a)* Por vez primera aparecen guardando el jardín del Edén después que Adán y Eva pecaron contra Dios (Génesis 3:24). *b)* Querubines de oro estaban sobre el propiciatorio (Éxodo 25:19-22). *c)* Las cortinas del tabernáculo y el velo que separaba el lugar santo del Santísimo fueron hechos con querubines (Éxodo 26:1, 31, 36:8, 35). *d)* Salomón hizo querubines, «dos querubines de madera de olivo, cada uno de diez codos (cinco metros) de altura... Y cubrió de oro los querubines». Estos fueron puestos en el templo, dentro del lugar santísimo (1.ª Reyes 6:23-28). *e)* El profeta Ezequiel tuvo dos visiones donde vio a estos seres angelicales. Él los llamó «seres vivientes» (Ezequiel 1:4-28) y «querubines» (Ezequiel 10:1-22). *f)* Lucero (Satanás antes de su caída) perteneció a esta jerarquía angelical. Era llamado «querubín grande protector» (Ezequiel 28:14). *g)* Son enumerados en «cuatro» (Ezequiel 1:5, 10:10; Apocalipsis 5:14).

Los querubines siempre se asocian con la naturaleza, con la santidad de Dios, con la adoración, con la retribución, con la revelación divina y con su justicia. Uno de ellos es el encargado de dar las siete copas de la ira de Dios llenas de la misma a los siete ángeles.

Versículo 8: «Y el templo se llenó de humo por la gloria de Dios y por su poder, y nadie podía entrar en el templo hasta que se hubiesen cumplido las siete plagas de los siete ángeles».

El «humo», en este caso, es explicado por el vidente mismo. O sea, «la gloria de Dios y... su poder». En otros pasajes de la Biblia también se hace una referencia a Dios (Salmo 18:8,

68:2; Isaías 6:4, 65:5; Éxodo 19:18). La declaración joanina «y nadie podía entrar en el templo» trae a la memoria tres incidentes sobre este particular:

«*Entonces una nube cubrió el tabernáculo de reunión, y la gloria de Jehová llenó el tabernáculo. Y no podía Moisés entrar en el tabernáculo de reunión, porque la nube estaba sobre él y la gloria de Jehová lo llenaba*» (Éxodo 40:34-35).

«*Y Jehová dijo a Moisés: "Di a Aarón, tu hermano, que no en todo tiempo entre en el santuario detrás del velo, delante del propiciatorio que está sobre el arca, para que no muera, porque yo apareceré en la nube sobre el propiciatorio*» (Levítico 16:2).

«*Y no podían los sacerdotes estar allí para ministrar por causa de la nube, porque la gloria de Jehová había llenado la casa de Dios*» (2.ª Crónicas 5:14).

En cuanto a la declaración apocalíptica, significa que cuando Dios decida derramar las copas de su ira sobre los moradores pecadores de la época tribulacionista, nadie podrá interceder más por ellos, nadie podrá detener la ira de Dios, nadie podrá hacer nada para evitar o contrarrestar el juicio divino.

CAPÍTULO 15

Las siete copas de la ira de Dios (Apocalipsis 16:1-21)

El juicio del séptimo sello fue el desarrollo de los siete juicios de trompetas (Apocalipsis 8:1-2). Es de esperarse que los juicios de las copas correspondan al toque de la séptima trompeta (Apocalipsis 11:15-18). Entre las plagas de Egipto (Éxodo 7-10), las trompetas y las copas encontramos un notable paralelismo. La gran diferencia recae sobre la escala y alcance de los juicios de las copas. Estos juicios postreros condensan y envasan la ira no diluida de Dios (Apocalipsis 6:15-17, 10:7, 11:18).

La «gran voz» (Apocalipsis 16:1) que Juan oyó ordenando a los siete ángeles que derramaran «sobre la tierra las siete copas de la ira de Dios» es una voz muy familiar al vidente de Patmos. No es la voz del arcángel Miguel o de alguno de los querubines o de uno de los ancianos. Esta voz que procede del templo es la voz de Dios mismo.

Primera copa

«Fue el primero y derramó su copa sobre la tierra, y vino una úlcera maligna y pestilente sobre los hombres que tenían la marca de la bestia y que adoraban su imagen» (16:2).

El *Diccionario Sopena* define la palabra «úlcera»: «Solución de continuidad con pérdida de substancia en los tejidos orgánicos acompañada ordinariamente de secreción de pus y sostenida por un vicio local o por una causa interna».

La úlcera que aparecerá sobre la piel de los seguidores y adoradores del anticristo parece que comenzará en las manos derechas y sobre las frentes, dado el caso que en esas partes del cuerpo se tendrá impresa la marca del anticristo.

La expresión «una úlcera maligna y pestilente» (RV) es traducida en otras versiones: «una llaga maligna y enconada» (NBE); «una llaga repugnante y maligna» (BA); «una plaga de úlceras malignas y dolorosas» (NVI); «úlcera maligna y gravosa» (VM); «una llaga maligna y asquerosa» (NTV). Esta úlcera o llaga será causa de dolores y causará repugnancia.

Leemos en el libro de Éxodo 9:10-11: «... y hubo sarpullido que produjo úlceras, tanto en los hombres como en las bestias. Y los hechiceros no podían estar delante de Moisés a causa del sarpullido, porque hubo sarpullido en los hechiceros y en todos los egipcios».

El sarpullido es una erupción leve que se desarrolla sobre la piel y que al cabo de un tiempo desaparece. Bajo el juicio de la sexta plaga sobre los egipcios, el sarpullido que parecía algo pasajero se transformó en úlceras. Los adoradores de la bestia comenzarán sintiendo una especie de picor que dará la apariencia de sarpullido, pero esa afección se volverá una infección sin respuesta médica. No olvidemos que los hechiceros también fueron víctimas del juicio de Dios, y con toda su ciencia y poderes demoníacos no pudieron remediar la situación.

El juicio de la sexta plaga o úlceras vino sobre «los hechiceros y en todos los egipcios». No hubo un solo egipcio que pudiera eludir este juicio. Las defensas físicas o anticuerpos no lograron contrarrestar aquellas úlceras. De igual manera que aquella plaga no afectó a los hijos de Israel, el juicio de la primera copa no afectará a los creyentes en Cristo de la gran tribulación.

Segunda copa

«*El segundo ángel derramó su copa sobre el mar, y este se convirtió en sangre como de muerto, y murió todo ser vivo que había en el mar*» (16:3).

En el juicio de la tercera trompeta, una tercera parte del mar se volvió sangre, y murió una tercera parte de los seres vivientes (Apocalipsis 8:8-9). En cambio, en este juicio, todo el mar se volverá sangre y morirán las dos terceras partes de los seres vivientes que no fueron afectados por la segunda trompeta. Es muy difícil determinar en el texto si por «el mar» debe entenderse únicamente el Mediterráneo o todos los mares en general. Sea como sea, el resultado será que todos esos seres marítimos que mueran cubrirán toda la superficie del mar, proyectando un cuadro aterrador sobre el mismo, y despedirán un olor nauseabundo, el cual será transmitido por el aire a diferentes lugares de la tierra. Las personas que han vivido cerca de alguna playa o pescadería saben que los mariscos muertos producen un olor desagradable y perdurable.

Nótese la frase «sangre como de muerto» (RV). Es algo notorio que la sangre, en los cadáveres, siempre se coagula, es decir, se solidifica. Esto contribuye al entesamiento de los cuerpos muertos. Juan no nos dice que el mar se volvió sangre de muerto, sino «sangre como de muerto». El apóstol vio la sangre ya solidificada y con un color rojo bastante oscuro. La Nueva Versión Internacional traduce la expresión ya citada «sangre como de un cadáver».

Tercera copa

«El tercer ángel derramó su copa sobre los ríos y sobre las fuentes de las aguas, y se convirtieron en sangre» (16:4).

En el juicio de la tercera trompeta, la tercera parte de las aguas potables se hicieron amargas, causando muerte sobre muchos hombres (Apocalipsis 8:10-11). Bajo la tercera copa, las aguas dulces o potables experimentarán otra transformación; se volverán literalmente sangre. Para Dios esto no será imposible, lo hizo en el pasado durante la primera plaga, en Egipto (Éxodo 7:20-25). En Caná de Galilea, el Señor Jesucristo transformó las aguas en vino. (Juan 2:6-10)

En Éxodo 7:19 leemos: «... extiende tu mano sobre las aguas de Egipto, sobre sus ríos, sobre sus arroyos, sobre sus estanques y sobre todos sus depósitos de agua para que se conviertan en sangre y haya sangre por toda la región de Egipto, así en los vasos de madera como en los de piedra».

El juicio de la primera plaga se limitó al río Nilo de Egipto y a todo este país. El juicio de la tercera copa será más universal. Fijémonos en la pluralidad empleada «sobre los ríos y sobre las fuentes de las aguas».

Debe prestarse atención al hecho de que en el juicio divino sobre Egipto todo recurso y reserva de agua potable se convirtió en sangre. Aun el agua puesta «en los vasos de madera como en los de piedra». En el juicio escatológico de esta copa, el agua en los refrigeradores, los recipientes, las reservas y en cualquier lugar se volverá sangre. Habrá sangre fluyendo en los lavamanos, las bañeras, los hidrantes contra incendios; será algo aterrador, lamentable y triste..., pero la humanidad seguirá en rebelión contra su Hacedor.

El ángel de las aguas

Versículo 5-6: «Y oí al ángel de las aguas que decía: "Justo eres tú, oh, Señor, el que eres y que eras, el Santo, porque has juzgado estas cosas. Por cuanto derramaron la sangre de los santos y de los profetas, también tú les has dado a beber sangre, pues lo merecen"».

¿Por qué Juan le llama el «ángel de las aguas»? Porque es el que tiene jurisdicción o la comisión divina para administrar sobre esa área particular de la creación. Este ángel alaba y encomia al Señor por mostrar dos de sus atributos morales en este juicio, a saber, su justicia y su santidad, los cuales son aplicados por el Señor al poner en vigor la ley de la retribución: «No os engañéis; Dios no puede ser burlado, pues todo lo que el hombre sembrare, eso también segará».

En el versículo 7 de este mismo capítulo 15 se nos menciona otro ángel que expresa palabras de reconocimiento: «...Ciertamente, Señor Dios todopoderoso, tus juicios son verdaderos y justos». Tres cosas son reconocidas en el Señor: su poder, su justicia y su verdad.

Cuarta copa

«*El cuarto ángel derramó su copa sobre el sol, al cual fue dado quemar a los hombres con fuego. Y los hombres se quemaron con el gran calor, y blasfemaron el nombre de Dios, que tiene poder sobre estas plagas, y no se arrepintieron para darle gloria*» (16:8-9).

En el juicio de la cuarta trompeta, una tercera parte del sol fue oscurecida; por el contrario, en este juicio de la cuarta copa el sol dejará sentir toda la fuerza abrasadora de su energía calorífica.

La expresión «los hombres se quemaron con el gran calor» (RV) ha sido rendida por otras versiones así: «los hombres sufrieron quemaduras por el enorme calor» (NBE); «los hombres se tostaban con el intenso calor» (NVI), «y los rayos solares quemaron a los hombres» (NTV).

Este calor no podrá ser combatido con el agua; la misma ya habrá sido transformada en sangre. Este juicio nos recuerda lo dicho por el profeta antiguo-testamentario: «Miren que llega el día, ardiente como un horno, cuando arrogantes y malvados serán la paja; ese día futuro los abrasaré y no quedará de ellos rama ni raíz —dice el Señor de los ejércitos—» (Malaquías 4:1).

Actualmente se están haciendo continuamente experimentos para poder procesar y sacar provecho para el consumo humano de la energía solar. Aquí, en la ciudad de Nueva York, he visto muchos reflectores solares localizados sobre las azoteas de muchos edificios que son capaces de alumbrar dichas construcciones. En Puerto Rico se utilizan los llamados «calentadores solares» para calentar el agua. Por medio de unas placas especiales pueden aumentar el calor solar calentando el agua ya acumulada. (También son eléctricas, o sea, en días lluviosos, cuando la energía del sol no puede ser empleada, la electricidad hace la labor de calentar el agua).

Como resultado del calor abrasador del sol en aquellos días, estos reflectores y calentadores solares, al igual que otros inventos para usar la energía solar, llegarán a ser fuentes y medios de castigo. Este juicio no moverá a los hombres para que vayan a la fuente de agua viva, el Señor Jesucristo, y se arrepientan de todos sus pecados. Juan nos da un informe muy doloroso: «Y no se arrepintieron para darle gloria».

Quinta copa

«El quinto ángel derramó su copa sobre el trono de la bestia, y su reino se cubrió de tinieblas, y mordían de dolor sus lenguas, y blasfemaron contra el Dios del cielo por sus dolores y por sus úlceras, y no se arrepintieron de sus obras» (16:10-11).

Este juicio será una repetición de la novena plaga que vino sobre la tierra de Egipto, donde hubo tres días de densas tinieblas y nadie podía ver a su prójimo ni levantarse de su lugar. En cambio, los hijos de Israel tenían luz en sus habitaciones (Éxodo 10:21-23).

Estas tinieblas producidas por la quinta copa no se deben espiritualizar. Son tinieblas literales y no una decadencia moral o espiritual. Habíamos dicho que «todos los hijos de Israel tenían luz en sus habitaciones» (Éxodo 10:23). De igual manera, los creyentes de la gran tribulación tendrán sus casas y apartamientos alumbrados. ¿Cómo será posible? Yo no lo sé, Moisés tampoco lo supo, si no nos lo hubiera dicho en su escrito. Pero una cosa sé; que el Dios del cielo opera dentro de lo natural y de lo sobrenatural.

La duración de los juicios apocalípticos es difícil para ser determinada. El único del que se da la duración es del juicio de la quinta trompeta, cinco meses (Apocalipsis 9:5). Alguien dijo que los juicios de las nueve plagas sobre Egipto tuvieron cada uno una duración prolongada. Por lo menos, bajo el juicio de la quinta copa vemos que los hombres estarán experimentando el juicio de la primera copa y el juicio de la cuarta copa: «Y mordían de dolor sus lenguas y blasfemaron contra el Dios del cielo por sus dolores y por sus úlceras». La expresión «dolores» puede referirse a las úlceras y a las quemaduras por el sol.

Estas tinieblas fueron vistas por el lente de la profecía escatológica: «¡Ay de los que desean el día de Jehová! ¿Para qué queréis este día de Jehová? Será de tinieblas, y no de luz» (Amós 5:18). «Mas con inundación impetuosa consumirá a sus adversarios, y tinieblas perseguirán a sus enemigos» (Nahum 1:8). «Día de ira aquel día, día de angustia y de aprieto, día de alboroto y de asolamiento, día de tinieblas y de oscuridad, día de nublado y de entenebrecimiento» (Sofonías 1:15).

Sexta copa

«El sexto ángel derramó su copa sobre el gran río Eúfrates, y el agua de este se secó para que estuviese preparado el camino a los reyes del Oriente» (16:12).

Esto debe interpretarse como un secamiento literal, y no un secamiento simbólico del histórico Imperio otomano o de Turquía. Ciro, el monarca persa, por medio de una represa secó el río Eúfrates, facilitando su entrada y la de sus soldados a la inconquistable e impenetrable ciudad de Babilonia.

Hay cuatro ocasiones en las Sagradas Escrituras en las que nos encontramos con secamientos literales de las aguas para que se cumpliera algún propósito divino: *a)* El partimiento de las aguas del mar Rojo para que los israelitas pudieran ponerse a salvo de los ejércitos egipcios (Éxodo 14:16). *b)* El secamiento de las aguas del Jordán para dar entrada a la conquista de la tierra prometida (Josué 3:13). *c)* El secamiento de las aguas del Jordán antes de que Elías fuera trasladado al cielo (2.ª Reyes 2:8). *d)* El secamiento de las aguas del Jordán por Eliseo después que Elías fue tomado en un torbellino (2.ª Reyes 2:14).

El propósito del secamiento del río Eúfrates es para facilitar el camino a los reyes del Oriente. Muchos ejércitos orientales se movilizarán a través del mismo para confrontar a los diez estados confederados del anticristo. Daniel dijo sobre esto: «Pero noticias del Oriente y del Norte lo atemorizarán y saldrá con gran ira para destruir y matar a muchos» (Daniel 11:44).

Estas naciones orientales estarán representadas por los ejércitos de Japón, China, India, Pakistán, etc. El río Eúfrates mide 1.800 millas de largo, su ancho es calculado de entre 3 a 1.200 yardas, la profundidad del mismo es de entre 10 y 32 pies. Conscientes estamos de que con los avances y tecnología militar de la época moderna el río Eúfrates no opondría ningún obstáculo a muchas actividades bélicas. Pero no obstante, su secamiento facilitaría la movilización de tropas de infantería.

El tercer paréntesis

Versículos 13-14: «Y vi salir de la boca del dragón y de la boca de la bestia y de la boca del falso profeta tres espíritus inmundos a manera de ranas, pues son espíritus de demonios que hacen señales y van a los reyes de la tierra en todo el mundo para reunirlos a la batalla de aquel gran día del Dios todopoderoso».

La palabra «rana», en hebreo *tsephardea* y en griego *batrachos* y en latín *ranarum*, aparece en dos porciones bíblicas: *a)* Las ranas aparecieron bajo el juicio de la segunda plaga sobre Egipto (Éxodo 8:1-15). *b)* El otro pasaje es Apocalipsis 16:13. La interpretación de las ranas apocalípticas es dada en su mismo contexto: «son espíritus de demonios».

Los versículos 13 al 14 de Apocalipsis 16 forman el tercer paréntesis apocalíptico. Entre el sexto y séptimo sello encontramos el primero (Apocalipsis 7). Entre la sexta y séptima trompeta encontramos el segundo (Apocalipsis 10 al 11:1-14).

La frase «hacen señales» (RV) debe entenderse como «señales milagrosas» (NVI) o milagros falsos. Los demonios hacen también milagros, por lo tanto, el creyente debe someter a examen bíblico muchos de los así llamados milagros. (Léase en relación con las señales hechas por los poderes demoníacos los siguientes pasajes: Éxodo 7:20-22, 8:6-7; Mateo 25:24; 2.ª Tesalonicenses 2:9; Apocalipsis 13:3).

El trabajo de estos demonios-ranas será el poner instigación en los corazones de los líderes de las naciones, despertando en ellos el deseo de la guerra, llevándolos a congregarse para la batalla escatológica del armagedón.

Armagedón

Versículo 16: «Y los reunió en el lugar que en hebreo se llama armagedón». La expresión «y los reunió» (RV) es muy singular en su contenido, y no parece presentar ninguna relación con los demonios-ranas. La traducción correcta debería leer «y los reunieron» (BA, NVI, NBE), «los convocaron» (BJ), «los juntaron» (VM) «y reunieron» (DHH).

En otros pasajes bíblicos vemos que Dios es también responsable por la reunión de estas naciones para la batalla del armagedón: «Reuniré a todas las naciones y las haré descender al valle de Josafat, y allí entraré en juicio con ella...» (Joel 3:2). «Porque yo reuniré a todas las naciones para combatir contra Jerusalén... Después saldrá Jehová y peleará con aquellas naciones, como peleó en el día de la batalla» (Zacarías 14:2-3).

¿Qué se debe entender por la palabra hebrea «armagedón»? La palabra, tal como es leída, no aparece en el Antiguo Testamento, tampoco en Israel se encuentra un monte llamado Armagedón. Esta es una palabra compuesta; literalmente debe leerse «harmaguedon» (BJ), «harmagedon» (NVI). El significado ampliamente aceptado es «monte de Meguido».

Por lo tanto, «armagedón», en vez de señalar a un monte, se refiere a un valle. Zacarías lo llamó «el valle de Meguido» (12:11). El valle de Josafat (Joel 3:2) entre Jerusalén y el monte de los Olivos no se debe confundir con el valle de Armagedón. En este valle se congregarán las naciones para la batalla apocalíptica. Josafat significa «juicio de Dios».

Este valle se encuentra extendido al pie del monte Carmelo, y ha sido escenario de muchas matanzas y batallas: *a)* Aquí los israelitas se enfrentaron contra los caanitas, siendo dirigidos por Débora y Barac (Jueces 4:2-16). *b)* Aquí Gedeón venció a los madianitas (Jueces 7). *c)* Aquí Saúl, primer rey israelita, cometió suicidio (1.ª Samuel 31). *d)* Aquí Josías fue herido de muerte por uno de los flecheros del rey Necao de Egipto (2.ª Crónicas 35:22-24).

Séptima copa

«El séptimo ángel derramó su copa por el aire, y salió una gran voz del templo del cielo, del trono, diciendo: "Hecho está". Entonces hubo relámpagos y voces y truenos y un gran temblor de tierra, un terremoto tan grande cual no lo hubo jamás desde que los hombres han estado sobre la tierra. Y la gran ciudad fue dividida en tres partes, y las ciudades de las naciones cayeron, y la gran Babilonia vino en memoria delante de Dios para darle el cáliz del vino del ardor de su ira. Y toda isla huyó, y los montes no fueron hallados. Y cayó del cielo sobre los hombres un enorme granizo, como del peso de un talento, y los hombres blasfemaron contra Dios por la plaga del granizo, porque su plaga fue sobremanera grande» (16: 17-21).

Esta copa es derramada por el aire, ya que el mismo es escenario y habitación de Satanás y sus demonios. Es en esta esfera que las fuerzas del mal operan sobre las mentes y actividades humanas. Pablo llamó a Satanás «príncipe de la potestad del aire» (Efesios 2:2). El mismo apóstol declaró: «Porque nuestra lucha no es contra carne y sangre, sino contra los gobernadores, contra las autoridades, contra los poderes de este mundo de tinieblas y las fuerzas espirituales del mal en las regiones celestes».

La «gran voz» que dice «hecho está» es la de Dios. Esta expresión es sinónima de «consumado es». Esto indica que la gran tribulación ha llegado a su fin y que la piedra no cortada por mano de hombre ha herido definitivamente a la estatua de los gobiernos gentiles (Daniel 2:44-45), siendo los mismos sustituidos por un gobierno que «permanecerá para siempre».

Cuando esta copa se derrame por el aire habrá fenómenos y convulsiones atmosféricas, geológicas, topográficas y marítimas. El mayor terremoto o temblor de tierra es guardado para esos días escatológicos. Juan nos dice: «... un gran temblor de tierra, un terremoto tan grande, cual no lo hubo jamás desde que los hombres han estado sobre la tierra» (v. 18). Este terremoto tomará lugar cuando los pies del Señor Jesucristo toquen el suelo del monte de los Olivos (Zacarías 14:4-5; Miqueas 1:3-4).

Los últimos veinte siglos han sido testigos de muchos temblores de tierra o terremotos cuyos efectos han sido catastróficos. En *The 1979 Hammond Almanac*, editado por el *New York Times*, se nos da una lista de los más devastadores sismos:

Año	Lugar	Resultado
681	Tosa, Japón	Tres millas cuadradas de un área se sumergieron
526	Antioquía, Siria	Murieron 250.000
856	Corinto, Grecia	Murieron 45.000
1038	Shansi, China	Murieron 23.000
1290	Chihli, China	Murieron 100.000
1293	Kamakura, Japón	Murieron 30.000
1456	Nápoles	Murieron entre 30.000 a 40.000
1531	Lisboa	Murieron 30.000
1693	Catania, Italia	Murieron 60.000

Año	Lugar	Resultado
1755	Lisboa	Murieron 60.000
1908	Italia del sur y Cecilia	Murieron 100.000
1915	Italia central	Murieron 30.000
1920	Kansu, China	Murieron 180.000
1939	Chile	Murieron 40.000
1976	Guatemala	Murieron 22.419
1978	Tabas, Irán	Murieron 25.000

No queremos que el lector vaya a pensar que estos fueron los únicos terremotos desastrosos; hubo muchísimos más que hemos omitido, dando espacio a los colosales. Las cifras de las muertes son estimadas. Ahora detengámonos a pensar por un momento la gran devastación que causará el terremoto de la séptima copa, ya que ninguno de los terremotos mencionados podrá compararse al de este juicio apocalíptico.

El anciano vidente describe este terremoto con estas palabras: «Y la gran ciudad fue dividida en tres partes, y las ciudades de las naciones cayeron... Y toda isla huyó, y los montes no fueron hallados». Los estragos de este gran (*magnus* en latín) terremoto se harán notables en tres áreas específicas:

1. «La gran ciudad». Por esta gran ciudad (*civitas magna* en latín) debemos entender la ciudad de Jerusalén. En Apocalipsis 11:8 Jerusalén es llamada «la grande ciudad». Después de la resurrección de los dos testigos (Moisés y Elías), dicha ciudad será sacudida por un gran seísmo, dejando un saldo de siete mil muertos y destrucción sobre una décima parte de la misma (Apocalipsis 11:13). El terremoto producido por el juicio de la séptima copa dividirá Jerusalén en tres partes.

2. «Las ciudades de las naciones». Este terremoto no tan solo será en Jerusalén, sino que sacudirá al cosmos completo. Muchas ciudades, en los diferentes países o naciones, serán estremecidas. Los edificios, casas, museos, templos, estadios, hospitales... se desplomarán.

Esto fue descrito por Isaías: «... y temblarán los cimientos de la tierra. Será quebrantada del todo la tierra, enteramente desmenuzada será la tierra, en gran manera será la tierra conmovida. Temblará la tierra como un ebrio, y será removida como una choza...» (Isaías 24:18-20).

3. «Las islas huyeron y los montes desaparecerán». En el sexto sello vimos que las islas y los montes se estremecían, pero no desaparecían (Apocalipsis 6:14). En cambio, bajo este juicio las islas desaparecerán, se sumergirán bajo el mar, y los montes se desmoronarán. El Nuevo Testamento viviente lo vierte así: «Las islas desaparecieron y las montañas se desmoronaron» (léase Isaías 24:18-20, ya citado arriba).

En el versículo 19 se nos habla de «la gran Babilonia», la cual corresponde al sistema comercial que se describe en Apocalipsis 18. Literalmente señala a una ciudad en particular, Roma. Al llegar a dicho capítulo daremos más detalles.

Un enorme granizo

En adición al gran terremoto, Dios, desde el cielo, hará llover una granizada («pedrisco», BJ, VM) sobre la humanidad rebelde y blasfemadora. El peso del granizo Juan lo compara con un talento. El talento hebreo tiene un equivalente en nuestro sistema de pesos de unas 96 libras. La versión Dios Habla Hoy, en vez de talento, dice «que pesaban más de cuarenta kilos».

En Levítico 24:16 se ordena: «Y el que blasfemare el nombre de Jehová ha de ser muerto; toda la congregación lo apedreará; así el extranjero como el natural, si blasfemare el nombre, que muera». Dios mismo apedreará a los blasfemadores de la gran tribulación, pero a pesar de la enormidad y efecto de dicho juicio sus labios seguirán pronunciando blasfemias contra Dios.

CAPÍTULO 16

La Babilonia religiosa
(Apocalipsis 17:1-18)

Encontramos en el libro del Apocalipsis tres capítulos que en su contenido total aluden directamente al poder imperial y religioso de la Roma joanina (Apocalipsis 13, 17 y 18). El juicio de la Babilonia apocalíptica ya se había preanunciado en dos pasajes proféticos: «... Ha caído, ha caído Babilonia, la gran ciudad, porque ha hecho beber a todas las naciones del vino del furor de su fornicación» (Apocalipsis 14:8). «... y la gran Babilonia vino en memoria delante de Dios para darle el cáliz del vino del ardor de su ira» (Apocalipsis 16:19).

Después de Juan haber visto el juicio de la séptima trompeta, uno de los ángeles de aquellos juicios postreros le muestra al apóstol el juicio de la Babilonia religiosa, para esto lo lleva «en el Espíritu al desierto» (17:1 y 2). La palabra «Espíritu» (*pneuma* en griego) está traducida con «E» mayúscula, indicándose que Juan es llevado en el poder del Espíritu Santo.

La gran ramera

Versículo 1: «... Ven acá y te mostraré la sentencia contra la gran ramera, la que está sentada sobre muchas aguas». Este nombre de «gran ramera» se emplea para describir a Roma. En el Antiguo Testamento, el Señor mismo describió algunas ciudades como «rameras»: *a)* Nahum habló de Nínive así: «A causa de la multitud de las fornicaciones de la ramera de hermosa gracia, maestra en hechizos, que seduce a las naciones con sus fornicaciones y a los pueblos con sus hechizos» (Nahum 3:4). *b)* Isaías llamó a Tiro ramera: «... cantará Tiro canción como de ramera. Toma arpa y rodea la ciudad, oh, ramera olvidada; haz buena melodía, reitera la canción para que seas recordada... y otra vez fornicará con todos los reinos del mundo sobre la faz de la tierra» (Isaías 23:15-17). *c)* Jerusalén fue llamada ramera: «¿Cómo te has convertido en ramera, oh, ciudad fiel? Llena estuvo de justicia, en ella habitó la equidad, pero ahora los homicidas» (Isaías 1:21).

El término «ramera» se usa entonces para describir a una ciudad que se ha corrompido espiritualmente, moralmente, y que en su desobediencia ha mostrado un carácter y una actitud hostil contra las demandas de Dios. La adúltera fornica contra su esposo y viola los votos conyugales. La ramera es más profesional en el sentido de que emplea su cuerpo como medio de fines lucrativos. La ramera fornica no tanto por placer, sino por ganancia.

Versículo 3: «Con la cual han fornicado los reyes de la tierra y los moradores de la tierra se han embriagado con el vino de su fornicación». Roma fue la cuna de la inmoralidad en sus días. Las naciones que tenían contacto con ella eran influenciadas por sus orgías y depravaciones sexuales.

El versículo ya citado tiene su repetición en Apocalipsis 18:3: «Porque todas las naciones han bebido del vino del furor de su fornicación, y los reyes de la tierra han fornicado con ella, y los mercaderes de la tierra se han enriquecido de la potencia de sus deleites».

La palabra griega para ramera es *porne*. Se emplea doce veces en el Nuevo Testamento, cinco de las cuales se refiere a Roma (Apocalipsis 17:1, 5, 15, 16, 19:2). En latín, «gran ramera» se lee *meretricis magnae*. Las palabras «meretriz», «ramera» y «prostituta» son sinónimos en el castellano.

Cabalgando sobre una bestia

Versículo 3: «... y vi a una mujer sentada sobre una bestia escarlata llena de nombres de blasfemia que tenía siete cabezas y diez cuernos». Esta bestia es la misma de Apocalipsis 13:1-10, teniendo el color del dragón de Apocalipsis 12:3. Notemos que en los tres pasajes proféticos se nos mencionan las siete cabezas y los diez cuernos.

Los nombres de blasfemia deben significar los títulos reclamados por los emperadores romanos, los cuales eran considerados en muchas ocasiones blasfemias contra Dios, tanto por los judíos como por los cristianos de la época de Juan. Entre estos títulos blasfemos cabe mencionar: *Sebastos o Augustus* (significando reverencia); *divus* (divino); *theios* (dios); *soter* (salvador); *dominus* (señor); *kyrios* (señor).

La gran ramera de Apocalipsis 17 describe un sistema organizado de la religión romana pagana. Para los lectores de la época primitiva, el poder sectario romano cabalgaba sobre el poder político. De ahí era que los césares continuamente estuvieran reclamando atributos divinos. Ellos no tomaban ninguna decisión sin antes consultar con sus dioses mitológicos o con sus representantes en el sacerdocio. La deificación de Domiciano y la adoración de sus imágenes es ejemplo tácito de lo antes dicho.

El emperador Calígula se había proclamado como un dios que se podía comparar con Júpiter. Todas las cabezas de los dioses romanos fueron removidas, y en su lugar se pusieron copias de su propia cabeza. Después de haber muerto el emperador Claudio, el Senado romano lo divinizó.

El lujo de la mujer

Versículo 4: «Y la mujer estaba vestida de púrpura y de escarlata, y adornada de oro, de piedras preciosas y de perlas, y tenía en la mano un cáliz de oro lleno de abominaciones y de la inmundicia de su fornicación».

Los colores púrpura y escarlata fueron los predilectos en la antigua Roma. Las famosas togas usadas por los ciudadanos romanos y el senado, en su mayoría, lucían distintivamente estos colores. Entre los uniformes de las milicias romanas, el púrpura y escarlata eran usados. En la colorología apocalíptica, dichos colores señalaban el sistema socio-político-religioso de Roma. Juan nos dijo que el dragón era escarlata (Apocalipsis 12:3); esta mujer está vestida de escarlata y púrpura (Apocalipsis 17:4) y la bestia sobre la cual cabalga es escarlata (Apocalipsis 17:3).

El oro, las piedras preciosas y las perlas son descripciones del lujo y riquezas encontrados en la ciudad de Roma, sus habitantes y sus mujeres. En Roma existían dos clases sociales principales, los pobres y los ricos, y entre ambas un reducido número que difícilmente podría ser llamado clase media. La alta aristocracia romana era evidenciada por las perlas que las mujeres exponían sobre sus cuerpos.

Los romanos eran muy dados al banqueteo, las fiestas y las borracheras. El cáliz o copa era el envase favorito para ingerir sus vinos. La historia nos declara que en Roma se podía encontrar el más alto porcentaje de alcohólicos. El emperador

Claudio ha sido considerado un alcohólico empedernido, sin dejar de mencionar a Nerón, a Calígula, a Tito y a Domiciano. La mayoría de las borracheras se tomaba en fiestas de orgía sexual, donde el homosexualismo, el lesbianismo, el adulterio, la fornicación, eran algo rutinario.

La depravación sexual

Versículo 5: «Y en su frente un nombre escrito, un misterio: Babilonia, la grande, la madre de las rameras y de las abominaciones de la tierra». El misterio que Juan quiere comunicar a sus lectores es que Roma es una Babilonia. Él no lo dice claramente para evitar compromisos ciertos a los creyentes en caso de que la literatura apocalíptica escrita por él fuera a parar a manos de los enemigos de Cristo.

Es interesante decir que las prostitutas romanas escribían sus nombres sobre una especie de tira y se lo amarraban a sus frentes, así sus amantes podían llamarlas y recordarlas. Mesalina, la esposa de Claudio, que era una prostituta por placer, en las noches, acompañada de una criada, se internaba en los prostíbulos de la clase alta, y también usaba un misterioso nombre, es decir, Lysica. Mesalina fue considerada «la gran ramera» entre las rameras romanas.

Roma fue la cuna de la promiscuidad, del desenfreno sexual, de las orgías, de lo pornográfico, del incesto, del adulterio, de las relaciones contra naturaleza. Con mucha razón, Pablo, en el año 56 d. C., al escribirle a la Iglesia establecida en Roma, declaró: «Por eso Dios los dejó desbordarse y realizar perversidades hasta el punto de que sus mujeres se rebelaron contra el plan natural de Dios y se entregaron al sexo unas con otras. Y los hombres, en vez de sostener relaciones sexuales normales con mujeres, se encendieron en sus deseos entre ellos mismos, y cometieron actos vergonzosos hombres con hombres y, como resultado, recibieron en sus propias almas el pago que bien se merecían... Dios los abandonó a que hicieran lo que sus mentes corruptas pudieran concebir..., siempre pensando en nuevas formas de pecar y continuamente desobedeciendo a sus padres» (Romanos 1:26-30, NTV).

El incesto (relación sexual entre parientes) fue algo que distinguió a algunos emperadores romanos. Por ejemplo, Calígula se enamoró de su hermana, Drusila, rompió el matrimonio de la misma y se casó con ella. Agripina, llamada «la joven», madre de Nerón, se casó con su tío Claudio. Livia Drusila se casó con su primo Tiberio Claudio Nerón (este no es el Nerón de la época paulina, sino el padre de Tiberio César).

La homosexualidad fue bastante común en Roma. Nerón, el emperador, después de haber contribuido en la muerte de su esposa, Popea, a la cual golpeó en su vientre estando encinta, encontró a un joven llamado Espuros, el cual se parecía en su rostro mucho a Popea. Después de mandarlo castrar se casó formalmente con él y lo trató como si fuera una mujer. Nerón hizo de Espuros el mayor transexual de la historia. El uno era homosexual activo y el otro pasivo. Lo mismo sucede en las prisiones o cárceles donde hay homosexuales activos (los que seducen o violan jovencitos) y homosexuales pasivos (los que se convierten en objetos de satisfacción sexual).

La pornografía era algo muy público en Roma. Las fiestas de orgías sexuales eran ya parte integrante de la cultura romana. Las estatuas esculpidas exhibían, en la mayoría de los casos, los genitales (tanto masculinos como femeninos) y otras partes que estimulaban los deseos sexuales (senos y anos). Había lugares donde se desarrollaban programas de hombres y mujeres desnudos, cometiendo inmoralidades.

Una mujer ebria

Versículo 6: «Vi a la mujer ebria de la sangre de los santos y de la sangre de los mártires de Jesús, y cuando la vi quedé maravillado con gran asombro».

Roma se embriagó históricamente con la sangre derramada por muchos creyentes cristianos. Los circos romanos se convirtieron en lugares donde la sangre de muchos cristianos fue derramada mientras las multitudes se divertían. Allí fueron devorados muchos cristianos por las hambrientas fieras. Otros fueron combustible para el fuego. Algunos fueron forzados a sacrificar sus vidas frente al filo de una espada o la punta de una lanza.

Las borracheras de sangre mayores las tuvo Roma bajo Nerón, Domiciano y Diocleciano. En el año 64 d. C., un fuego colosal destruyó una gran parte de la ciudad de Roma, causando unas 30.000 muertes. Entre los ciudadanos romanos comenzó a circular el rumor de que Nerón fue el instigador de tan nefando acto, y con él comenzó oficialmente la primera persecución imperial contra los seguidores de Cristo.

La bestia

Los versículos 7 al 18 describen a la bestia sobre la cual estaba montada la mujer. El misterio de la mujer, al igual que la bestia, es aclarado en estos versículos. Ya en el capítulo 13 dimos detalles sobre esta bestia. En este capítulo se nos ofrecen aclaraciones de mucha importancia para los lectores bíblicos.

Versículo 8: «La bestia que has visto era y no es, y está para subir del abismo e ir a perdición, y los moradores de la tierra, aquellos cuyos nombres no están escritos desde la fundación del mundo en el libro de la vida, se asombrarán viendo la bestia que era y no es y será».

En junio 9 del año 68 d. C., Nerón cometió suicidio, después que su ejército se le rebeló en España y un nuevo emperador llamado Galba había sido elegido por el Senado romano. Una leyenda se comenzó a forjar, y era que Nerón retornaría con un poderoso ejército para derrotar a sus enemigos. Por otro lado, cuando Domiciano ascendió al poder imperial persiguiendo a los cristianos, siendo Juan víctima de este, se decía que Nerón había resucitado encarnado en este. Esto se conocía como el mito *Nero Redivivus*. Es posible que los lectores joaninos pensaran que la bestia que «era y no es» fuera Nerón. La expresión «y está para subir del abismo e ir a perdición...» fuera una alusión a Domiciano.

Lógicamente, el mismo pasaje bíblico exige una interpretación futurística. Nótese la declaración «y está para subir del abismo». No se nos dice que subió, sino que subirá. Es decir, el anticristo escatológico es lo que el versículo señala.

Versículos 9 y 10: «Esto, para la mente que tenga sabiduría: las siete cabezas son siete montes sobre los cuales se sienta la mujer, y son siete reyes. Cinco de ellos han caído; uno es, y el otro aún no ha venido, y cuando venga es necesario que dure breve tiempo».

Juan había visto a la mujer sentada sobre la bestia (17:3), la ve ahora sentada sobre «siete montes». Es como si la mujer, en vez de haber estado sentada en el lomo de la bestia, estuviera sentada sobre sus cabezas. El misterio es que la bestia y la mujer están asociadas con Roma.

Los siete montes también se asocian con siete emperadores. Es importante que entendamos que desde Augusto César hasta Domiciano hubo once emperadores en Roma. A saber: Augusto (año 27 a. C. al 14 d. C.), Tiberio (año 14 al 37 d. C.), Calígula (año 37 al 41 d. C.), Claudio (año 41 al 54 d. C.), Nerón (año 54 al 68 d. C.), Galba (año 68 d. C.), Otón (año 69 d. C.), Vitelio (año 69 d. C.), Vesapasiano (año 69 al

79 d. C.), Tito (año 79 al 81 d. C.) y Domiciano (año 81 al 96 d. C.). Cuando Juan dice «cinco han caído» se está refiriendo a Augusto, Tiberio, Calígula, Claudio y Nerón. «Uno es» se desprende que es Domiciano. «Y el otro aún no ha venido, y cuando venga es necesario que dure breve tiempo» es alusivo al anticristo que al fin de los tiempos aparecerá y se manifestará después que la Iglesia sea tomada en el rapto.

Versículo 11: «La bestia que era y no es, es también el octavo, y es de entre los siete y va a la perdición». Los estudiantes de la profecía futurística están de acuerdo en que las siete cabezas de la bestia también representan siete imperios sobre los cuales se asentaron los misterios de la Babilonia de Nimrod (Egipto, Asiria, Babilonia, Media-Persia, Grecia y Roma). Sobre estos cinco es que Juan dijo: «Cinco de ellos han caído». En sus días estaba dominando Roma «uno es». El Imperio romano, en la persona del anticristo, será el séptimo, «y el otro aún no ha venido...». Es de este séptimo imperio que se levantará el anticristo como «el octavo».

Versículo 12: «Y los diez cuernos que has visto son diez reyes que aún no han recibido reino, pero por una hora recibirán autoridad como reyes juntamente con la bestia».

Estos siete cuernos corresponden a los diez dedos de la estatua vista por Nabucodonosor (Daniel 2:42-44). En el versículo 44 Daniel dice: «Y en los días de estos reyes el Dios del cielo levantará un reino que no será jamás destruido...». En Daniel 7:24 leemos: «Y los diez cuernos significan que de aquel reino se levantarán diez reyes y tras ellos se levantará otro, el cual será diferente de los primeros...».

Juan nos dice que ellos «recibirán autoridad como reyes juntamente con la bestia». Estas diez naciones o líderes para la «hora» cuando el anticristo se presente en el escenario humano entrarán con él en una especie de acuerdo o tratado. Muchos se han esforzado por establecer que estas diez naciones corresponden a la Unión Europea, que actualmente reclama una membresía de veintisiete naciones. Si están en la Unión Europea o no están, de algo podemos estar seguros y es de que después del rapto de la Iglesia de alguna manera aparecerán esas diez naciones ([1]).

Estas naciones o reyes se subordinarán al anticristo: «Estos tienen un propósito y entregarán su poder y su autoridad a la bestia» (v. 14). Esta decisión de ellos será motivada por Dios mismo: «... hasta que se cumplan las palabras de Dios» (v. 17). Dios es el director que tras bastidores dirigirá este drama apocalíptico. Nada puede suceder en esta tierra sin el permiso del «Señor de señores y Rey de reyes».

Esta confederación del anticristo se dará cita en el valle del armagedón para combatir contra los ejércitos del Oriente (Apocalipsis 16:12-16), pero inesperadamente aparecerá Jesús desde el cielo y confrontará estos ejércitos. En vano tratarán los diez reyes de guerrear contra el Cordero; sus proyectiles, *bazookas*, granadas, tanques de guerra, ametralladoras... serán como juguetes de niño. Juan nos dice: «Pelearán contra el Cordero y el Cordero los vencerá, porque Él es Señor de señores y Rey de reyes...».

---

[1] En la actualidad, estos son los países que integraban el antiguo Imperio romano: Portugal, España, Francia, Andorra, Bélgica, Inglaterra, Luxemburgo, Alemania, Italia, Suiza, Austria, Romania, Moldavia, Turquía, Grecia, Serbia, Croacia, Albania, Bosnia, Eslovenia, Macedonia, Irak, Siria, Líbano, Israel, Egipto, Libia, Túnez, Argelia y Marruecos.

Los países que integran la Unión Europea son: Alemania, Austria, Bélgica, Bulgaria, Luxemburgo, Chipre, Dinamarca, España, Eslovaquia, Eslovenia, Estonia, Finlandia, Francia, Grecia, Hungría, Irlanda, Italia, Letonia, Lituania, Malta, Polonia, Portugal, Reino Unido, República Checa, Rumania, Suecia, Países Bajos.

Si uno ve, de los siguientes países aparecen en ambas listas: Portugal, España, Alemania, Italia, Inglaterra o Reino Unido, Grecia, Luxemburgo, Austria, Francia, Bélgica y Eslovenia.

Un país candidato a la Unión Europea es Turquía, el cual comprende el mayor territorio del antiguo Imperio romano.

Destrucción de la gran ramera

Versículos 15 al 16: «Me dijo también: "Las aguas que has visto donde la ramera se sienta son pueblos, muchedumbres, naciones y lenguas, y los diez cuernos que viste en la bestia, estos aborrecerán a la ramera y la dejarán desolada y desnuda y devorarán sus carnes y la quemarán con fuego"».

Así como el poder imperial de los césares estuvo apoyado en el poder religioso, el anticristo y su organización de naciones confederadas se alianzará con el sistema religioso apóstata de los últimos días. Dicho organismo apóstata y fraudulento por un tiempo dominará religiosamente sobre los diez reyes. Esta ramera será algo así como la esposa del anticristo.

El anticristo afianzará su poder por medio del «falso profeta», de las diez naciones y de la religión-ramera. Una vez que los diez reyes se den cuenta de que no necesitan más la propaganda religiosa, en estas naciones de dichos reyes se levantará una terrible persecución contra este sistema religioso. Esta organización religiosa será abolida, perseguida, sus templos saqueados, sus líderes encarcelados, torturados, asesinados.

Versículo 18: «Y la mujer que has visto es la gran ciudad que reina sobre los reyes de la tierra». Mas claro, no puede cantar el gallo esa *civitas magna* (latín) es Roma. En el capítulo 17 daremos más descripciones sobre esa mujer sistema y ciudad.

La Roma papal

En estos próximos párrafos trataré de relacionar la Roma pagana con la Roma papal, ya que esta última es hija de la primera, sucesora y heredera en muchos sentidos religiosos e históricos. Como vía de aclaración usaremos la expresión «Roma papal» como sinónimo de «Iglesia Católica romana».

1. La Roma papal ha cabalgado sobre los poderes políticos. El papa Gregorio VII excomulgó al emperador de Alemania, Enrique IV, porque este negó la supremacía papal sobre su imperio. El pueblo, enceguecido por la influencia del papa, obligó a Enrique IV a que abdicara. El emperador, ante esta situación, se humilló ante el papa, implorando su perdón. Esto sucedió en Canossa, Italia, en el año 1077.

El papa Zacarías aprobó el derecho al trono de Francia para Pepino el Breve en el año 751. Por otra parte, el papa Esteban II, buscando el favor imperial, coronó y ungió de nuevo a Pepino en compañía de sus hijos, cerca de París, en el año 754. Además, le confirió el título «Patricio de los romanos». Después de Pepino invadir Roma, reclamando de nuevo este territorio dominado por Astolfo, rey lombardo, la soberanía papal comenzó y se mantuvo hasta el año 1870.

En el año 1929, la Iglesia Católica romana firmó el Tratado de Letrán con Benito Mussolini, el cual concedió un estado de independencia a la Ciudad del Vaticano. En el año 1933, la Iglesia Católica romana entró en concordato con Adolfo Hitler, buscando sus propios intereses; el resultado fue que la Iglesia y Hitler entraron en conflicto. Los papas Pío XI (1922 al 1939) y Pío XII (1939 al 1958) hicieron muy poco para contrarrestar el nazismo y el fascismo.

2. La Roma papal está llena de misterios. Estos misterios pueden ser resumidos: el bautismo infantil, la confirmación, las confesiones, las misas, la transubstanciación, la adoración de la hostia, los rosarios, los escapularios, las medallas, los crucifijos y la señal de la cruz, las procesiones, la veneración de imágenes, la canonización de «santos», la infabilidad papal, las bulas papales, la copa de vino negada a los laicos, pagar dinero por las misas, el celibato de los clérigos, la práctica de vivir vidas ascetas, la nulificación de matrimonios no oficiados por un sacerdote romano o prelado, la inmaculada

concepción de María, la asunción de María, la venta de indulgencias, el poder temporal de los papas, el purgatorio, el limbo, la salvación únicamente a través de la Iglesia Católica romana, la tradición unida a la revelación escrita de Dios, el agua bendita...

3. La Roma papal se emborrachó con la sangre de muchos inocentes y creyentes. El papa Inocencio III (ocupó su pontificado entre los años 1198 y 1216) copió de Pedro II de Aragón, que en el año 1197 mandó ejecutar a muchos herejes, la idea de una inquisición contra los herejes de la Iglesia. Su sucesor, Gregorio IX (pontificado ejercido entre los años 1227 y 1241) perfeccionó esta diabólica práctica.

Bajo Inocencio IV la inquisición tomó más fuerza. Por una bula papal de este papa o de sus sucesores, cualquiera podía ser sometido a las más terribles y horribles torturas. Los acusados nunca sabían quiénes eran sus acusadores. Por este medio la Iglesia confiscó propiedades y ensanchó su tesoro. La inquisición torturó y mató individuos, grupos y hasta ciudades enteras. La ciudad de Beziers, según muchos historiadores, sufrió la pérdida de unos 60.000 habitantes pasados a filo de espada por los cruzados en el año 1209. En Lavaur, en el año 1211, aproximadamente unos 100.000 albigenses fueron masacrados en un solo día, sus cadáveres fueron luego quemados, y la Iglesia se gozó por esta gran victoria.

Es notorio que miles y miles de valdenses, protestantes en su fe cristiana, fueron víctimas de la diabólica inquisición, llamada por sus adeptos «la Santa Inquisición»; de santa no tuvo ni el nombre. Se cuenta que en una ocasión unas 500 mujeres fueron acuarteladas en un granero, y el mismo se convirtió en una pira infernal.

4. La Roma papal se jacta de sus riquezas. La tiara y la mitra usadas por el papa son de oro y están adornadas de muchas piedras preciosas y carísimas. De una de las tiaras se ha dicho que tiene más de doscientas piedras preciosas. El lujo expuesto

en la basílica de San Pedro deja consternados a los visitantes y peregrinos. Las vestiduras papales y de otros prelados de la jerarquía católica son muy costosas. Los tesoros del Vaticano son incalculables. En los templos, monasterios e imágenes de la Iglesia Católica se pueden encontrar evidencias de la riqueza de dicha organización.

5. La Roma papal continúa establecida sobre siete montes. Donde una vez estuvo la capital del Imperio romano se encuentran los cuarteles generales o la sede del catolicismo romano. La ciudad de los césares es la ciudad de los papas.

6. La Roma papal se viste de púrpura y escarlata. En un decreto promulgado por el papa Pablo II (su pontificado cubrió el período de 1464 al 1471) se declara que solo los papas y cardenales usarían sombreros escarlatas.

El gran reformador Zuinglio dijo: «No en vano ellos llevan sombreros y mantos rojos; al sacudirlos se desprenden de ellos monedas de oro, pero al exprimirlos correrá de ellos la sangre de vuestros hijos, hermanos, padres y buenos amigos».

Un arzobispo católico llamado Marcelo compiló un libro que dedicó al papa León X (pontificado del año 1513 al 1521); en el mismo aludió al hecho de que los papas y cardenales deberían de usar en su vestimenta litúrgica cinco prendas color escarlata.

7. La Roma papal, al igual que su antecesora, que tenía muchos dioses (principales y secundarios), tiene muchos «santos» (mayores y menores). Los principales dioses romanos fueron: Júpiter (dios supremo con jurisdicción especial sobre la tierra y el cielo), Juno (reina de los dioses, fue una diosa celosa), Minerva (diosa de la inteligencia, de la sabiduría y de las artes), Apolo (tenía que ver con los oráculos, con la juventud, con la música y con las artes), Diana (diosa de las doncellas y de los bosques), Mercurio (el dios de los mensajes, la elocuencia, el comercio y de los ladrones), Marte (dios de la guerra), Vulcano

(se relacionaba con el fuego y con el metal), Venus (diosa de la belleza), Neptuno (era el guardián supremo del mar), Plutón (encargado del infierno y de los muertos) y Vesta (diosa que tenía que ver con el fuego).

La Iglesia Católica tiene sus «santos» mayores, es decir, los apóstoles y María son eslabones que según ellos nos ayudan en nuestros ruegos. La Roma papal se las ha ingeniado para tener «santos» casi para todo. Quisiera presentar una lista de los mismos, su función y su fecha de celebración:

Función	Nombre	Fecha
Abogados	San Ibo	Junio 17
	San Ginés	Agosto 25
Actores	San Ginés	Agosto 25
Agricultores	San Jorge	Abril 23
Albañiles	San Esteban	Diciembre 26
Amas de casa	Santa Ana	Julio 26
Arte	Santa Catalina de Bolonia	Marzo 9
Artistas	San Lucas	Octubre 18
Astrónomos	Santo Domingo	Agosto 4
Atletas	San Sebastián	Enero 20
Automovilistas	San Cristóbal	Julio 25
Enfermedades	Señora de Lourdes	Febrero
Enfermos mentales	Santa Dimpna	Mayo 15
Enterradores	San Antonio Abad	Enero 17
Escuelas	Santo Tomás de Aquino	Marzo 7

Función	Nombre	Fecha
Hospitales	San Juan de Dios	Marzo 8
Huérfanos	Santos Inocentes	Diciembre 28
Inválidos	San Roque	Agosto 16
Aviadores	Señora de Loreto	Diciembre 10
Banqueros	San Mateo	Septiembre 21
Bibliotecarios	San Jerónimo	Septiembre 30
Bomberos	San Cosme y San Damián	Septiembre 27
Cazadores	San Eustaquio	Septiembre 20
Celadores	San Pedro de Alcántara	Octubre 19
Cerveceros	San Agustín de Hipona	Agosto 28
Ciegos	San Rafael	Octubre 24
Desesperados	San Judas Tadeo	Octubre 28
Dolores de cabeza	Santa Teresa de Ávila	Octubre 15
Panaderos	Santa Isabel de Hungría	Noviembre 19
	San Nicolás	Diciembre 6
Peregrinos	San Alejo	Julio 17
Pescadores	San Andrés	Noviembre 30
Pobres	San Antonio de Padua	Junio 13
Poetas	Santa Cecilia	Noviembre 22
Policías	San Miguel	Septiembre 29

La Babilonia religiosa (Apocalipsis 17:1-18)

Función	Nombre	Fecha
Prisiones	San José Cafasso	Junio 23
Retiros	San Ignacio de Loyola	Julio 31
Jardineros	Santa Dorotea	Febrero 6
Joyeros	San Eligio	Diciembre 1
Juventud	San Luis Gonzaga	Junio 21
Madres	Santa Mónica	Mayo 4
Maestros	San Gregorio	Marzo 12
	San Juan Bautista de la Salle	Mayo 15
Médicos	San Pantaleón	Julio 27
	San Lucas	Octubre 18
	San Rafael	Octubre 24
Moribundos	San José	Marzo 19
Mujeres encinta	Santa Margarita	Julio 20
Niñas	Santa Inés	Enero 21
Niñez	San Nicolás de Mira	Diciembre 6
Novias	San Nicolás de Mira	Diciembre 6
Reumatismo	Santiago	Julio 25
Sabiduría	San Ambrosio	Diciembre 7
Sacerdotes	San Juan Bautista Vianney	Agosto 9
Soldados	San Jorge	Abril 23
Solteronas	San Andrés	Noviembre 30

Función	Nombre	Fecha
Sordos	San Francisco de Sales	Enero 29
Televisión	Santa Clara de Asís	Agosto 12
Zapateros	San Crispín y San Crispiano	Octubre 25

En esta lista solo mencionamos algunos de los así llamados «santos» o «santas», pero son muchísimos más. Mucha de esta información la tomamos de *El Mundo en su mano. Enciclopedia de datos útiles* (Eduardo Cárdenas, Editora Moderna, 1970, páginas 443, 444).

8. La Roma papal se ha caracterizado por su inmoralidad. El papa Sergio III (904 a 911), en sus siete años de pontificado encarnó la inmoralidad: tomó el poder por medio del asesinato. Tuvo relaciones sexuales y vivió en concubinato con una prostituta llamada Marozia, de la cual tuvo hijos; a la misma vez, su esposa Teodora fue otro mal ejemplo en su inmoralidad. Estas dos mujeres, por un tiempo, subieron y bajaron papas del pontificado. Uno de estos papas fue Juan XII, nieto de Marozia, acusado de muchos crímenes y delitos inmorales. Se decía que él no respetaba a las mujeres, fueran estas casadas, solteras o viudas.

El papa Bonifacio VII (pontificado del año 985) robaba dinero por la expropiación y el engaño. Él llegó al extremo de influenciar en la muerte del papa Juan XIV, el cual tuvo su cadáver arrastrado por las calles. Se decía de él que era «el anticristo sentado en el templo de Dios».

El papa Juan XXIII (cuyo pontificado cubrió el período de 1410 a 1415) fue acusado en el Concilio de Constancia por unos 37 testigos. Entre estas acusaciones cabe mencionar: robo, sodomía, fornicación, incesto, asesinato. El Concilio lo encontró culpable de 54 crímenes. Se rumoreó que había tenido relaciones forzadas con unas 300 monjas y que había mantenido contacto sexual con más de 200 mujeres (jóvenes y mayores).

Muchos papas tuvieron hijos ilegítimos, concubinas, y vivieron en incesto. Los papas Pío II, Sixto IV e Inocencio VIII no reconocieron a sus hijos. El papa Alejandro VI mantuvo incesto con sus dos hermanas, y luego con su hija.

Aunque la Iglesia Católica lo quiere negar, después del pontificado de León IV, una mujer travestista logró ser elegida como papa. Se llamó papa Joan. Desde luego, pensándose que era un hombre. Dos años después, según se cuenta, durante una procesión, dio a luz y murió. Una estatua de ella fue erecta, Lutero hizo alusión a la misma cuando hizo su visita a Roma (léase para más información el libro de Ralph Woodrow, *Misterio religioso,* páginas 142-153).

9. La Roma papal, aunque no lo admite, está identificada con el culto al falo. Frente a la Catedral de San Pedro se levanta un obelisco de 132 pies con base. Este obelisco fue traído de Egipto a Roma por el depravado Calígula. Los obeliscos eran la manera de representar al falo (órgano viril). El obelisco representa el miembro viril en su estado erecto. Los paganos acostumbraban poner estos falos-obeliscos a la entrada de sus templos. El culto al falo, que representaba la virilidad, se practicó en Babilonia, Egipto y Roma. En sus esculturas, los romanos gustaban de presentar el miembro viril del hombre.

10. La Roma papal usa el título «Sumo Pontífice». Dicho título era expresado a los emperadores romanos. En las monedas se puede ver escrito el mismo, especialmente las de Augusto César. La expresión «Sumo Pontífice» es leída en el latín *Pontifix Maximus*. Este título fue acreditado al líder de la religión babilónica.

11. La Roma papal está asentada sobre siete sacramentos: el bautismo infantil, la confirmación, la eucaristía, la penitencia, la extremaunción, el matrimonio y la ordenación.

El ecumenismo y la gran ramera

Muchos comentaristas del Apocalipsis afirman que el ecumenismo entre las diferentes ramas del protestantismo culminará en la gran ramera apocalíptica. Personalmente considero que este moderno movimiento de confraternidad y de unificación cristiana, bautizado en círculos teológicos como «el movimiento ecuménico», es la unidad del Espíritu Santo para la Iglesia sin apellidos. Desde luego, toda corriente ecuménica tiene que ser sometida a un examen de conciencia cristiana y al escrutinio bíblico. El ecumenismo que quiera privarnos de nuestras posturas teológicas y afecte nuestra fe debe ser descartado.

Conozco a un gran dirigente cristiano, amigo íntimo de este servidor, que siendo pentecostal estudió en un seminario interdenominacional, y a la vez pastoreaba una congregación presbiteriana, y entre pentecostales y presbiterianos hay una gran sima en cuanto a su manera de adorar. Como él mismo me ha confesado: «Cristo me llamó a trabajar en su viña, sin cercos denominacionales. Mi ministerio no está comprometido con una organización religiosa en particular, sino con toda la Iglesia de Cristo. Mi visión de la Iglesia es global y no una que está condensada en un grupo cristiano particular». Este líder ecuménico ha sido instrumento para ayudar a otros ministros y líderes en la reevaluación del llamado divino. Este es el verdadero ecumenismo del Espíritu Santo.

La gran ramera escatológica

La gran ramera es la suma completa de toda la cristiandad apóstata. Es el pleno desarrollo de la condición de una doctrina adulterada y de un estado de fornicación espiritual ilustrado típicamente por la Iglesia de Pérgamo (Apocalipsis 2:14-16). Es la consumación de un estado frívolo, con una religión sin vida espiritual verdadera, que se jacta de los logros humanos, vivamente representado por la Iglesia de Laodicea (Apocalipsis 3:15-17).

En alguna manera, este sistema religioso del fin estará encarnado dentro del catolicismo romano. El Imperio romano restaurado por el César escatológico se volverá a casar con la hija espiritual de la Roma pagana, es decir, la Roma papal.

CAPÍTULO 17

La Babilonia comercial
(Apocalipsis 18:1-24)

El capítulo 18 del Apocalipsis está estrechamente integrado con el capítulo 17. La ciudad de Roma como centro comercial y urbano es el tema principal del vidente de Patmos. Los capítulos 12, 16 y 17 de Apocalipsis forman el triángulo que más detalladamente señala al emperador romano, a la religión pagana romana y al lucro y comercio de la ciudad de Roma.

Apocalipsis 18 encuentra su contexto bíblico en las profecías vetero-testamentarias pronunciadas sobre Babilonia (Isaías 13, 21, 47; Jeremías 50, 51) y Tiro (Ezequiel 26, 27). Su contexto histórico es encontrado en la afluencia económica y social de la ciudad de Roma. Su contexto escatológico señala al centro comercial de la bestia, a la explotación económica que prevalecerá durante la gran tribulación y a una ciudad específica, Roma o el Vaticano.

Para no cansar al lector he decidido poner las citas de los pasajes bíblicos de Apocalipsis 18 con su contextualización en el Antiguo Testamento. Es aconsejable que antes de continuar hacia adelante las mismas se busquen y cuidadosamente se comparen, ya que muchas de las aseveraciones e imágenes apocalípticas registradas en el capítulo 17 de ahí es que se desprenden.

Apocalipsis 18:2	cf.	Isaías 13:21, 21:9 Jeremías 50:39
Apocalipsis 18:3	cf.	Jeremías 51:7
Apocalipsis 18:4	cf.	Isaías 48:20 Jeremías 50:8, 51:9
Apocalipsis 18:5	cf.	Jeremías 51:9
Apocalipsis 18:6	cf.	Salmo 137:8 Jeremías 50:29
Apocalipsis 18:7-8	cf.	Isaías 47:8-9
Apocalipsis 18:9-10	cf.	Ezequiel 26:16-18
Apocalipsis 18:11-19	cf.	Ezequiel 27:25-36
Apocalipsis 18:20	cf.	Jeremías 51:48
Apocalipsis 18:21	cf.	Jeremías 51:63-64 Ezequiel 26:21
Apocalipsis 18:22	cf.	Ezequiel 26:13
Apocalipsis 18:22-23	cf.	Jeremías 25:10
Apocalipsis 18:24	cf.	Jeremías 51:49

Este capítulo 17 para los cristianos joaninos implicaba que el juicio divino sobre la ciudad de Roma sería inminente. Roma, como lugar de lujo, comercio, aristocracia, importaciones, diversiones... cesaría de ser lo que era. Su gloria terrenal se convertiría en deshonra. Su gozo se transformaría en lamento. Si Dios no pasó por alto el orgullo, el materialismo y la opresión de Babilonia y Tiro, Roma tampoco lo eludiría.

Las dos Babilonias se parecen

La Babilonia religiosa (Apocalipsis 17) y la Babilonia comercial (Apocalipsis 18) presentan un paralelismo entre ambas: *a)* Las dos han fornicado con los reyes de la tierra (Apocalipsis 17:2 y 18:3). *b)* Las dos se presentan vestidas con púrpura y escarlata y adornadas con oro y piedras preciosas (Apocalipsis 17:4 y 18:6). *c)* Las dos son señaladas como «gran ciudad» (Apocalipsis 17:18 y 18:10, 16 y 18). *d)* Las dos son llamadas «Babilonia» (Apocalipsis 17:5 y 18:2 y 10). *e)* Las dos son responsables por la sangre de los santos y mártires (Apocalipsis 17:6 y 18:24). *f)* Las dos tenían un «cáliz» (Apocalipsis 17:4 y 18:6). *g)* Las dos son quemadas (Apocalipsis 17:16 y 18:18).

Las dos Babilonias son diferentes

Una señala un sistema organizado religioso (Apocalipsis 17); la otra describe un sistema económico-comercial (Apocalipsis 18). El común denominador entre ambas es que han hecho de la misma ciudad su cuartel general y su centro de actividades y operaciones.

Las diferencias entre las dos Babilonias se pueden resumir así: *a)* El ángel mencionado en cada uno de los capítulos no es el mismo (Apocalipsis 17:1 y 18:1). *b)* Una está sentada sobre una bestia escarlata (Apocalipsis 17:3), la otra no. *c)* Una es llamada específicamente «mujer» (Apocalipsis 17:3, 4, 6, 7, 9 y 18). *d)* Una es denominada con la palabra «ramera» (Apocalipsis 17:1, 5 y 16), a la otra, aunque se presupone que también lo sea, no se le llama así. *e)* A una se le llama «reina» y «viuda» (Apocalipsis 18:7), a la otra no. *f)* Una es destruida por los diez reyes (Apocalipsis 18:7), la otra es destruida por Dios (Apocalipsis 18:8). *g)* Una tiene «nombre de blasfemia» (Apocalipsis 17:3), la otra no. *h)* Una es llorada por los reyes, los mercaderes y los navegantes (Apocalipsis 18:9, 11 y 15-19), la otra no. *i)* Una se identifica con el comercio (Apocalipsis 18:11-15), la exportación y la importación (Apocalipsis 18:17-19), el arte y la tecnología (Apocalipsis 18:22), la otra no.

Un ángel anuncia la caída de Babilonia

Versículo 1: «Después de esto vi a otro ángel descender del cielo con gran poder, y la tierra fue alumbrada con su gloria». La palabra «otro» distingue dicho ángel del mencionado en el capítulo 17. La expresión «con gran poder» lo sitúa en un rango angelical, es decir, no es raso. En latín se lee *potestatem magnam*. En griego es rendida *exousiau megalou*. Literalmente significa «gran autoridad» (NVI).

Versículo 2: «Y clamó con voz potente diciendo: "Ha caído, ha caído la gran Babilonia, y se ha hecho habitación de demonios y guarida de todo espíritu inmundo y albergue de toda ave inmunda y aborrecible"». Este es un lenguaje importado del Antiguo Testamento (Isaías 13:21, 21:9 y Jeremías 50:39). En Apocalipsis 14:8 ya se había preanunciado la caída de la Babilonia joanina y la escatológica. La Babilonia-Roma, al igual que su madre Babilonia, se había convertido en el centro y nido de lo abominable, lo demoníaco y lo idólatra.

Versículo 3: «Porque todas las naciones han bebido del vino del furor de su fornicación, y los reyes de la tierra han fornicado con ella, y los mercaderes de la tierra se han enriquecido de la potencia de sus deleites».

De la Babilonia vetero-testamentaria dijo el profeta Jeremías: «Copa de oro fue Babilonia en la mano de Jehová, que embriagó a toda la tierra; de su vino bebieron los pueblos, se aturdieron, por tanto, las naciones» (Jeremías 51:7).

La cultura romana, retocada por la cultura y mitología griega, hizo influencia sobre otras culturas y pueblos. Roma era la gran urbe de la época joanina. Para los reyes de la tierra, Roma era «la ciudad eterna». Un antiguo proverbio reza: «Todos los caminos conducen a Roma».

Es incuestionable que Babilonia y Roma, en el lenguaje neotestamentario, se refieren a la misma ciudad. En 1.ª Pedro 5:13 leemos: «La Iglesia que está en Babilonia, elegida juntamente con vosotros, y Marcos, mi hijo, os saludan». Es muy probable que el apóstol Pedro aquí se esté refiriendo a Roma. De ser así llegaríamos a dos conclusiones: *a)* Que él visitó Roma. *b)* Que escribió esta epístola desde Roma.

Sobre este particular, Eusebio de Cesarea nos dice: «… en los mismos tiempos de Claudio Augusto, la benigna y clementísima providencia de Dios condujo a Roma al fortísimo y máximo entre los apóstoles, Pedro, y por sus propios merecimientos príncipe y patrono de todos los demás, en contra de aquella mancha y peste del género humano…» (*Historia Eclesiástica*, Libro I, capítulo 14).

La huida del pueblo de Dios

Versículo 4: «Y oí otra voz del cielo que decía: "Salid de ella, pueblo mío, para que no seáis partícipes de sus pecados ni recibáis parte de sus plagas"». La expresión «no seáis partícipes de sus pecados» es rendida en otras versiones «no sea que os hagáis cómplices de sus pecados» (BJ, NVI). La palabra «salid» es leída en el latín *exite* (griego, *exite)* y conlleva la connotación de exilio. En un sentido espiritual, el pueblo de Dios es llamado a la separación o al autoexilio.

Este llamado a separación tiene su contextualización en algunos pasajes vetero-testamentarios y en un pasaje neotestamentario: «Apartaos, apartaos, salid de ahí, no toquéis cosa inmunda; salid de en medio de ella, purificaos los que lleváis los utensilios de Jehová» (Isaías 52:11). «Huid de en medio de Babilonia y salid de la tierra de los caldeos y sed como los machos cabríos que van delante del rebaño» (Jeremías 50:8). «Huid de en medio de Babilonia y librad cada uno su vida para que no perezcáis a causa de su maldad, porque el tiempo es de venganza de Jehová; le dará su pago» (Jeremías 51:6). «Curamos a Babilonia y no ha sanado; dejadla y vámonos cada uno a su tierra, porque ha llegado hasta el cielo su juicio y se ha alzado hasta las nubes» (Jeremías 51:9). «Salid de en medio de ella, pueblo mío, y salvad cada uno su vida del ardor de la ira de Jehová» (Jeremías 51:45). «Por lo cual salid de en medio de ellos y apartaos, dice el Señor, y no toquéis lo inmundo y yo os recibiré» (2.ª Corintios 6:17).

Este llamado divino fue hecho a Abraham (Génesis 12:1), a Lot y a su familia (Génesis 19:12-24), a la congregación de Israel para que se apartara de Coré, Datán y Abiram (Números 16:23-27), a los creyentes para que se aparten de la fornicación (1.ª Corintios 6:18), de la injusticia, de la incredulidad y de la idolatría (2.ª Corintios 6:14-18) y a los reformadores protestantes en el siglo XV.

Los comentaristas Jamieson, Fausset y Brown dicen al particular: «Aun en la Iglesia romanista Dios tiene pueblo, pero están en grande peligro; su única seguridad está en salir de ella en seguida. Igualmente, en toda Iglesia apóstata y mundana, hay algunos de la Iglesia invisible y verdadera de Dios, los que deben salir, si es que desean ser salvos, especialmente a las vísperas del juicio divino sobre la cristiandad apóstata» (*Comentario exegético y explicativo de la Biblia*, Tomo II, página 830).

Las palabras «salid de ella, pueblo mío» eran un indicativo de que en la ciudad de Roma, cuyo juicio sería ineludible, Dios tenía un pueblo cristiano. Pablo nos dice: «Todos los santos os saludan y especialmente los de la casa del César». El Nuevo Testamento viviente traduce la última expresión: «especialmente los que trabajan en el palacio del César».

Aunque no existe ningún indicativo histórico, es bastante probable que muchos de los cristianos en Roma, después de leer sobre las visiones reveladas al vidente de Patmos, hubieran abandonado Roma.

Versículo 5 y 6: «Porque sus pecados han llegado hasta el cielo, y Dios se ha acordado de sus maldades. Dadle a ella como ella os ha dado, y pagadle doble según sus obras; en el cáliz en que ella preparó bebida preparadle a ella el doble».

De la Babilonia del río Éufrates dijo el profeta antiguo-testamentario: «... porque ha llegado hasta el cielo su juicio y se ha alzado hasta las nubes» (Jeremías 51:9). La condición pecaminosa, inmoral, idólatra, humanista, lujuriosa y desenfrenada de Roma demandaba que la justicia divina se vindicara sobre ella.

Hay dos versículos vetero-testamentarios que deben ser leídos conjuntamente con Apocalipsis 18:6, a saber: «... porque es venganza de Jehová. Tomad venganza de ella; haced con ella como ella hizo» (Jeremías 50:15). «Hija de Babilonia la desolada, bienaventurado el que te diere el pago de lo que tú nos hiciste» (Salmo 137:8).

Nótese que la venganza sobre la antigua Babilonia no la efectuó el pueblo que había sido oprimido por ella. Esa venganza pertenecía a Jehová. Y para esto, Él usó como sus agentes de juicio a la nación de los medos y los persas. El juicio sobre la Babilonia apocalíptica será llevado a cabo por mandato de Dios a su ángel (Apocalipsis 18:21). Por medio de la intervención divina los creyentes darían el pago y prepararían el juicio sobre la Babilonia joanina. Esto lo harían por su fidelidad al Señor, por su testimonio cristiano y por su firmeza ante el mundo incrédulo que los atacaba.

Versículo 7: «Cuando ella se ha glorificado y ha vivido en deleites, tanto dadle de tormento y llanto, porque dice en su corazón: "Yo estoy sentada como reina, y no soy viuda y no veré llanto"».

La expresión «ha vivido en deleites» (RV) es traducida en otras versiones: «vivió sensualmente» (BA); «su jactancia y a su lujo» (BJ); «de lujo» (NVI); «derroche» (DHH); «placeres sin límite» (NTV). En el latín se lee: *et in deliciis fuit*. La palabra griega es *extreuiaseu*. En el francés se dice: *luxe*. La traducción más correcta debe ser «lujo». Roma fue la ciudad de la extravagancia y del lujo, se vivía en lujo, se comía en lujo, se vestía con lujo. Desde luego, esto no era para todos, sino para un grupo de privilegiados, la crema de la sociedad. Mientras unos vivían como ricos y con abundancia, otros vivían pobremente y con necesidades. La misma condición se repite en nuestra sociedad actual.

En la epístola de Santiago, capítulo 5 y versículos 1 al 6, hay un mensaje dirigido a los ricos opresores, discriminadores, separatistas, egoístas y explotadores:

«¡Vamos ahora, ricos! *Llorad y aullad por las miserias que os vendrán. Vuestras riquezas están podridas, y vuestras ropas están comidas de polilla. Vuestro oro y plata están enmohecidos, y su moho testificará contra vosotros y devorará del todo vuestras carnes como fuego. Habéis acumulado tesoros para los días postreros. He aquí, clama el jornal de los obreros que han cosechado vuestras tierras, el cual, por engaño, no les ha sido pagado por vosotros, y los clamores de los que habían segado han entrado en los oídos del Señor de los ejércitos. Habéis vivido en deleites sobre la tierra y sido disolutos; habéis engordado vuestros corazones como en día de matanza. Habéis condenado y dado muerte al justo, y él no os hace resistencia*».

Roma, al igual que su madre, Babilonia, se sentía inconquistable, muy poderosa, vivía en una ilusión de poder y seguridad. De ahí la expresión: «Yo estoy sentada como una reina, y no soy viuda, y no veré llanto». Babilonia decía: «... Para siempre seré señora... Yo soy, y fuera de mí no hay más, no quedaré viuda ni conoceré orfandad» (Isaías 47:7-8).

La historia verifica cómo los ejércitos medo-persas, dirigidos por Ciro, desviaron las aguas del Éufrates bajo el reinado de Belsasar (año 538 a. c.) y conquistaron a la «señora» Babilonia, dejándola «viuda» de sus monarcas, y a su pueblo en «orfandad». La Babilonia romana fue virtualmente debilitada durante los siglos IV y V de la era cristiana por las constantes invasiones de las tribus bárbaras y, finalmente, dejó de sentarse como «reina» militar, se convirtió en «viuda» de sus emperadores y vio el «llanto» de su gloria pasada.

Son muchas las naciones mundiales como Estados Unidos, Gran Bretaña y Rusia que piensan que siempre serán «señoras», que estarán «sentadas» sobre su poderío militar y tecnológico y que jamás serán «viudas» de su sistema político, de su capitalismo o comunismo, de su neocolonialismo, de su opresión sistematizada. Pero la verdad es que verán «llanto». Solo hay un gobierno justo, templado, equilibrado, sin clases sociales... el gobierno de Dios. Los creyentes abogamos por esa verdadera política y estado social que algún día será establecido aquí, en esta tierra. Mientras ese día se avecina seremos heraldos de la justicia divina... confrontando los «principados y potestades» que operan dentro de las muchas estructuras sociales, políticas, económicas, religiosas, educacionales...

Dios juzga a la Babilonia

Versículo 8: «Por lo cual en un solo día vendrán sus plagas, muerte, llanto y hambre, y será quemada con fuego, porque poderoso es Dios, el Señor, que la juzga». Las palabras «en un solo día» no se deben tomar literalmente para significar un día de veinticuatro horas. Por la historia sabemos que el juicio sobre la Roma de los césares, o sea, su desmantelamiento político y nacional, no se logró en un día específico, tomó casi dos siglos. Se debe entender que la expresión «en un solo día» significa «en un tiempo determinado».

Roma, como la ciudad que se jactaba de garantizar la vida a sus ciudadanos en su fortificación militar, la ciudad que con sus teatros, anfiteatros y circos traía gozo sobre sus habitantes, la ciudad que se deleitaba en comer glotonamente, experimentaría «muerte, llanto y hambre». Así como Nerón quemó algunos lugares y centros públicos en Roma y luego culpó a los cristianos mandándolos quemar..., Dios mismo se encargaría de darle la retribución a Roma.

Para los cristianos joaninos era un aliciente espiritual y emocional el saber que su causa no era desatendida por Dios. Él estaba al tanto de sus sufrimientos y se encargaría de defenderlos. La profecía todavía exige un cumplimiento escatológico.

El lamento de los reyes

Versículos 9 y 10: «Y los reyes de la tierra... harán lamentación sobre ella cuando vean el humo de su incendio, parándose lejos por el temor de su tormento, diciendo: "¡Ay, ay de la gran ciudad de Babilonia, la ciudad fuerte, porque en una hora vino tu juicio!"».

Las palabras «reyes» y «reinos» son empleadas en la literatura apocalíptica de manera intercambiable (Apocalipsis 17:12). Los reyes, en este pasaje profético, corresponden a las naciones amigas (aliadas) de la antigua Roma. En la ley de la doble referencia hermenéutica, «los reyes» también deben corresponder a los diez reinos que estarán consolidados con el anticristo.

Poco les importa a los mercaderes la condición de «el temor de su tormento». El pararse lejos no debe entenderse como que están físicamente a cierta distancia, sino que desde sus reinos o naciones no harán ningún intento de auxilio o ayuda.

Los dos «¡Ay, ay...!» son por el doble castigo que la ciudad recibe (Apocalipsis 18:6). Fijémonos que se dice «la gran ciudad de Babilonia». Esto ha dado base para que muchos escatólogos afirmen que la ciudad de Babilonia tendrá que ser reconstruida o que una moderna Babilonia se tendrá que edificar en algún lugar. Discrepamos rotundamente con tal aseveración; Babilonia es un nombre figurativo que la literatura apocalíptica emplea para disfrazar el nombre de Roma. Juan no pensaba en una Babilonia que sería reconstruida, él veía el juicio destructivo sobre la Babilonia-Roma.

El lamento de los mercaderes

Versículo 11: «Y los mercaderes de la tierra lloran y hacen lamentación sobre ella, porque ninguno compra más sus mercaderías».

La ciudad de Roma se dedicaba más a la importación que a la exportación. Casi todos sus productos procedían del extranjero y de sus provincias. La economía de otras naciones dependía mayormente del consumo y compra por parte de la enriquecida Roma. Los mercaderes se lamentan porque el juicio sobre la Babilonia ha afectado sus ganancias.

Poco les importa a los mercaderes la condición de la Babilonia, lo que les atañe es su propio lucro. En nuestra época tenemos naciones «mercaderes» cuya relación con otras naciones es para buscar lo suyo propio. Es decir, sus propios intereses políticos y económicos. Poco les importa el dolor y el sufrimiento interno de las naciones hermanas, lloran y se lamentan por sus necesidades interiores.

Versículos 12 y 13: «Mercadería de oro, de plata, de piedras preciosas, de perlas, de lino fino, de púrpura, de seda, de escarlata, de toda madera olorosa, de todo objeto de marfil, de todo objeto de madera preciosa, de cobre, de hierro y de mármol, y canela, especias aromáticas, incienso, mirra, olíbano, vino, aceite, flor de harina, trigo, bestias, ovejas, caballos y carros y esclavos, almas de hombres».

Los nombres «canela, especias aromáticas, incienso» (RV) son traducidos en otras versiones: «cinamomo, amono, perfumes» (BJ); «cinamomo y especias de perfumes» (NVI). El texto griego de Nestle lee *kinnamomon kai amomon kai thumiamata*.

Es más correcto entonces que leamos «cinamomo» que «canela». Entre los antiguos, el cinamomo servía para ungir y para dar buen olor. El uso que nosotros le damos a la canela es mayormente con fines alimenticios. La palabra «especias aromáticas» nos aleja del verdadero significado del «amono», el cual era un bálsamo oloroso usado para el pelo y como aceite para los funerales.

Todos estos productos Roma los recibía de Egipto, Fenicia, China, el Norte de África, Corinto, el mar Negro, España, India y de otras regiones vecinas. Los romanos manufacturaban lo que otras naciones producían.

La palabra «carro» es leída en griego *redes*. En latín se traduce *rhedarum*. No se refiere a las carrozas empleadas en los circos para competir en carreras, tampoco a las carrozas usadas en los ejércitos militares o incursiones. Estas son las carrozas usadas por los adinerados, los pudientes, la así llamada clase acomodada. ¡Cuánto me recuerda esto a las limusinas que tanto vemos en la ciudad de Nueva York, símbolo del «estatus social»!

La expresión «y esclavos, almas de hombres» necesita ser explicada. En griego se lee *somatos kai psuchas anthropos* (cuerpos y almas de hombres). El lugar donde se vendían los esclavos según William Barclay era llamado *somatemporos*. En esta declaración apocalíptica se está haciendo alusión a la venta de esclavos. Estos se vendían en cuerpo y alma al mejor comprador.

Roma, en la época joanina, tenía una población de cerca de un millón de habitantes. La mitad de este número, unos quinientos mil, eran esclavos. En todo el imperio se podían calcular en unos 60.000.000, conforme a Barclay. Los esclavos se usaban para casi todo: tutores, negociantes, celadores, actores, para recordar cosas y nombres a los amos, para leer y escribir particularmente cuando los amos eran analfabetos..., aun se tenían esclavos para distraer la vista de las visitas o invitados.

Muchos esclavos eran importados de Asia y de Alejandría; estos se consideraban los mejores, físicamente eran bien parecidos y los romanos eran amantes de la belleza física. Había toda clase de esclavos; enanos, gigantes, fenómenos, hermafroditas (que tienen los dos sexos genitales)..., hasta se producían artificialmente para la venta.

La Roma papal es responsable por el negocio que ha hecho con los cuerpos y almas de tantos creyentes ciegos que se han dejado esclavizar por sus seducciones y engaños doctrinales. La Babilonia escatológica también esclavizará a muchos seres humanos con el engaño y la imposición.

Versículo 14: «Los frutos codiciados por tu alma se apartaron de ti, y todas las cosas exquisitas y espléndidas te han faltado y nunca más las hallarás».

En la Nueva Versión Internacional, el texto se lee: «Y dirán: "El fruto que tanto apetecías se ha marchado de ti. Todas tus riquezas y todo tu esplendor se han desvanecido y nunca los recobrarás"».

Roma, en sus días, fue una megalópolis, algo así como la ciudad de Nueva York, Los Ángeles, París... Lo que no se encontraba en Roma muy difícilmente se podría encontrar en otro lugar. El lujo, las riquezas, las novedades, lugares de recreo, la tecnología moderna, las exhibiciones artísticas, la buena música..., se podía encontrar en cualquier rincón de esta ciudad.

Los romanos eran muy amantes de consumir frutas. Era su costumbre recostarse sobre largos sofás mientras sus esclavos les traían azafates repletos de las más exquisitas y frescas frutas.

Los banqueteos eran una señal visible del estatus social y de su aristocracia. Ellos comían no solo por necesidad, sino por placer. Para este propósito tenían en sus viviendas lugares llamados *vomitorium* (vomitadores). Cuando se llenaban con la comida y no les cabía nada más se excusaban, entraban al *vomitorium* y se autoproducían vómitos. Luego salían, volvían a su lugar en el banquete para continuar con su glotonería.

Es interesante que la palabra «glotonería» en griego se lee *komos*. Pablo la empleó dos veces (Romanos 13:13 y Gálatas 5:21). Pedro la usa en su primera epístola (1.ª Pedro 4:3). En latín se lee *comessationibus*. El glotón es uno que come con exceso. El escritor Séneca decía de los romanos: «Ellos vomitan para comer y comen para vomitar».

Los versículos 15 y 16 continúan aludiendo al lamento de los mercaderes. Al igual que los reyes, ellos expresan un doble «¡Ay, ay...!». El doble «¡ay!» es por el lujo y las riquezas que la ciudad ha perdido. De ahí es que digan: «... estaba vestida..., estaba adornada...».

Una hora

Versículo 17a: «Porque en una hora han sido consumidas tantas riquezas...». En el versículo 8 leímos: «Por lo cual en un solo día vendrán sus plagas...». Es indiscutible que entre un día y una hora hay una gran diferencia. La versión Dios Habla Hoy, en vez de «una hora», dice «en un instante». Lo que el texto quiere indicar es un tiempo oportuno y escogido por Dios. Algunos comentaristas del Apocalipsis han llegado a opinar que el juicio de la Babilonia comercial ocurrirá en el período de un día y una hora (veinticinco horas). Tal interpretación no encuentra lugar en el lenguaje joanino.

Los navegantes

Versículo 17b: «... Y todo piloto y todos los que viajan en naves y marineros y todos los que trabajan en el mar se pararon lejos». Este tercer grupo, al igual que los dos que antecedieron, también se paran «lejos», miran, pero no hacen nada.

Versículos 18 y 19: «Y viendo el humo de su incendio dieron voces, diciendo: "¿Qué ciudad era semejante a esta gran ciudad?". Y echaron polvo sobre sus cabezas... lamentando, diciendo: "¡Ay, ay de la gran ciudad, en la cual todos los que tenían naves en el mar se habían enriquecido de sus riquezas, pues en una hora ha sido desolada"».

Esta imagen apocalíptica está contextualizada en el llanto sobre la caída de Tiro en la literatura vetero-testamentaria encontrada en el capítulo 27 de Ezequiel:

«Descenderán de sus naves todos los que toman remo; remeros y todos los pilotos del mar se quedarán en la tierra. Y harán oír su voz sobre ti y gritarán amargamente, y echarán polvo sobre sus cabezas y se revolcarán en ceniza. Se raerán por ti los cabellos, se ceñirán de cilicio y endecharán por ti endechas amargas, con amargura del alma. Y levantarán sobre ti endechas en sus lamentaciones, y endecharán sobre ti, diciendo: "¿Quién como Tiro, como la destruida en medio del mar?"» (Ezequiel 27:29-32).

Versículo 20: «Alégrate sobre ella, cielo y vosotros, santos, apóstoles y profetas, porque Dios os ha hecho justicia en ella». En Jeremías 51:48 leemos en relación con esto: «Los cielos y la tierra y todo lo que está en ellos cantará de gozo sobre Babilonia, porque del Norte vendrán contra ella destruidores, dice Jehová».

Por la lectura del presente pasaje apocalíptico parece que el creyente se debe gozar por la venganza divina sobre sus enemigos. La verdad es que el gozo producido por la destrucción de la Babilonia se debe mayormente al hecho de que Dios ha vindicado su propia justicia, y esto es motivo de gozo. Para los cristianos perseguidos por la Roma de Domiciano significaba que Dios habría de salir en la defensa de ellos. Unos ya habían sido martirizados y estaban en el cielo, otros, «santos, apóstoles y profetas», estaban sufriendo la persecución domiciana. Pero llegaría el momento cuando se unirían ambos grupos, los del cielo y los de la tierra, para gozarse por la victoria recibida.

La Roma papal también tendrá que pagar caro el comercio espiritual que ha hecho con tantísimas almas. Las persecuciones y martirios de los siglos pasados todavía están anotados en la memoria de Dios. Roma, de nuevo en los días escatológicos, por su asociación con el anticristo y persecución de los santos de la tribulación, tendrá su castigo de parte de Dios.

Un ángel poderoso

Versículo 21: «Y un ángel poderoso tomó una piedra, como una gran piedra de molino, y la arrojó en el mar, diciendo: "Con el mismo ímpetu será derribada Babilonia, la gran ciudad, y nunca más será hallada"».

En Apocalipsis 5:2 y 10:1 se nos menciona a un «ángel fuerte». Pero por vez primera leemos «un ángel poderoso». En latín se lee *angelus fortis*. Este ángel representa el poder de Dios sobre la Babilonia. La acción del ángel debe entenderse simbólicamente. En relación con esto hay que leer Jeremías 51:63-64.

«Y cuando acabes de leer este libro le atarás una piedra y lo echarás en medio del Eúfrates, y dirás: "Así se hundirá Babilonia, y no se levantará del mal que yo traigo sobre ella, y serán redimidos"». (Hasta aquí son las palabras de Jeremías).

Versículos 22 al 24: «Y voz de arpistas, de músicos, de flautistas y de trompeteros no se oirá más en ti, y ningún artífice de oficio alguno se hallará más en ti, ni ruido de molino se oirá más en ti. Luz de lámpara no alumbrará más en ti ni voz de esposo y de esposa se oirá más en ti, porque tus mercaderes eran los grandes de la tierra, pues por tus hechicerías fueron engañadas todas las naciones. Y en ella se halló la sangre de los profetas y de los santos y de todos los que han sido muertos en la tierra».

En el juicio profetizado sobre Tiro se emplea un lenguaje similar: «Y haré cesar el estrépito de tus canciones y no se oirá más el son de tus cítaras» (Ezequiel 26:13).

En la profecía relacionada con los setenta años de cautiverio en Babilonia leemos otra referencia del lenguaje apocalíptico: «Y haré que desaparezca de entre ellos la voz de gozo y la voz de alegría, la voz de desposado y la voz de desposada, ruido de molino y luz de lámpara» (Jeremías 25:10, léase también Jeremías 7:34 y 16:9).

Todo este lenguaje joanino lo que quiere presentar es que las actividades sociales, laborales, domésticas y hogareñas se terminarán con el juicio que vendrá sobre la Babilonia.

Nótese la expresión «Y en ella se halló la sangre de los profetas y de los santos y de todos los que han sido muertos en la tierra». La aplicación de estas palabras no es exclusiva para la Roma pagana o la Roma papal o la Roma escatológica. Se refieren a todas las naciones anticristianas, enemigas de Dios y perseguidoras de los santos.

La Babilonia contemporánea

En la versión de la Nueva Biblia Latinoamericana, cuyo contexto es en favor de la teología de la liberación, se nos ofrece un comentario dando contestación al interrogante: ¿hay que buscar una Babilonia grande en el mundo actual?

«Juan veía en el Imperio romano de la Bestia y profetizó su caída. Bien poco habló de lo que habría después... Cada uno de nosotros está inclinado a identificar a Babilonia con tal o cual de las grandes potencias actuales, según sus propias opiniones. Unos la ven en el capitalismo imperialista, otros en el socialismo materialista. Tal vez unos y otros ni se equivocan totalmente ni tienen toda la razón. Ya que Cristo "echó fuera al amo de este mundo", debemos pensar que hay aspectos positivos en los varios sistemas que compiten en el escenario mundial».

«Pero también se deben tener en cuenta las intuiciones proféticas de Juan. En unos países la Iglesia es perseguida. *En otros se imponen normas de vida que deben rechazar los verdaderos cristianos. En sectores importantes de la humanidad se verifica esto de que "ninguno podrá vender o comprar si no acepta entregar su libertad a la Bestia", y a veces, mientras prevalecen estas pretensiones totalitarias del poder, se pide a la Iglesia, por precio de su tranquilidad, que haga lo que hacía el falso profeta: adormecer a los hombres en vez de traerles la verdadera liberación»* (página 464).

La Iglesia de Cristo no debe seguir acuartelada en los templos mientras las Babilonias opresivas y anticristianas se siguen gozando en la injusticia y explotación humana. Nuestra voz debe dejarse oír en medio del silencio de la sociedad. Nuestros intereses espirituales no los podemos empeñar por el lucro de ninguna Babilonia. Los creyentes poseemos una «ciudadanía» que «está en los cielos» (Filipenses 3:20), también nos consideramos «extranjeros y peregrinos» en esta tierra (1.ª Pedro 2:11).

CAPÍTULO 18

Una nota de triunfo
(Apocalipsis 19:1-24)

Este capítulo 18 está pincelado sobre un lienzo de victoria. La combinación de las imágenes, expresiones y el contexto cristológico del mismo describen un clímax apocalíptico donde la justicia reina sobre la injusticia, la verdad sobre la mentira, Cristo sobre el anticristo, lo divino sobre lo satánico, el cielo sobre la tierra, los creyentes sobre los incrédulos. Toda la problemática escatológica parece desaguar en lo aquí expuesto.

Los cuatro aleluyas

Los versículos 1 al 6 de este capítulo 19 del Apocalipsis describen el estado emocional de gozo compartido por la compañía mixta de creyentes y seres angelicales en el cielo. Son la contestación a la invitación hecha en Apocalipsis 18:20: «Alégrate sobre ella, cielo, y vosotros, santos, apóstoles y profetas, porque Dios os ha hecho justicia en ella». Esta alegría celestial no se expresa por el mal infligido sobre la enemiga política y religiosa de los santos, es decir, la gran ramera, sino porque la justicia de Dios ha sido vindicada sobre ella.

Versículo 1: «Después de esto oí una gran voz de gran multitud en el cielo, que decía: "¡Aleluya! Salvación y honra y gloria y poder son del Señor Dios nuestro"».

La expresión «después de esto» es muy común en la descripción joanina (Apocalipsis 4:1, 7:9, 18:1). Otro equivalente de la literatura apocalíptica es «después» (Apocalipsis 13:1, 14:1, 22:1). El propósito del escritor escatológico es indicarle a sus lectores el orden cronológico de los eventos y, quizá, demostrar el lapso de tiempo en que dichas revelaciones se recibieron.

La versión Reina Valera menciona la palabra «honra». La misma no se lee en muchas otras versiones (BJ, NBE, VM, BA, NC). En muchos de los manuscritos antiguos dicha palabra es omitida. Las palabras griegas para salvación, gloria y poder son: *soteria, doxa y dunamis*. El escritor nos deja ver que estas cualidades o descripciones «son del Señor Dios nuestro». Esto contrarresta cualquier arrogancia política y humanista que trate de ofrecer y reclamar lo que únicamente pertenece a Dios. Esto fue algo que los césares, con particularidad Nerón y Domiciano, trataron de usurpar al promover la autoadoración y el culto personal.

La palabra «aleluya», por vez primera en la escritura neotestamentaria, aparece aquí introducida. Es una expresión popular en la liturgia hebraica. Literalmente significa «Alabad a Jehová». Toma su etimología de dos palabras hebreas, *jalar* («alabar») y *Yah* («Jehová»). Aparece al principio de muchos Salmos (106, 111, 112, 113, 117, 135, 146, 147, 148, 149, 150). Algunos Salmos la tienen al final (106, 113, 135, 146). Entendamos que «aleluya» es la transliteración de la palabra hebrea.

Versículo 2: «Porque sus juicios son verdaderos y justos, pues ha juzgado a la gran ramera que ha corrompido a la tierra con su fornicación y ha vengado la sangre de sus siervos de la mano de ella».

Para Juan, Roma era la ciudad de la corrupción moral, religiosa, espiritual... Hoy día muchas de las así llamadas potencias mundiales son culpables de una corrupción moral y política, racial, económica y cultural. Son muchas las Romas modernas que están candidatas al juicio divino. La Roma escatológica recibirá la evaluación jurídica y disciplinaria de Dios. Dios defiende y demanda la causa de sus hijos.

Versículo 3: «Otra vez dijeron: "¡Aleluya! Y el humo de ella sube por los siglos de los siglos"». Este lenguaje metafórico encuentra su contexto en Isaías 34:10: «No se apagará de noche ni de día, perpetuamente subirá su humo, de generación en generación será asolada, nunca más pasará nadie por ella». La perpetuidad del juicio divino es subrayada. Este segundo aleluya es expresado por la misma multitud ya mencionada.

Esta multitud es mixta y pluralista en su agradecimiento al Señor. Estará integrada por los santos antiguo-testamentarios, los santos mártires de la Iglesia, los redimidos que serán levantados en el rapto de la Iglesia, los mártires de la gran tribulación y las huestes angelicales.

Versículo 4: «Y los veinticuatro ancianos y los cuatro seres vivientes se postraron en tierra y adoraron a Dios, que estaba sentado en el trono, y decían: "Amén, aleluya"».

En otros lugares del Apocalipsis ya habían sido introducidos los veinticuatro ancianos y los cuatro seres vivientes o querubines. Los ancianos representan a los doce apóstoles y a los doce patriarcas antiguo-testamentarios. Es muy interesante que los ancianos y los seres vivientes, por lo general, se mencionan asociados (cf. 5:8, 14:3). La expresión «se postraron en tierra» es de difícil interpretación. Parece sugerir una escena en la tierra, pero por los contextos y la alusión al «trono» tenemos que presumir que Juan añade un detalle de explicación apocalíptico para describir la posición corporal de esta compañía. Ellos son los que expresan el tercer aleluya.

Versículo 5: «Y oí como la voz de una gran multitud, como el estruendo de muchas aguas y como la voz de grandes truenos, que decía: "Aleluya, porque el Señor nuestro Dios todopoderoso reina"».

Esta es la misma multitud que se mencionó al principio unida a los veinticuatro ancianos y a los cuatro seres vivientes. La palabra griega que se emplea para «Todopoderoso» es *pantokrator*. Dios es el que toma control de la historia y de los acontecimientos. Su poder no tiene barreras o límites. El Dios nuestro es más poderoso que los sistemas políticos. Todos los sistemas tienen algo de diabólico, sea el capitalismo o sea el comunismo. Juan veía a Dios más poderoso que Domiciano o que Roma. Si el César era poderoso, Dios es todopoderoso, es *pantokrator*. Este cuarto aleluya apunta hacia el triunfo escatológico de Dios.

Las bodas del Cordero

La nota de gozo en el cielo se sigue intensificando. Estas bodas mesiánico-escatológicas señalan la realidad unificadora entre la Iglesia y el Cordero-Jesús. La Iglesia siempre ha tenido la expectación de ese momento glorioso. En la apocalíptica de Juan estas bodas se mencionan, pero no se dan detalles de la misma.

William Barclay, al pensar en el matrimonio escatológico entre Cristo y la Iglesia, establece una comparación entre un matrimonio secular y este. *a)* En ambos debe haber amor. *b)* En ambos debe haber íntima comunión. Es por medio de la intimidad que un matrimonio se fusiona. *c)* En ambos debe haber gozo. El amar y el sentirse amado produce gozo. *d)* En ambos debe haber fidelidad. Donde los cónyuges son fieles el uno al otro, una cerca de protección se levanta en derredor del matrimonio. Todas estas características describen la relación entre Cristo y los creyentes.

W. Hendricksen nos deja ver que para entender lo relativo a las bodas del Cordero tenemos que comprender algo sobre las costumbres que los hebreos practicaban en sus matrimonios. Todo matrimonio entre estos incluía cuatro pasos: *a)* Los esponsales. Era un compromiso más serio que el que nosotros conocemos *(engagement)*. Una pareja comprometida oficialmente se consideraba ya casada. *b)* A esto le seguía un intervalo hasta la celebración de las bodas. Era durante este intervalo que el esposo tenía que pagar por la dote de la novia; muchas veces lo hacía antes (Génesis 29:20, 34:12). *c)* La procesión ponía cierre al intervalo. El esposo ataviado venía acompañado de un séquito para buscar a la novia, la cual, para la ocasión, se preparaba muy estupendamente. *d)* Por fin se celebraban las bodas, seguidas por una gran cena. Las fiestas que acompañaban este evento podían extenderse hasta catorce días.

Aplicando esto a Cristo podemos decir que Él ya se comprometió con su Iglesia. Además, con su sangre pagó la dote requerida. Desde que Él ascendió al cielo, en presencia de sus discípulos y a lo largo de toda esta dispensación de la gracia, ha habido un intervalo. El Señor retornará del cielo acompañado de sus ángeles, y entonces tomará a su Iglesia, celebrando así las bodas del Cordero. Una gran cena de comunión y regocijo seguirá a este evento extraordinario.

Versículo 7: «Gocémonos y alegrémonos y démosle gloria, porque han llegado las bodas del Cordero y su esposa se ha preparado». El centro de la atención no es la novia, sino el novio. Otra vez en la descripción joanina la imagen del Cordero se introduce. Con justa afirmación, el Apocalipsis puede ser titulado el «Libro del Cordero», aunque nos referimos en muchas ocasiones a la Iglesia como la novia. En el original griego no se lee *nymfe* («novia»), sino *gyne* («esposa»). Según la costumbre hebrea, una mujer que se había comprometido se consideraba ya como la esposa, aunque todavía no estuviera unida a su esposo. Este fue el caso de José con María (Mateo 1:18-20). Es en este contexto hebraico que la Iglesia se ve como la esposa, aunque en realidad es la novia.

Israel, en el Antiguo Testamento, era considerada como la esposa de Dios, pero espiritualmente cometió adulterio contra Él (Jeremías 3:1-18; Oseas 2:1-33). En el Nuevo Testamento no se habla de Israel como la esposa, sino de la Iglesia como la «virgen», la «desposada», la «esposa del Cordero». En relación con estas bodas entre Cristo y la Iglesia léase Juan 3:29, Mateo 22:1-4, 25:1-12, 2.ª Corintios 11:2, Efesios 5:27.

Versículo 8: «Y a ella se le ha concedido que se vista de lino fino, limpio y resplandeciente, porque el lino fino es las acciones justas de los santos».

La expresión «se le ha concedido» (RV) es rendida en otras versiones como: «se le ha permitido» (DHH), «le fue dado» (VM), «y fuele otorgado» (NC). Esta vestidura que la novia se atavía no es algo que ella ha preparado, es más bien una dádiva divina. El atuendo le es dado, pero a ella le toca prepararse con el mismo. La novia del Cordero no está vestida del orgullo y la arrogancia, con lo cual se presentaba la gran ramera, ella está vestida de un carácter puro y santificado.

Versículo 9: «Y el ángel me dijo: "Escribe: Bienaventurados los que son llamados a la cena de las bodas del Cordero". Y me dijo: "Estas son palabras verdaderas de Dios"».

Es interesante notar que ningún hombre o mujer, por sus méritos terrenales, religiosos, educacionales o profesionales, no se pueden invitar a sí mismos a las bodas del Cordero, y menos a la cena. Hay que responder al llamado divino si se quiere entrada para tan majestuosa festividad.

Tomando en cuenta que la Iglesia es la novia, hay que concluir que ella no pertenece a los invitados. Juan el Bautista se vio a sí mismo como un «amigo del esposo» (Juan 3:29), es decir, un invitado. Por lo tanto, todos los santos antiguo-testamentarios y los mártires de la tribulación formarán esa compañía de invitados. Todas las miríadas angelicales serán testigos de tan maravilloso evento.

Esta cena no se debe entender como una actividad literal, en la cual se estará comiendo o bebiendo. Este lenguaje apocalíptico se debe sobreentender como alusivo a un estado de comunión y de celebración.

El ángel pone el sello de inspiración divina sobre lo que ha dicho al declarar: «Estas son las palabras verdaderas de Dios». El predicador o el comunicador cristiano tiene que cuidarse de no acreditarse lo que corresponde a Dios. Por otro lado, no se le debe acreditar a Dios lo que pertenece a la inspiración humana del interlocutor. Decir que Dios ha dicho algo cuando Él no lo ha dicho es un pecado. Es tomar su nombre en vano.

Versículo 10: «Yo me postré a sus pies para adorarle. Y él me dijo: "Mira, no lo hagas; yo soy consiervo tuyo y de tus hermanos, que retienen el testimonio de Jesús. Adora a Dios, porque el testimonio de Jesús es el espíritu de la profecía"».

Juan quedó tan impresionado por las palabras de este ángel que sin pensarlo se postró en actitud de adoración. El ángel, con palabras de dulce consejo, le dice: «Mira, no lo hagas, yo soy consiervo tuyo y de tus hermanos...». Esta acción del ángel descarta cualquier intento de parte del hombre de tratar de divinizar o darles culto a estos mensajeros de Dios. Aún más, ningún mensajero de Dios, sea el pastor o el evangelista, no se puede convertir en objeto de adoración.

Para los cristianos primitivos, esta era una enseñanza de no postrarse ante ningún otro ser, aunque fuera un ángel que viniera del mismo cielo. Por tal razón, la adoración a Domiciano tenía que ser descartada por ellos. Si un ángel rechazaba la adoración, siendo superior al César romano, por qué adorar a este. Solo el *Theos* debe ser adorado.

«... porque el testimonio de Jesús es el espíritu de la profecía». Esto puede significar dos cosas: primero, que el cristiano debe testificar de Jesús. Segundo, que Jesús testifica del cristiano. Además, puede señalar a Jesús como el meollo de la profecía bíblica. Todos los eventos escatológicos se mueven en el péndulo de su voluntad.

El conquistador divino

La idea de un Mesías conquistador estaba arraizada en la literatura vetero-testamentaria. Fue precisamente este concepto lo que llevó a muchos judíos de la época de Jesús y aun a sus discípulos a malinterpretar su mesiazgo. No podían reconciliar las ideas de que el Mesías sufriente y el Mesías conquistador eran la misma persona. Esta dualidad escatológica es claramente presentada en Isaías 53 y en Isaías 63. Mediante su encarnación el Señor se hizo Mesías sufriente, y será mediante su segunda venida o parousía o revelación que se manifestará como el Mesías guerrero.

Scofield dice sobre este particular: «La visión es de la partida de Cristo del cielo, con sus ángeles y santos, en preparación de la catástrofe en la cual el poder mundial de los gentiles, encabezado por la bestia, es herido por "la piedra cortada no por mano"» (Daniel 2:34-35). (*Biblia anotada de Scofield*, página 1305).

Versículo 11: «Entonces vi el cielo abierto, y he aquí un caballo blanco, y el que lo montaba se llamaba Fiel y Verdadero, y con justicia juzga y pelea».

La expresión «y con justicia juzga y pelea» (RV) es rendida en otras versiones: «porque con rectitud gobernaba y hacía la guerra» (DHH), «y juzga y combate con justicia» (BJ), «porque lleva razón en el juicio y en la guerra» (NBE).

En Apocalipsis 4:1, Juan vio «una puerta abierta en el cielo». Por el contrario, ahora su testimonio es: «vi el cielo abierto». Por la puerta abierta el vidente de Patmos fue arrebatado al cielo. El cielo abierto es para que Cristo entre al mundo en su segunda venida al final de la gran tribulación. Es interesante anotar que es durante este intervalo entre la puerta abierta y el cielo abierto que los juicios apocalípticos se desarrollan. Es como si dijéramos que la semana 70 de Daniel o la tribulación tomará lugar después del rapto de la Iglesia y finalizará con la revelación gloriosa y juiciosa de Cristo.

El caballo, en las Sagradas Escrituras, simboliza guerra (Job 39:19-25; Proverbios 21:31; Jeremías 8:16). El uso del caballo se asocia en el Apocalipsis con conquista y victoria (Apocalipsis 6:4, 5, 8, 9:7, 9, 17, 19, 19:14, 19, 21). Tanto el anticristo como Cristo aparecen montados sobre caballos blancos (Apocalipsis 6:2, cf. 19:11). Los generales romanos simbolizan sus victorias montados sobre blancos corceles. Aun Napoleón Bonaparte hizo del uso del caballo blanco su distintivo militar.

El Cristo conquistador es llamado aquí «Fiel y Verdadero». Es lo contrario al anticristo, que es el «infiel y el falso». De Satanás se nos dice que «es mentiroso y padre de mentira» (Juan 8:44). El anticristo es la suma de todo lo contrario a Cristo. El apóstol Pablo dijo sobre la fidelidad de Jesús: «Si fuéramos infieles, Él permanece fiel» (2.ª Timoteo 2:13).

Versículo 12: «Sus ojos eran como llama de fuego y había en su cabeza muchas diademas, y tenía un nombre escrito que ninguno conocía, sino Él mismo».

1. «Sus ojos eran como llama de fuego». Esta descripción escatológica ya se había introducido en Apocalipsis 1:14. Los ojos son los rayos X del alma. Los sentimientos de una persona se pueden reflejar en su manera de mirar. Esta mirada del Cristo apocalíptico revela su aptitud de juicio. Con sus ojos todo lo alumbra, todo lo quema, todo lo descubre, todo lo juzga, no hay nada pequeño que le sea desapercibido o nada grande que le sea ignorado.

2. «Y había en su cabeza muchas diademas». En el original griego hay dos palabras que se pueden traducir «corona», una es *stefanos*, y se refiere a la corona dada a los vencedores en los maratones, la otra es *diadema*, y describe la corona de realeza dada a los monarcas o emperadores. Las muchas coronas (diademas) sobre la cabeza de Cristo lo presentan como rey soberano y universal. Jesús es el *Kyrios* verdadero, «Señor de señores y Rey de reyes» (Apocalipsis 17:14). Ese es el Cristo que le respondió a Pilato: «Tú dices que yo soy rey. Yo para esto he venido al mundo...» (Juan 18:37).

De ese Cristo leemos en el evangelio: «Y los soldados entretejieron una corona de espinas y la pusieron sobre su cabeza y le vistieron con un manto de púrpura» (Juan 19:2). Esa corona de espinas, símbolo del sufrimiento y la afrenta, en su manifestación apocalíptica, la sustituye por una pluralidad de coronas, símbolo de su señorío.

3. «Y tenía un nombre escrito que ninguno conocía, sino Él mismo». Los nombres, entre los hebreos, revelaban algo del carácter de la persona. De ahí es que en teología se estudien los nombres de Dios para conocer algo de su persona y carácter. En la cristología, por medio de los nombres de Cristo, se puede hacer un análisis concienzudo de su obra y misión soteriológica y escatológica. Este nombre desconocido simplemente significa que hay cosas sobre el Señor que todavía nos están veladas.

A pesar de esta explicación, nos vemos tentados a considerar el contexto escritural de dicha declaración en relación con ese misterioso nombre. En el versículo 13 leemos: «... y su nombres es: El Verbo de Dios». En un lugar, Juan parece omitir el nombre, pero en otro lugar nos lo descubre.

En alusión a lo antes formulado nos dice Alfred Lapple: «Resulta extraño y a primera vista parece contradictorio oír decir que su nombre "Él solo (lo) conoce" (Apocalipsis 19:13)... El enorme alcance y la riqueza insondable encerrados en el nombre "Verbo de Dios" solo son conocidos a Dios. Ningún hombre, ninguna teología, podrán jamás conocer a fondo ese nombre, por la simple razón de que Dios solo puede ser conocido adecuadamente por Dios» (*El Apocalipsis de San Juan*, Ediciones Paulinas, página 195).

Versículo 13: «Estaba vestido de una ropa teñida en sangre, y su nombre es: El Verbo de Dios». La Biblia de Jerusalén rinde: «Viste un manto empapado en sangre, y su nombre es: la palabra de Dios».

En la cristología joanina, este título de «Verbo» aplicado a Jesús es de una profunda connotación teológica (Juan 1:1, 14; Juan 1:1, 5:7). En griego se lee *logos*. El logos era para los griegos lo que originaba todas las cosas. Este concepto de la filosofía griega fue adoptado por Juan para explicar su cristología.

En Juan 1:1 leemos: «En el principio era el Verbo (logos), y el Verbo (logos) era con Dios, y el Verbo (logos) era Dios». Este versículo revela tres cosas en relación al logos: *a)* Su eternidad: «En el principio era el Verbo». Es interesante que el primer libro de la Biblia, en su primer capítulo y primer versículo, comienza diciendo: «En el principio...». La actividad del logos se contextualiza en el principio de todas las cosas. Por lo tanto, si Él es desde el principio, tiene que ser eterno. *b)* Su comunión con la deidad, «y el Verbo era con Dios». El logos siempre estuvo con Dios antes de todo lo creado. Cuando solo existía lo divino, cuando no había nada aparte de Dios, ya el logos «era con Dios». *c)* Su divinidad, «y el Verbo era Dios». Juan da una profundidad mayor al concepto del logos que los filósofos griegos. Para él, el logos «era Dios». Si era Dios, es lo lógico que sigue siendo Dios.

En Juan 1:14 leemos: «Y aquel Verbo (logos) fue hecho carne, y habitó entre nosotros (y vimos su gloria, gloria como del unigénito del Padre), lleno de gracia y de verdad». Este logos para Juan no se convierte en alguna idea abstracta o da formación a alguna proyección mental, sino que se encarna y cohabita con la raza humana. Es decir, se interesa por el hombre y su condición. En este estado de *anthropos* (hombre) puede manifestar la gloria de su filiación divina sin quedarse vacío, sino «lleno de gracia y de verdad».

«Viste un manto empapado en sangre» (BJ). El contexto de este pasaje lo encontramos en Isaías 63:1-5. En el versículo 3 de dicho pasaje leemos: «He pisado yo solo el lagar, y de los pueblos nadie había conmigo; los pisé con mi ira y los hollé con mi furor, y su sangre salpicó mis vestidos y mancha todas mis ropas».

Algunos comentaristas piensan que la sangre con la cual estaba empapado el manto del Señor es una alusión a la sangre derramada en el Calvario. Esto no solo suena impropio, sino ilógico. Esta sangre no es la suya; por el contrario, es la de sus enemigos. No simboliza redención, describe juicio y castigo.

Versículo 14: «Y los ejércitos celestiales, vestidos de lino finísimo, blanco y limpio, le seguían en caballos blancos». Esto es una alusión a lo dicho por Jesús en Mateo 16:27: «Porque el Hijo del Hombre vendrá en la gloria de su Padre con sus ángeles, y entonces pagará a cada uno conforme a sus obras».

Juan no es específico en detallar si estos «ejércitos celestiales vestidos de lino finísimo» son únicamente ángeles o santos o si incluyen a ambos. Esto último parece ser lo más probable. De este ejército notaremos que no se menciona armado y tampoco se le acredita participación en la batalla. Aunque el Señor vendrá acompañado, Él peleará solo esa batalla escatológica.

Estos «caballos blancos» y el «caballo blanco» sobre el cual galopará Cristo no son corceles literales. El lenguaje apocalíptico es claro para darnos a entender la simbolización escatológica de los mismos. Hay que hacer esta aclaración para no caer en exageraciones de interpretación. El texto no se debe ultrajar de su sentido bíblico-hermenéutico.

Una nota de triunfo (Apocalipsis 19:1-24)

Versículo 15: «De su boca sale una espada aguda para herir con ella a las naciones, y él las regirá con vara de hierro, y él pisa el lagar del vino del furor y de la ira del Dios todopoderoso».

Esta imagen de la espada ya fue introducida en Apocalipsis 1:16. Allí leemos: «De su boca salía una espada aguda de dos filos». El verbo «salía» y el verbo «sale» tienen la misma connotación escatológica. Lo expresado por Juan halla su contexto en Isaías 11:4: «... y herirá la tierra con la vara de su boca y con el espíritu de sus labios matará al impío».

En Hebreos 4:12, la «palabra de Dios» es comparada con una «espada de dos filos». La 2.ª epístola a los Tesalonicenses y versículo 8 enseñan que el juicio sobre el anticristo será «con el espíritu de su boca» refiriéndose al Señor. Jesús vencerá a sus enemigos, no con armamentos de guerra, sino con el poder de su palabra.

En su revelación, Cristo vendrá a esta tierra para gobernar «con vara de hierro». En el Salmo 2:9 leemos: «Los quebrantarás con vara de hierro; como vasija de alfarero los desmenuzarás». El *Kyrios* ejercerá una dictadura teocrática. La sumisión a su gobierno será mandatoria.

La imagen del «lagar del vino» mencionada en este versículo 15 que estamos tratando se usa para simbolizar el juicio y exterminio divino sobre los enemigos de la causa de Dios y de su pueblo (Jeremías 25:30; Isaías 63:1-6).

Versículo 16: «Y en su vestidura y en su muslo tiene escrito este nombre: Rey de reyes y Señor de señores». La palabra griega para rey es *basileios*. La misma se relaciona etimológicamente con la palabra «basílica», tan usada por el catolicismo romano. La palabra o título «señor», en griego sabemos que es *kurios* o *kyrios*. En latín, dicho título lee *rex regum, et dominus dominantium*. La superioridad de Cristo está por sobre los reinos y los señoríos.

Es de difícil interpretación deducir si el nombre estaba escrito sobre su muslo y por el movimiento del manto se dejaba ver o si el manto era tan transparente que lo dejó revelarse. Es bastante posible que Juan viera la inscripción en ambos lugares, lo cual en el lenguaje simbólico no es un imposible. El hecho de estar estos títulos gubernamentales sobre Cristo demuestra que estos honores no le son conferidos, sino que los traerá consigo. Él será divinamente investido para ejercer el gobierno aquí, en la tierra.

Cristo Versus, el anticristo

Apocalipsis 19:17-21 nos presenta la escena escatológica del gran conflicto final entre el Cordero y la bestia. Con anterioridad se había preanunciado este evento (cf. Apocalipsis 16:14, 16, 17:14). Los estudiantes de la profecía le llaman la batalla de armagedón. Para más información sobre esta batalla recomiendo al lector que se lea el comentario ofrecido en Apocalipsis 16:16.

Versículo 17: «Y vi a un ángel que estaba en pie en el sol, y clamó a gran voz, diciendo a todas las aves que vuelan en medio del cielo: "Venid y congregaos a la gran cena de Dios"».

Esta cena contrasta con la cena de las bodas del Cordero ya mencionadas: *a)* Para la cena del Cordero son invitados los santos. Para esta otra cena se invitan a las aves de los cielos. *b)* A la primera se le llamaba «la cena de las bodas del Cordero» (Apocalipsis 19:9). Esta se describe como «la gran cena de Dios». *c)* De la primera se dice «la cena». A esta se le añade el superlativo «la gran cena». *d)* La cena del Cordero es en el cielo. Esta otra es en la tierra. *e)* La cena del Cordero simboliza comunión. Esta «gran cena de Dios» representa juicio divino.

Versículo 18: «Para que comáis carnes de reyes y de capitanes, y carnes de fuertes, carnes de caballos y de sus jinetes, y carnes de todos, libres y esclavos, pequeños y grandes».

Este versículo, al igual que el precedente, parece inspirarse en el pasaje vetero-testamentario de Ezequiel 39:17 al 20.

«*Y tú, hijo de Hombre, así ha dicho Jehová, el Señor: "Di a las aves de toda especie y a toda fiera del campo: Juntaos y venid; reuníos de todas partes a mi víctima que sacrifico para vosotros, un sacrificio grande sobre los montes de Israel, y comeréis carne y beberéis sangre. Comeréis carne de fuertes y beberéis sangre de príncipes de la tierra... Y os saciaréis sobre mi mesa, de caballos y de jinetes fuertes y de todos los hombres de guerra..."*».

La versión Reina Valera omite después de «todos» la expresión «los hombres» (BA). Otras versiones, en lugar de «los hombres», rinden: «de los de toda clase» (VM); «toda clase» (VM); «Toda clase de gente» (BJ); «de hombres de toda clase» (NBE).

George Eldon Ladd nos ofrece el siguiente comentario: «Es evidente que en este concepto "todos (los hombres)" designa a aquellos que han aceptado la marca de la bestia y han escogido ser leales al anticristo antes que humillar sus corazones en respuesta a los juicios de Dios que han soportado y reconocer la soberanía de Cristo. Los detalles de la descripción señalan la aniquilación del mal y de los hombres malos» (*El Apocalipsis de Juan: un comentario*, Editorial Caribe, página 228).

Versículo 19: «Y vi a la bestia, a los reyes de la tierra y a sus ejércitos reunidos para guerrear contra el que montaba el caballo y contra su ejército».

Juan nos presenta el hecho de la batalla sin darnos detalles de la misma. W. Hendricksen nos dice sobre esto: «Esta batalla de armagedón no es un conflicto prolongado, venciendo ahora con este ejército y después con el otro. No, "con el espíritu de su boca" Cristo, en su segunda venida, vence al enemigo. "Con el resplandor de su venida" destruye a sus enemigos (2.ª Tesalonicenses 2:8). De la misma manera aquí, en Apocalipsis» (*Hacemos más que vencer*, Editorial Buena Semilla, página 197).

El profeta Zacarías tuvo la revelación de este conflicto que se cumplirá al final de la tribulación:

«Y esta será la plaga con que herirá Jehová a todos los pueblos que pelearon contra Jerusalén; la carne de ellos se corromperá estando ellos sobre sus pies, y se consumirán en las cuencas sus ojos, y la lengua se les deshará en su boca. Y acontecerá en aquel día que habrá entre ellos gran pánico enviado por Jehová, y trabará cada uno de la mano de su compañero, y levantará su mano contra la mano de su compañero» (14:12-13).

La plaga que Dios enviará sobre los enemigos del Cordero y los invasores de Jerusalén será de un triple efecto físico: *a)* «La carne de ellos se corromperá estando ellos sobre sus pies». La versión Nueva Biblia Española rinde: «Se les pudrirá la carne mientras estén de pie». Este castigo es muy parecido a la enfermedad de la lepra. *b)* «Y se consumirán en las cuencas sus ojos» (NBE). Esto también se ha rendido como «se les pudrirán los ojos en las cuencas» (NBE). Es muy posible que esto se deba al «resplandor» de la venida de Cristo (2.ª Tesalonicenses 2:8). *c)* «Y la lengua se les deshará en su boca». Los enemigos de Cristo y aliados del anticristo no podrán maldecir al Cordero. Físicamente se quedarán incapacitados. No podrán caminar, no podrán ver y no podrán hablar.

Versículo 20: «Y la bestia fue apresada, y con ella el falso profeta, que había hecho delante de ella las señales con las cuales había engañado a los que recibieron la marca de la bestia y habían adorado su imagen. Estos dos fueron lanzados vivos dentro de un lago de fuego que arde con azufre».

Así como Enoc y Elías fueron trasladados al cielo para no ver muerte, el anticristo y su compinche de iniquidad, el falso profeta, serán trasladados al lago de fuego y azufre sin ver muerte. El castigo para ellos no es la muerte, sino el fuego eterno.

En 2.ª Tesalonicenses 2:8 leemos: «Y entonces se manifestará aquel inicuo a quien el Señor matará con el espíritu de su boca y destruirá con el resplandor de su venida. Este pasaje, indudablemente, se refiere al anticristo. Entre lo dicho por Juan y lo expresado por Pablo en relación al estado final del anticristo, se nos presenta una contradicción; uno dice que no morirá, el otro afirma que sí morirá. Creo que lo declarado por Pablo, en este caso, debe interpretarse figurativamente. Es decir, el apóstol de Tarso describe la muerte política, militar y satánica del anticristo.

Daniel, el profeta del exilio babilónico, también vio en el lente de la profecía y de la revelación el fin del anticristo: «Yo entonces miraba a causa del sonido de las grandes palabras que hablaba el cuerno; miraba hasta que mataron a la bestia, y su cuerpo fue destrozado y entregado para ser quemado en el fuego» (Daniel 7:11). Lo que el profeta desea indicar es que el dominio del anticristo le será quitado. Él emplea la imagen de la muerte para señalar la cesantía política del imperio del fin que será dirigido por la bestia.

En la Nueva Biblia Latinoamericana hay un comentario sobre el texto bíblico que se está discutiendo que, aunque no sigue la línea de pensamiento aquí esbozada, es de gran interés:

«Los dos fueron arrojados al horno del fuego de azufre». *Ese es el infierno para los cooperadores de Satanás.*

La presente página es una profecía de Juan relativa a la destrucción del Imperio romano perseguidor. Al leer esta página podemos pensar en las derrotas de los invencibles ejércitos romanos y en la descomposición de este cuerpo inmenso, cuya alma era la fe en la divinidad de Roma, la capital, y del César-emperador. Cristo no vino a trabar combate contra los ejércitos romanos en que, por lo demás, cierto número de soldados se habían convertido a la fe cristiana. (Muchos jóvenes cristianos inscritos en el ejército fueron los misioneros de Cristo por donde pasaban, y no faltaron los mártires entre ellos).

Más bien la victoria anunciada por el Apocalipsis fue la de Cristo y de sus mártires, que con su sacrificio echaron abajo la crueldad, la injusticia y la inmoralidad del mundo pagano. La lucha diaria, del creyente era la victoria de Cristo. Pero también Él, el Rey de reyes y Señor de señores, había dispuesto que algún día Roma y su imperio serían destruidos» (página 446).

Versículo 21: «Y los demás fueron muertos con la espada que salía de la boca del que montaba el caballo, y todas las aves se saciaron de las carnes de ellos». La muerte de los enemigos del Cordero es literal.

CAPÍTULO 19

El reinado milenario del Cordero (Apocalipsis 20:1-15)

Este capítulo 19 de la narración apocalíptica de Juan sigue en orden cronológico a lo narrado en el previo capítulo. Allí vimos al Cordero triunfando sobre la bestia, el falso profeta y los reyes de la tierra. Aquí vemos al Cordero reinando sobre esta tierra. Este capítulo ha dado lugar a muchas controversias teológicas, soteriológicas, satanológicas y escatológicas. Entender este capítulo es tener una visión clara del mensaje apocalíptico.

Satanás tiene que ser castigado

Versículos 1 al 3: «Vi a un ángel que descendía del cielo con la llave del abismo y una gran cadena en la mano. Y prendió al dragón, la serpiente antigua, que es el diablo y Satanás, y lo ató por mil años, y lo arrojó al abismo y lo encerró y puso su sello sobre él, para que no engañase más a las naciones hasta que fuesen cumplidos mil años, después de esto debe ser desatado por un poco de tiempo».

Juan no da detalles de quién es este ángel. Sin duda es un emisario de Dios enviado a efectuar una misión escatológica. La sombra de anonimato que lo rodea nos indica que el ángel no es el centro de la importancia, sino Satanás, al ser aprisionado. Es el mismo ángel mencionado en Apocalipsis 9:1: «... y vi una estrella que cayó del cielo a la tierra y se le dio la llave del pozo del abismo».

La imagen de la «llave», en el libro del Apocalipsis, siempre se asocia con autoridad y poder. Por tal razón, «la llave del abismo» debe entenderse en un lenguaje figurativo y no literal. La «gran cadena» que el ángel tiene en la mano expresa un lenguaje simbólico. Muchos comentaristas están de acuerdo en que la «cadena» es literal, aunque no de hierro. Posiblemente, elaborada de una especie de material espiritual, capaz de atar a Satanás.

Satanás será prendido, atado, arrojado en el abismo y encerrado. Ese será un día glorioso cuando el archienemigo de la humanidad será puesto bajo arresto divino. De este no podrá escapar tal espíritu maligno resumen de toda maldad e iniquidad. Dios le ha dado mucha rienda a Satanás, pero el día de aquietarlo, inactivarlo y de exiliarlo del panorama de la raza humana con una sentencia de mil años, le ha de llegar.

El milenio

Versículo 4: «Y vi tronos, y se sentaron sobre ellos los que recibieron facultad de juzgar, y vi las almas de los decapitados por causa del testimonio de Jesús y por la palabra de Dios, los que no habían adorado a la bestia ni a su imagen y no recibieron la marca en sus frentes ni en sus manos, y vivieron con Cristo mil años».

Esta doctrina del milenio se ha prestado para muchas discusiones teológicas. Tres escuelas de pensamiento se hallan en disputa sobre este particular: *a)* Los aminialistas niegan la realidad literal del milenio. Al referirse al milenio lo hacen alegóricamente. *b)* Los posmilenialistas sostienen la opinión de que el milenio tendrá lugar antes que la segunda venida de Cristo o la revelación. *c)* Los preminialistas creen que el rapto de la Iglesia (1.ª Tesalonicenses 4:15-17), la manifestación del anticristo (Daniel 9:27), la tribulación (Mateo 24:15-26) y los juicios apocalípticos (Apocalipsis 6:1-17, 9:6-21, 11:15-19, 16:1-21) y la revelación del Señor al fin de la gran tribulación (Apocalipsis 19:11-21) serán acontecimientos que se cumplirán antes de que comience el milenio. Las Sagradas Escrituras arrojan bastante luz en defensa de esta postura.

En el Apocalipsis, la expresión «mil años» se encuentra únicamente en este capítulo 19. Nada menos que seis veces (20:2, 3, 4, 5, 6, 7). En latín se traduce *mille anni*. De la unión de estas dos palabras latinas surge el término latino *milleannun*, que en castellano significa «mil años». En griego se lee *chilia ete*. Por este término griego muchos se refieren al milenio como la doctrina del «chiliarismo».

Aunque en todo el canon sagrado, con la excepción de Apocalipsis 20, no se encuentra el término «milenio» ni su equivalente de mil años, dicha doctrina es altamente insinuada y revelada. Léase estos pasajes bíblicos y verificará lo antes dicho (Isaías 2:1-5, 35:1-10, 65:18, 25; Zacarías 14:8-11 y 16-21).

El milenio dará el pleno cumplimiento a los pactos que Dios ha hecho a Israel: *a)* El pacto abrahámico y la promesa de la tierra y la simiente del patriarca Abraham solo podrá cumplirse en general durante el milenio (Isaías 10:21-22, 19:25, 43:1, 65:8-9; Jeremías 30:22, 32:38; Ezequiel 34:24). *b)* El pacto dadívico y la promesa del trono eterno solo podrá cumplirse con Cristo reinando durante el milenio (Isaías 11:1-2, 55:3).

c) El pacto palestino encierra promesas que tienen que ver con la tierra que le será otorgada a Israel. El milenio permitirá el cumplimiento total de estas promesas (Isaías 11:11-12, 65:9; Ezequiel 16:60-63). *d)* El nuevo pacto, con todas sus bendiciones espirituales para Israel, señala hacia el milenio (Jeremías 31:31-34, 32:35-39; Romanos 11:26-29).

En la anunciación, el ángel de Gabriel le dijo a María: «Y ahora concebirás en tu vientre y darás a luz un hijo y llamarás su nombre Jesús. Este será grande y será llamado Hijo del Altísimo, y el Señor Dios le dará el trono de David, su padre, y reinará sobre la casa de Jacob para siempre y su reino no tendrá fin».

Esta anunciación de Gabriel coleccionaba ocho profecías que hallarían cumplimiento en el Señor. Las primeras cinco ya se cumplieron: *a)* María concibió. *b)* María dio a luz un hijo. *c)* María le llamó Jesús. *d)* Jesús fue un varón grande en palabras y señales. *e)* Jesús fue llamado Hijo del Altísimo.

Las últimas tres profecías hallarán su cumplimiento durante el milenio; *f)* Jesús será rey heredero de David. *g)* Jesús reinará sobre Israel. *h)* Jesús principiará su reinado en el milenio y se extenderá hasta la eternidad.

La Biblia nos da suficiente información para que entendamos el carácter escatológico, sociológico y ecológico del milenio. El milenio será la época de oro de la humanidad. La paz que no pueden dar las Naciones Unidas la manifestará el Cordero-Cristo en su reinado milenario.

1. *El gobierno del milenio.* EL tipo de gobierno milenial no será una copia de los gobiernos humanos o una reforma de los mismos. No será una democracia divinizada. Este será un gobierno original de Dios y por Dios. Se le conoce bíblicamente como «teocracia». Un gobierno donde todas las decisiones y proyectos estarán bajo el control y autonomía de Dios. El rechazo de la teocracia sobre Israel lo encontramos narrado en

1.ª Samuel 8. En el versículo 7 de ese mismo libro y capítulo leemos: «Y dijo Jehová a Samuel: "Oye la voz del pueblo en todo lo que te digan, porque no te han desechado a ti, sino a mí me han desechado, para que no reine sobre ellos"».

Dios, en Cristo, será cabeza mundial de esta teocracia (Isaías 24:23; Ezequiel 37:22; Daniel 7:13-14; Zacarías 14:9; Apocalipsis 11:15). La cadena de mando será la siguiente: *a)* David será rey sobre Israel (Jeremías 30:9; Ezequiel 37:25). *b)* Los doce apóstoles regirán sobre las doce tribus de Israel (Mateo 19:28). *c)* La Iglesia de Cristo juzgará al mundo (1.ª Corintio 6:2); tendrá autoridad sobre las naciones (Apocalipsis 2:26); se sentará con Cristo en su trono (Apocalipsis 3:21). *d)* Los patriarcas y profetas vetero-testamentarios tendrán posiciones especiales durante el gobierno de Cristo. La Biblia menciona muy a menudo a Abraham, Isaac y Jacob; puede ser que bajo el gobierno de Cristo con su Iglesia, ellos ejerzan un triunvirato. Moisés y Elías tendrán que ver con las esferas legislativas y religiosas. José, el patriarca, se encargará de la economía y las finanzas. Noé será un gran consejero. Pablo quizás se relacione más directamente con el gobierno de las naciones gentiles. Daniel y Nehemías funcionarán como administradores gubernamentales.

2. *La longevidad durante el milenio.* Los santos de la Iglesia, los santos del Antiguo Testamento y los santos mártires de la gran tribulación entrarán al milenio con cuerpos glorificados. El resto de los creyentes que sobreviva a la gran tribulación, las naciones gentiles y el pueblo judío, entrará al milenio con sus cuerpos naturales.

El profeta Isaías, hablando sobre la prolongación de vida o longevidad durante el milenio, dijo:

> «*No habrá más allí niño que muera de pocos días ni viejo que sus días no cumpla, porque el niño morirá de cien años y el pecador de cien años será maldito*» (Isaías 65:20).

De lo antes citado se pueden formular algunas reflexiones: *a)* Durante el milenio no habrá niños recién nacidos que mueran. *b)* La persona que muera a los cien años será considerada físicamente como un niño. *c)* Aquellos que pequen contra Dios morirán relativamente jóvenes. *d)* La muerte seguirá siendo la maldición por el pecado.

La longevidad, en el milenio, dependerá de la vida de pureza que la persona viva con Dios, la dieta alimenticia, el estado climático adecuado, la supresión de las enfermedades, la ausencia de vicios y desórdenes morales y la ausencia de Satanás.

3. *La salud corporal en el milenio.* La enfermedad no existirá durante el milenio. Los hospitales, las clínicas y los doctores en medicina serán innecesarios. El sueño de una humanidad sana dejará de ser una fantasía, el comienzo del milenio ofrecerá sanidad instantánea para todos los habitantes de la tierra que posean cuerpos naturales:

> «*Entonces los ojos de los ciegos serán abiertos, y los oídos de los sordos se abrirán. Entonces el cojo saltará como un ciervo y cantará la lengua del mudo...*» (Isaías 35:5-6).

> «*No dirá el morador: "Estoy enfermo"; al pueblo que more en ella le será perdonada la iniquidad*» (Isaías 33:24).

> «*"Mas yo haré venir sanidad para ti y sanaré tus heridas", dice Jehová...*» (Jeremías 30:17).

> «*He aquí que yo les traeré sanidad y medicina, y los curaré y les revelaré abundancia de paz y de verdad*» (Jeremías 33:6).

4. *Los animales durante el milenio.* La naturaleza salvaje y carnívora de muchos animales será transformada por Dios. De tal manera, aquellos animales que se alimentan de otros animales podrán estar con sus presas favoritas y no se las comerán:

«*Morará el lobo con el cordero y el leopardo con el cabrito se acostará; el becerro y el león y la bestia doméstica andarán juntos y un niño los pastoreará. La vaca y la osa pacerán, sus crías se echarán juntas, y el león, como el buey, comerá paja. Y el niño de pecho jugará sobre la cueva del áspid, y el recién destetado extenderá su mano sobre la caverna de la víbora*» (Isaías 11:6-8).

«"*El lobo y el cordero serán apacentados juntos, y el león comerá paja como el buey, y el polvo será el alimento de la serpiente. No afligirán ni harán mal en todo mi santo monte*", dijo Jehová» (Isaías 65:25).

5. *La tierra será diferente en el milenio*. Las islas, durante el milenio, no tendrán la posición que les caracteriza al tiempo presente; «... y toda isla se removió de su lugar» (Apocalipsis 6:14). «Y toda isla huyó...» (Apocalipsis 16:20). La topografía de la tierra será plana: «... y los montes no fueron hallados» (Apocalipsis 16:20).

En Palestina se formará un gran valle como resultado del terremoto que ocasionará la revelación visible del Señor cuando sus pies se posen sobre el monte de los Olivos (Zacarías 14:4). Los lugares áridos y desérticos se volverán fértiles y productivos (Isaías 35:1-2). Habrá muchos estanques y manantiales (Isaías 35:7). La tierra será alumbrada por el sol y la luna en una manera especial (Isaías 30:26).

6. *Las relaciones de los seres humanos durante el milenio*. Milenios de vivir juntos no le han enseñado al hombre a alcanzar la paz con su prójimo. El ser humano es un opresor natural. El más fuerte oprime al más débil. Los muchos dominan a los pocos. El hombre oprime a la mujer. Los padres pueden oprimir a los hijos. El hijo mayor oprime al hijo menor. Este niño menor puede oprimir a otro niño menor en la escuela. La ley del más fuerte siempre se trata de enseñorear.

Las naciones compiten contra otras por el poder mundial. La carrera armamentista es un ejemplo apropiado de lo que decimos. Rusia espía a los Estados Unidos y viceversa. Ninguna nación quiere ser subyugada por la otra. Solo Dios podrá extirpar del corazón humano el deseo de la guerra. La OTAN, la Unión Europea o las Naciones Unidas no podrán solucionar este mal tan arraigado en el «psiquis» humano:

> «*Y juzgará entre las naciones y reprenderá a muchos pueblos, y volverán sus espadas en rejas de arado y sus lanzas en hoces; no alzará espada nación contra nación ni se adiestrarán más para la guerra*» (Isaías 2:4).

7. *El trabajo y el derecho a propiedad durante el milenio.* En esta época de oro, en la cual Cristo reinará, no habrá lugar para la ociosidad. Al principio de la creación, Jehová creó al hombre y le dio el trabajo de labrar y guardar el huerto del Edén (Génesis 2:15). En el milenio, los hombres construirán sus casas y labrarán la tierra:

> «*Edificarán casas y morarán en ellas; plantarán viñas comerciales y comerán el fruto de ellas. No edificarán para que otro habite ni plantarán para que otro coma, porque según los días de los árboles serán, los días de mi pueblo y mis escogidos disfrutarán la obra de sus manos. No trabajarán en vano ni darán a luz para maldición, porque son linaje de los benditos de Jehová y sus descendientes con ellos*» (Isaías 65: 21-23).

El trabajo no será tan solo la construcción de viviendas y la agricultura. En el milenio tendremos mecánicos, arquitectos, maestros, artesanos, plomeros, costureras, operadores de máquinas... No será un tiempo de inactividad.

El derecho a la propiedad será concedido a todos. El que construya su vivienda no tendrá temor de perderla por hipotecas o contribuciones. Cada cual gozará lo que es suyo.

8. *El conocimiento sobre Dios será* característico del milenio. El entendimiento de todos estará abierto para comprender a Dios. La adoración a Dios estará centralizada en todas las actividades. La comunión con Dios será nota resonante en los corazones de los habitantes:

«... *porque la tierra será llena del conocimiento de Jehová, como las aguas cubren el mar*» (Isaías 11:9).

«*Y todos los que sobrevivieron de las naciones que vinieron contra Jerusalén subirán de año en año para adorar al Rey, a Jehová de los ejércitos, y a celebrar la fiesta de los tabernáculos*» (Zacarías 14:16).

«*Y no enseñará más ninguno a su prójimo ni ninguno a su hermano, diciendo: "Conoce a Jehová", porque todos me conocerán desde el más pequeño de ellos hasta el más grande, dice Jehová, porque yo perdonaré la maldad de ellos y no me acordaré más de su pecado*» (Jeremías 31:34).

En los capítulos 40 al 44 del libro de Ezequiel se nos presenta un templo que será edificado para la época milenaria. Los sacrificios han de ser restaurados en el mismo. Referente a estos sacrificios u ofrendas nos dice Scofield:

«*Indudablemente estas ofrendas serán como un recordatorio que señalará retrospectivamente hacia la cruz. Así como las ofrendas bajo el antiguo pacto eran anticipadores y miraban hacia adelante, a la cruz. En ninguno de estos casos tienen los sacrificios de animales el poder de quitar los pecados*» (Hebreos 10:4; Romanos 3:25). (*Biblia anotada de Scofield*, Spanish Publications, página 852).

9. *La ciencia en el milenio.* La expresión de Daniel 12:4: «... y la ciencia se aumentará», evidentemente apunta hacia el desarrollo científico del mundo de mañana. La tecnología y las invenciones alcanzarán su apogeo en estos diez siglos del

milenio. En el milenio habrá televisiones, radios, automóviles, aviones, computadoras, teléfonos..., cualquier invento que uno se pueda imaginar se encontrará. Esas naciones que de año en año subirán a Jerusalén con el propósito de adorar (Zacarías 14:16) necesitan algún medio masivo de transportación. Esta transportación puede ser tanto marítima como aérea.

La primera resurrección

Versículos 5 y 6: «Pero los otros muertos no volvieron a vivir hasta que se cumplieron mil años. Esta es la primera resurrección. Bienaventurado y santo el que tiene parte en la primera resurrección; la segunda muerte no tiene potestad sobre estos, sino que serán sacerdotes de Dios y de Cristo y reinarán con Él mil años».

En el contexto del versículo 4, ya citado, Juan había introducido dos compañías: *a)* Los que fueron comisionados para juzgar. *b)* Los decapitados que no se identificaron con el gobierno del anticristo y fueron resucitados para estar en el milenio.

Ahora Juan nos introduce el concepto de «la primera resurrección». En contraposición con esta declaración teológica, el apóstol de Patmos nos aclara: «Pero los otros muertos no volvieron a vivir hasta que se cumplieron mil años». O sea, lo que él nos quiere decir es que antes del milenio habrá una resurrección y después del milenio habrá otra resurrección. Si la premilenial es llamada «la primera resurrección», es lógico que la posmilenial sea la segunda resurrección.

De todos los escritores bíblicos o exponentes del tema de la resurrección, Juan es el único que presenta el tiempo medio entre la resurrección de los justos y la de los injustos.

Jesús dijo: «Y los que hicieron lo bueno saldrán a resurrección de vida, mas los que hicieron lo malo, a resurrección de condenación» (Juan 5:29). Aquí el Señor alude a la resurrección de los justos y de los injustos como si fuera un evento simultáneo.

Daniel dijo: «Y muchos de los que duermen en el polvo de la tierra serán despertados, unos para vida eterna y otros para vergüenza y confusión perpetua» (Daniel 12:2). El profeta apocalíptico del Antiguo Testamento no distingue el tiempo que se interpone entre ambas resurrecciones.

Muchos comentaristas que han hecho sus exégesis basados en lo que dijo Jesús y en lo dicho por Daniel, sin tomar en consideración el testimonio joanino con respecto a la primera resurrección y a la segunda resurrección, han patrocinado la idea de una resurrección general para creyentes y pecadores.

Ahora conviene que aclaremos que «la primera resurrección» consta de diferentes fases:

> «*Porque así como en Adán todos mueren, también en Cristo todos serán vivificados. Pero cada uno en su debido orden; Cristo, las primicias; luego, los que son de Cristo en su venida*» (1.ª Corintios 15: 22-23).

La primera resurrección conforme a la reflexión que podemos formular del pasaje bíblico ya citado está o estará compuesta por: *a)* La resurrección de Cristo como las «primicias» (1.ª Corintios 15:20). *b)* La resurrección de los santos de la Iglesia (1.ª Corintios 15:51- 53; 1.ª Tesalonicenses 4:16). *c)* La resurrección de los dos testigos (Apocalipsis 11:11-12). *d)* La resurrección de los santos del Antiguo Testamento (Daniel 12:2). *e)* La resurrección de los santos de la gran tribulación (Apocalipsis 20:4).

Los santos de la Iglesia resucitarán en el rapto. Los dos testigos resucitarán en mitad de la semana 70 de Daniel. Los santos del Antiguo Testamento y los santos de la tribulación resucitarán en la revelación de Cristo. Conforme a Daniel 12:2 se infiere que el profeta ha de resucitar al final de la gran tribulación. Por lo tanto es de esperarse que todos los santos antiguo-testamentarios resuciten juntamente con Daniel.

Satanás liberado

Versículos 7 al 9: «Cuando los mil años se cumplan, Satanás será suelto de su prisión y saldrá a engañar a las naciones que están en los cuatro ángulos de la tierra, a Gog y a Magog, a fin de reunirlos para la batalla; el número de los cuales es como la arena del mar. Y subieron sobre la anchura de la tierra y rodearon el campamento de los santos y la ciudad amada, y de Dios descendió fuego de cielo y los consumió».

Satanás estará aprisionado en el abismo, lugar de reclusión para los demonios (Mateo 8:30-31; Apocalipsis 9:1-11). Allí cumplirá una sentencia de mil años. Durante ese tiempo, la tierra gozará de paz; sin Satanás el mundo será diferente. Diez siglos de tormento y aprisionamiento no rehabilitarán el carácter de Satanás. Una vez que queda bajo libertad condicional vuelve a sus antiguas andadas. El diablo es un ser testarudo, nunca se da por vencido en sus planes.

Para ese entonces la población mundial se habrá repuesto. Durante el milenio muchas mujeres concebirán y darán a luz (Isaías 11:8, 65:20). Estos niños crecerán bajo el gobierno de Cristo y exentos de la tentación de Satanás y sus agentes. Su fe tiene que ser probada antes de que reciban sus cuerpos glorificados. Dios permitirá la liberación de Satanás para que la humanidad que nunca fue expuesta a su influencia sea probada.

Es probable que con la liberación de Satanás se le conceda la libertad a muchos de sus emisarios demoníacos. Como ya sabemos, la capital del reino milenial será Jerusalén. Los planes de la serpiente antigua estarán dirigidos hacia este foco geográfico. Muchos corazones serán influenciados a rebelarse contra la teocracia de Cristo. Un grupo de insurgentes «como la arena del mar» tratarán de dar un golpe de Estado en la capital en donde gobierna el Cordero.

La expresión «Gog y Magog», en este caso, no tiene ninguna alusión con el «Gog y Magog» mencionado en Ezequiel 38 y 39. La profecía de Ezequiel es particular para designar a la nación de Rusia. El «Gog y Magog» apocalíptico es más general en su aplicación, designa «a las naciones que están en los cuatro ángulos de la tierra». Estas naciones se prepararán para un encuentro militar con el Cristo-Rey.

Nos dice Juan: «Y rodearon el campamento de los santos y la ciudad amada». La Biblia de Jerusalén, en vez de «y rodearon», traduce «y cercaron». El plan será sitiar la capital del milenio y pedir la rendición de sus habitantes y líderes gubernamentales. En alguna manera, Satanás podrá convencer a estos disidentes de que Cristo es vencible.

Dios, entonces, contestará desde el cielo con fuego. Juan declara: «y los consumió». En griego se lee *katephagen*, que literalmente significa «devoró». Este juicio con fuego no dejará ni una uña de ellos. Esto nos recuerda del fuego del cielo que descendió y consumió (devoró) a las dos compañías militares que envió el rey Ocozías para que le dieran aviso a Elías de que lo quería ver. Cada compañía estaba compuesta por un capitán con cincuenta soldados. Las dos veces que cayó del cielo fuego de Dios devoró, o sea, aniquiló, los cuerpos de las personas enviadas contra el profeta.

El juicio final de Satanás

Versículo 10: «Y el diablo que los engañaba fue lanzado en el lago de fuego y azufre, donde estaban la bestia y el falso profeta, y serán atormentados día y noche por los siglos de los siglos».

Después de mil años y «un poco de tiempo» (Apocalipsis 20:3) encontramos que todavía están en el lago de fuego y azufre los dos compinches del dragón. Esto nos demuestra que el infierno es un castigo eterno y no una extinción de las criaturas (demonios o seres humanos) que se han rebelado contra el Creador. Juan nos deja saber que después de ese período que estarán en castigo el anticristo y el falso profeta, Satanás se les unirá «y serán atormentados por los siglos de los siglos».

El gran trono blanco

Versículos 11 al 13: «Y vi un gran trono blanco y al que estaba sentado en él, de delante del cual huyeron la tierra y el cielo y ningún lugar se encontró para ellos. Y vi a los muertos, grandes y pequeños, de pie ante Dios, y los libros fueron abiertos y otro libro fue abierto, el cual es el libro de la vida, y fueron juzgados los muertos por las cosas que estaban escritas en los libros, según sus obras. Y el mar entregó los muertos que había en él, y la muerte y el hades entregaron los muertos que había en ellos, y fueron juzgados cada uno según sus obras».

Aquí Juan nos presenta el juicio final. Este juicio tomará lugar después que finalice el milenio. A esto se refirió el apóstol anciano cuando dijo: «Pero los otros muertos no volvieron a vivir hasta que se cumplieron mil años...» (Apocalipsis 20:5). Se llevará a cabo en algún lugar del vasto firmamento, pero no en esta tierra y menos aún en la morada celestial de Dios. Esto se infiere por la expresión joanina «de delante del cual huyeron la tierra y el cielo». Mientras el mismo se lleva a cabo, la tierra y el primer cielo estarán experimentando el fuego purificador de Dios (1.ª Pedro 3:10-12).

Juan no nos revela quién era el que estaba sentado sobre este «gran trono blanco». La importancia no recae sobre el juez, sino sobre el juicio. Algunos pasajes bíblicos parecen sugerir que el juez será Cristo (Juan 5:22; Hechos 10:42, 17:31; Romanos 2:16).

El tamaño del trono y el color blanco del mismo parece sugerir la magnitud y carácter de dicho juicio. El ser blanco insinúa que Dios juzgará basado y apoyado en su justicia, pureza y santidad.

Los que comparecerán ante este trono blanco Juan los describe como «muertos». Es de notarse que tendrán que resucitar, es decir, estarán vivos en sus cuerpos (Apocalipsis 20:5). El término «muertos» es usado para describir su estado espiritual. Están muertos en delitos y pecados (Efesios 2:1, 5; Filipenses 2:21). Pablo, cuando se refirió a los creyentes fallecidos, les designó como «los muertos en Cristo» (1.ª Tesalonicenses 4:16).

La otra manera joanina para señalar a estos juzgados es «grandes y pequeños». Por cierto, es una declaración que ya antes había sido introducida (Apocalipsis 11:18, 13:16, 19:5, 19:18). No es una designación de edades, sino de estado social, económico, religioso, político, etc.

El *habeas corpus* de estos transgresores estará registrado en los libros de las obras. A esto Juan se refiere cuando dice «y los libros fueron abiertos». Los libros de las obras son un fiel y divino registro que Dios tiene de cada ser humano que nunca se arrepintió de su vida de pecado y desobediencia. En ellos están anotados los pensamientos, las malas acciones, las cosas hechas secretamente y todo lo que a Dios le desagrada (Eclesiastés 11:9, 12:14; Mateo 12:36; Romanos 2:16; Judas 15; Amós 8:7).

En este juicio del gran trono blanco, los ángeles que permanecieron fieles a Dios estarán presentes: «... millares de millares le servían, y millones de millones asistían delante de él; el juez se sentó y los libros fueron abiertos» (Daniel 7:10). La Iglesia tendrá un trabajo que hacer como testigo de la justicia divina: «¿O no sabéis que los santos han de juzgar al mundo? Y si el mundo ha de ser juzgado por vosotros, ¿sois dignos de juzgar cosas muy pequeñas? ¿O no sabéis que hemos de juzgar a los ángeles? ¿Cuánto más las cosas de esta vida?» (1.ª Corintios 6:2-3).

La mayor causa para los que han oído el evangelio es: «El que en Él cree no es condenado, pero el que no cree ya ha sido condenado, porque no ha creído en el nombre del unigénito Hijo de Dios» (Juan 5:18).

Los que nunca oyeron el evangelio serán juzgados conforme a su conciencia: «Porque todos los que sin la ley han pecado, sin la ley también perecerán, y todos los que bajo la ley han pecado, por la ley serán juzgados» (Romanos 2:12). Esto también se aplica a aquellas personas que vivieron en la época antiguo-testamentaria y nunca supieron nada de la llamada ley judía o mosaica.

El libro de la vida

Versículo 12: «... y otro libro fue abierto, el cual es el libro de la vida...».

Versículo 15: «Y el que no se halló inscrito en el libro de la vida fue lanzado al lago de fuego».

Unos catorce pasajes bíblicos arrojan luz sobre el libro de la vida: *a)* En el Antiguo Testamento se menciona un libro donde los nombres están escritos (Éxodo 32:32-33; Daniel 12:1). Es llamado «el libro de los vivientes» (Salmo 69:28). *b)* En el Nuevo Testamento, Jesús dijo a sus discípulos: «Pero no os regocijéis de que los espíritus se os sujetan, sino regocijaos de que vuestros nombres están escritos en los cielos» (Lucas 10:20). *c)* En Filipenses 4:3 leemos: «Asimismo, te ruego también a ti, compañero fiel, que ayudes a estas que combatieron juntamente conmigo en el evangelio, con Clemente también y los demás colaboradores míos, cuyos nombres están escritos en el libro de la vida». *d)* En Hebreos 12:23 se nos dice: «A la congregación de los primogénitos que están inscritos en los cielos, a Dios, el juez de todos, a los espíritus de los justos hechos perfectos». *e)* El libro del Apocalipsis menciona el libro de la vida unas siete veces (Apocalipsis 3:5, 13:8, 17:8, 20:12, 20:15, 21:27, 22:19).

En Apocalipsis 13:8 leemos: «Y la adoraron todos los moradores de la tierra cuyos nombres no estaban escritos en el libro de la vida del Cordero que fue inmolado desde el principio del mundo». Nótese que se dice: «el libro de la vida del Cordero». Esto quiere significar que para los creyentes de la presente dispensación de la gracia y los de la tribulación el tener los nombres en el libro de la vida dependerá de haber aceptado a Cristo como «el Cordero de Dios que quita el pecado del mundo» (Juan 1:29).

El que está escrito en el libro de las obras no puede hallarse registrado en el libro de la vida o viceversa. En el juicio del gran trono blanco muchos tratarán de justificarse bajo el paraguas de las buenas obras realizadas en la tierra: «Muchos me dirán en aquel día: "Señor, Señor, no profetizamos en tu nombre, y en tu nombre echamos fuera demonios, y en tu nombre hicimos muchos milagros". Y entonces les declararé: "Nunca os conocí; apartaos de mí, hacedores de maldad"» (Mateo 7:22-23).

Hablando sobre el libro de la vida nos dice William Barclay: «Todo gobernante en la antigüedad tenía un libro donde escribía los nombres de todos los ciudadanos fieles de su reino. El nombre se borraba, por supuesto, cuando la persona moría. Los que tienen sus nombres escritos en el libro de la vida son los ciudadanos activos y fieles del reino de Dios» (*Apocalipsis*, volumen 16, Editorial La Aurora, página 449).

La muerte y el hades

Versículo 13: «Y el mar entregó los muertos que había en él, y la muerte y el hades entregaron los muertos que había en ellos y fueron juzgados cada uno según sus obras».

Es de notarse la manera como Juan retrocede en su narración para compartir con el lector apocalíptico nueva información sobre una idea ya tratada. La alusión joanina de que el mar, la muerte y el hades entregan sus muertos indica la resurrección de todos los injustos.

La palabra griega para «muerte» es *thanatos*. Por eso es que al estudio sobre la muerte se le llama «thanalogía». Este término se ha hecho muy popular con el reciente interés en universidades y hospitales, que se han interesado en estudiar el tema de la muerte y morir, en relación con los pacientes patológicamente desahuciados como las víctimas del cáncer.

Thanatos, en este caso, se emplea como sinónimo de «sepulcro». La muerte, teológicamente definida, no es un lugar, sino un estado. Juan, no obstante, cita este término figurativamente.

Entre los antiguos existía la superstición de que de aquellos que morían ahogados en el mar, cuyos cadáveres no eran jamás recuperados, sus espíritus se quedaban deambulando perdidos en el espacio. Juan afirma que aun esas personas desaparecidas en el mar tendrán que responder ante el gran trono blanco si murieron sin la salvación de sus almas.

No importa cómo haya muerto un pecador, qué clase de muerte haya experimentado y dónde haya sido sepultado o qué sucedió con su cadáver; de allí resucitará para encarar el juicio final con Dios. Las almas y espíritus de estos violadores de la ley divina serán liberadas del «Hades» (hades) para que se reúnan con sus cuerpos y reciban la sentencia eterna del juez justo del universo.

Versículo 14: «Y la muerte y el hades fueron lanzados al lago del fuego. Esta es la muerte segunda». Juan personifica a la muerte y al hades, la maldición por el pecado y el castigo por el pecado, viéndoles en el acto de ser arrojados en el lago de fuego. La muerte se relaciona con el cuerpo y el hades con el alma-espíritu. El cuerpo, alma y espíritu de cada pecador serán arrojados en el lago de fuego o sentenciados en el castigo del infierno eterno.

Sobre esto dijo Jesús: «Y no temáis a los que matan el cuerpo, pero al alma no la pueden matar; temed más bien a aquel que puede destruir así el alma como el cuerpo en el infierno» (Mateo 10:28, VM). Este versículo, evidentemente, enseña que el castigo en el infierno será con cuerpo y alma.

La expresión «esta es la muerte segunda» se menciona como referencia a la separación eterna que los pecadores resucitados y juzgados tendrán que experimentar. Los infieles y transgresores de la ley divina tendrán que morir dos veces: primero, físicamente, segundo, eternamente.

El lago de fuego

Versículo 15: «Y el que no se halló inscrito en el libro de la vida fue lanzado al lago de fuego». El lago de fuego es mencionado cinco veces en el libro del Apocalipsis (19:20, 20:10, 20:14, 20:15, 21:8). Fuera de este registro bíblico no se hace mención del mismo en ningún otro lugar del Antiguo Testamento. Se dice de este lago de fuego «que arde con azufre» (Apocalipsis 19:20), que es un «lago de fuego y azufre» (Apocalipsis 20:10), «que arde con fuego y azufre».

El tema del infierno es ampliamente discutido en muchos círculos religiosos. En la popular novela *Lo que el viento se llevó*, escrita por Margaret Mitchell, se encuentra un diálogo entre los dos personajes principales, Scarlett O'Hara y Rhett Butler, el tema del infierno es discutido en el mismo:

— Tengo miedo de morir y de ir al infierno.
— Te veo muy sano, y además, quizás ese infierno no existe.
— Sí existe, Rhett, tú lo sabes.

—Sé que existe, pero solo aquí, en la tierra. No en el más allá. Tu infierno lo estás viviendo ahora mismo.
—¡Rhett! ¡Eso es blasfemia!
—Pero muy confortante. Dime, ¿por qué crees que irás al infierno?

El presente diálogo clasifica a dos clases de personas: primero, los que creen en la existencia de un infierno literal. Segundo, aquellos que alegorizan el infierno, viendo en el mismo los sinsabores de la presente existencia humana. Está un tercer grupo que cree en un infierno literal, pero no en un castigo eterno. Estos piensan que en el infierno serán destruidos todos los inicuos. Aún más, hemos de mencionar a un cuarto grupo que cree que el infierno es el sepulcro.

La fundadora de la ciencia cristiana definió el infierno así: «Creencia mortal, error, lujuria, remordimiento, odio, venganza, pecado, enfermedad, muerte, sufrimiento y destrucción propia, la agonía que uno se impone a sí mismo, los efectos del pecado, aquello que "hace abominación o dice mentira"» (*Mary Baker Eddy*, Ciencia y Salud con clave de las Escrituras, página 588). Esta señora idealiza el infierno, hace del mismo un estado y no un lugar.

La señora Elena G. de White dijo lo siguiente: «¡Cuán repugnante a todo sentimiento de amor y de misericordia y hasta a nuestro sentido de justicia es la doctrina según la cual después de muertos los impíos son atormentados con fuego y azufre en un infierno que arde eternamente y por los pecados de una corta vida terrenal deben sufrir tormentos por tanto tiempo como Dios viva!» (*El conflicto de los siglos*, página 590). Según esta opinión, el infierno no puede ser eterno y la doctrina del mismo carece de amor, misericordia y justicia.

Sobre lo dicho por la señora De White, me permito aclarar la diferencia que existe entre amor y justicia, para esto citaré una ilustración: un ladrón es sorprendido robando en la casa de un creyente. Este hermano, después de apresarlo y amarrarlo, siente que debe expresarle su amor cristiano. Decide soltarlo y dejarlo en libertad. Dos semanas después, ese mismo ladrón, perpetrando otro robo, mata a su víctima. ¿Mostró ese hermano amor? ¿Justicia? Diría que no mostró ninguna de las dos cosas. Ese amor fue sin justicia. Al dejar libre a aquel maleante le dio la oportunidad de que cometiera un crimen. Dios es amor, pero es también justicia. El infierno revela la justicia divina y la cruz el amor divino.

En el curso por correspondencia de la Institución Ambassador, editado por Herbert W. Armstrong, leemos: «No hay nadie —ni nadie ha estado— en el fondo de un feroz "infierno", quemándose los pies en carbones encendidos, dando gritos de terror y de tormento. No, el tiempo que Dios ha señalado para el juicio y la condenación de los malvados está en el futuro, no ha llegado todavía» (Lección 6, página 9). El señor Armstrong, por lo que vemos, quiere saber más que las mismas Escrituras.

Los testigos de Jehová opinan sobre el infierno o el lago de fuego: «Se desprende que este simbólico "lago de fuego" no es el mismo que el hades o la muerte adámica que heredamos. "El lago de fuego" representa destrucción absoluta, tan completa y duradera como si fuese lograda por fuego mezclado con azufre. El hades y la muerte no serán atormentados conscientemente en el "lago de fuego", tal como no lo serán la bestia salvaje y el falso profeta simbólicos y Satanás, el diablo» (*Babilonia la grande ha caído*, página 231). Los dos testigos de Jehová, con su postura simbólica del infierno, del lago de fuego y del anticristo y el falso profeta, ultrajan exegéticamente el libro del Apocalipsis de su mensaje escatológico.

La doctrina del infierno, tal y como es enseñada por muchos grupos religiosos que creen en el mismo como un lugar literal y un castigo eterno, no se origina en el poema de *La divina comedia* escrito por Dante Alighieri (1265-1321 d. C.). Dante compuso esta obra literaria en el exilio, estando en Florencia, Italia. Este poema lo dividió en tres partes; infierno, purgatorio y paraíso. Consta de un largo de unas 14.000 líneas. Dante, con un vocabulario dramático y con una imaginación viva, describió a los seres que están atormentados en el infierno.

Este poema de *La divina comedia* trajo un gran despertamiento con motivo de la doctrina del infierno. Por otro lado, produjo errores que han sombreado de dudas tal doctrina. Dante explotó la doctrina del infierno, pero no creó el infierno.

La palabra «infierno» toma su etimología de la palabra latina «infierno». Esta palabra latina significa literalmente «partes profundas». En las partes profundas o inferiores de la tierra antes de Cristo descendían las almas de los justos y los injustos (Lucas 22:23). Ambos lugares, el de castigo y el de recompensa, estaban separados por «una gran sima» (Lucas 16:26). La resurrección de Cristo trasladó las almas de los justos que estaban en el corazón de la tierra, el tercer cielo, quedando ese lugar vacío (Efesios 4:8-9).

Todavía las almas de todos los injustos continúan descendiendo a dicho lugar llamado infierno. Según la Biblia, ese lugar de castigo está localizado en las partes céntricas de esta tierra:

«Pero aquellos que buscan mi alma para destruirla bajarán a los más hondos abismos de la tierra» (Salmo 63:9, VM).

«El sendero de la vida es hacia arriba a los sabios, para que se aparten del infierno allá abajo» (Proverbios 15:24, VM).

«Abrió la tierra su boca y los tragó a ellos, a sus casas, a todos los hombres de Coré y a todos sus bienes. Y ellos, con todo lo que tenían, descendieron vivos a Seol, y los cubrió la tierra y perecieron de en medio de la congregación» (Números 16: 32-33).

La palabra «infierno» es empleada en la Biblia como traducción a una palabra hebrea, *sheol*, y a dos palabras griegas, *gehenna* y *hades*. La palabra *sheol* aparece 65 veces en el Antiguo Testamento. Después de haber llevado a cabo un estudio sobre esos pasajes en los que la palabra *sheol* es usada, comparé la traducción que le dan cuatro versiones de la Biblia. El resultado fue:

1. La Reina Valera de 1909 traduce *sheol* como: 12 veces «sepultura», 3 «abismo», 31 «sepulcro», 11 «infierno», 3 «profundo», 2 «huesa», 1 «hoyo» y 2 «fosa».
2. La Reina Valera de 1960 traduce 63 veces «seol» y 2 veces «sepulcro».
3. La Moderna traduce 13 veces «sepultura», 3 «abismo», 27 «sepulcro», 21 «infierno» y 1 «entre los muertos».
4. La Nacar-Colunga traduce 13 veces «sepulcro», 46 «seol», 1 «abismo», 2 «morada de los muertos», 1 «infierno» y 2 «averno».

Como el lector se habrá podido dar cuenta, la palabra *sheol* puede referirse al sepulcro, así como al infierno o castigo eterno. Entre los hebreos, una palabra podía significar más de una cosa. La manera como se empleaba determinaba la aplicación. Por lo tanto, aquellos intérpretes que ven el infierno como el sepulcro únicamente cometen un gravísimo error. El contexto de referencia ayudará al intérprete a determinar y a diferenciar el infierno del sepulcro.

En el Nuevo Testamento la palabra «infierno» es traducida de dos palabra griegas: *gehenna* y *hades*. La palabra *hades* es citada 10 veces (Mateo 11:23, 16:18; Lucas 10:15, 16:23, 2:27, 2:31; Apocalipsis 1:18, 6:8, 20:13, 14). La palabra *gehenna* aparece dos veces en los originales griegos (Mateo 5:22, 29, 30, 10:28, 18:9, 23:15, 33; Marcos 9:43, 45, 47; Lucas 12:5 y

Santiago 3:6). En la versión RV de 1909, la palabra *gehenna* aparece sin traducción en Marcos 9:43, 45, 47 y Lucas 12:5. La revisión Reina Valera de 1960 no emplea en su original este vocablo griego ni una sola vez.

Otra tercera palabra griega que Reina Valera traduce como «infierno» es «tártaro» (2.ª Pedro 2:4). La Biblia de Jerusalén traduce «tártaro». A este término griego no se le da mucha importancia por los comentaristas o exégetas en el sentido que es usado una sola vez y, evidentemente, no puede significar «sepulcro», sino el lugar donde muchos de los ángeles caídos están siendo castigados.

La palabra *gehenna* es una modificación de una palabra hebrea, *gehinnam*, que significa «valle de Himnon». Un valle con una ubicación geográfica al suroeste de Jerusalén. En los días vetero-testamentarios, en la extremidad sureste de este lugar estaba el «Tofet», donde Salomón levantó altares de adoración a Moloc de los Amonitas (1.ª Reyes 11:7). En este lugar, los reyes Acaz y Manasés hicieron que sus hijos pasaran por fuego (2.ª Reyes 16:3; 2.ª Crónicas 28:3). En su reforma con relación a la verdadera adoración a Jehová, Josías, el rey, se opuso a las abominaciones del «Tofet». Para este fin reformatorio tomó huesos de humanos muertos y los quemó sobre el altar y derribó las imágenes de Asera (2.ª Reyes 23:10, 13, 14, 16).

Dos siglos después de la cautividad y el exilio babilónico, los judíos comenzaron a aplicar el término *gehenna* al lugar de tormento. Lo hicieron por las siguientes razones: *a)* En este valle de Himnon se encendían fuegos a Moloc y, por lo tanto, estaba profanado. *b)* Allí ardían piras funerarias casi de manera continua. *c)* Dicho lugar se convirtió en un crematorio de desperdicios. En los días de Cristo, este crematorio estaba funcionando.

El profeta Isaías dijo: «Porque Tofet ya de tiempo está dispuesto y preparado para el rey, profundo y ancho, cuya pira es de fuego y mucha leña; el soplo de Jehová, como torrente de azufre, lo enciende» (Isaías 30:33). Este «Tofet» es el que Juan llama «lago de fuego y azufre». El fuego del mismo es encendido por Dios. Desde luego, Isaías empleó la imagen de aquel crematorio para señalar al infierno bíblico y eterno.

En las Sagradas Escrituras encontramos muchos nombres o expresiones que se refieren al infierno: «las limas eternas» (Isaías 33:14); el lugar donde «su gusano no morirá ni su fuego se apagará» (Daniel 12:2); «el fuego eterno» (Mateo 13:42); la «perdición» (Filipenses 3:19); «el horno de fuego» (Mateo 13:42); el sitio del «crujir de dientes» (Mateo 13:50); «las tinieblas de afuera» (Mateo 22:13); «la ira venidera» (Lucas 3:7); el lugar de «tormento» y «sin reposo» (Apocalipsis 14:11); la «pena de eterna perdición» (2.ª Tesalonicenses 1:9); «el juicio eterno» (Hebreos 6:2); «la condenación» (2.ª Pedro 2:3); «un lago de fuego que arde con azufre» (Apocalipsis 19:20, 20:15); «la muerte segunda» (Apocalipsis 20:14, 21:8).

Una manera de distinguir entre el *hades* y el *gehenna* sería: *a)* El *hades* es el infierno de castigo temporal. El *gehenna* es el infierno de un castigo eterno. *b)* El *hades* es como una cárcel. El *gehenna* es como una penitenciaria. *c)* El *hades* aprisiona el alma-espíritu. El *gehenna* aprisionará el cuerpo-alma-espíritu de todos los pecadores.

La conclusión es entonces que el *gehenna* y el «lago de fuego y azufre» son una misma cosa. Por tal razón, el *hades* es un lugar de castigo intermedio para las almas-espíritus de los injustos, y después del juicio del gran trono blanco el «lago de fuego y azufre» será la prisión eterna de todos los que han obrado iniquidad.

La localización del «lago de fuego y azufre» es una incógnita. Muchas teorías se han suscitado sobre este particular: *a)* En una ocasión escuché del doctor Howard C. Estep, famoso escatólogo, decir: «El sol es el lago de fuego y azufre». *b)* La Iglesia de Dios universal opina: «Durante el reinado de Cristo y sus santos en el milenio, el valle de Himnon será mantenido una vez más perpetuamente ardiente. Los perversos incorregibles, los que con voluntad empecinada persistan en rebelión contra las leyes de Dios, serán arrojados dentro de este "lago de fuego", y así servirán de testimonio a todo el resto del mundo» (Isaías 66:24). (*Curso por correspondencia,* lección 6, página 10, editado por Herbert W. Armstrong). *c)* Hay quienes afirman que en las profundidades del firmamento está localizado el «lago de fuego y azufre».

La verdad del caso es que Juan no nos dio ninguna indicación sobre la ubicación del «lago de fuego». Decir que está en el sol o que estará en el valle de Himnon es un absurdo teológico y un disparate de interpretación. Solo Dios sabe dónde está el lago de fuego.

Pongo fin a este capítulo citando las palabras de don Miguel de Unamuno: «Hay que creer en la otra vida, en la vida eterna de más allá de la tumba y en una vida individual y personal, en una vida en que cada uno de nosotros sienta su conciencia y la sienta unirse, sin confundirse, con las demás conciencias, todas en la conciencia suprema, en Dios; hay que creer en esa otra vida para poder vivir esta y soportarla y darle sentido y finalidad...» (*Del sentimiento trágico de la vida,* página 226).

CAPÍTULO 20

El nuevo orden eterno
(Apocalipsis 21:1-27)

Este capítulo 21 del libro del Apocalipsis da un cuadro detallado y preciso de lo que será vivir en la eternidad. El capítulo 19 nos presentó la eternidad de todos los pecadores y obradores de iniquidad. El fin de los mismos será en el lago de fuego por toda la eternidad (Apocalipsis 20:14-15). Por el contrario, el estado final de todos los redimidos será aquí, en esta tierra renovada, con un cielo renovado y habitar en una ciudad nueva. Este capítulo se puede resumir en seis cosas nuevas que caracterizarán a la eternidad: *a)* El cielo nuevo (Apocalipsis 21:1). *b)* La tierra nueva (Apocalipsis 21:1). *c)* La nueva población (Apocalipsis 21:3-8). *d)* La nueva Jerusalén (Apocalipsis 21:9-21). *e)* El nuevo templo (Apocalipsis 21:22). *f)* La nueva iluminación (Apocalipsis 21:23-27).

El sueño de un mundo utópico donde la paz y el amor reinen para siempre será realizado por Dios en el programa que tiene ya diseñado para la eternidad. Ese estado de cosas nuevas y permanentes será la recompensa final para los creyentes fieles y firmes. Con lo narrado por Juan en este capítulo un aliciente espiritual animaba a los creyentes primitivos que estaban siendo perseguidos por la bestia-Domiciano. Un mundo mejor que el presente y lleno de sufrimientos, con una ciudad más rica que la Roma del César, les esperaría a los creyentes contemporáneos de Juan. Ese mundo del mañana, como lo han bautizado muchos predicadores, será la morada de los redimidos.

El cielo nuevo

Versículo 1: «Vi un cielo nuevo y una tierra nueva, porque el primer cielo y la primera tierra pasaron, y el mar no existía más».

La idea de un cielo nuevo está muy impregnada en la escatología vetero-testamentaria. Barclay nos dice que en la literatura intertestamentaria este concepto de un cielo nuevo y una tierra está altamente subrayado:

> «*Aparece también con fuerza en los pensadores intertestamentarios. Según la promesa de Dios a Enoc: "Transformaré el cielo y lo convertiré en una eterna bendición y luz"* (Enoc 45:4). *La nueva creación será eterna* (Enoc 72:1). *El primer cielo pasará y aparecerá el nuevo; la luz del nuevo cielo será siete veces más fuerte que en el primero* (Enoc 91:16). *El Todopoderoso destruirá este mundo para re-crearlo de nuevo* (2.ª Baruc 32:6). *Dios renovará su creación* (4 Esdras 7:75)». (William Barclay, *Apocalipsis*, Editorial La Aurora, páginas 450-451).

El profeta evangelista del Antiguo Testamento, Isaías, vislumbró este estado final del cielo y de la tierra:

«*Porque he aquí que yo crearé nuevos cielos y nueva tierra, y de lo primero no habrá memoria, ni más vendrá al pensamiento*» (Isaías 65:17).

«*"Porque como los cielos nuevos y la nueva tierra que yo hago permanecerán delante de mí", dice Jehová, "así permanecerá vuestra descendencia y vuestro nombre"*» (Isaías 66:22).

Aunque Isaías emplea el plural «cielos», es una referencia al «cielo» descrito por Juan. Este primer cielo ha de ser transformado y renovado, y no el segundo cielo (el estelar o planetario) o el tercer cielo (morada del Altísimo). Sobre ese cielo dijo Juan: «Y vi un gran trono blanco y al que estaba sentado en él, de delante del cual huyeron la tierra y el cielo y ningún lugar se encontró para ellos» (Apocalipsis 20:11). La transformación de este primer cielo y la renovación de la tierra tomarán lugar durante el juicio del gran trono blanco.

El apóstol Pedro arroja luz contextual para que la pluralidad de Isaías y la singularidad joanina puedan mantener un equilibrio escatológico:

«*Pero el día del Señor vendrá como ladrón en la noche, en el cual los cielos pasarán con gran estruendo, y los elementos, ardiendo, serán deshechos, y la tierra y las obras que en ella hay serán quemadas... Pero nosotros esperamos, según sus promesas, cielos nuevos y tierra nueva, en los cuales mora la justicia*» (2.ª Pedro 3:10-13).

El contenido de las palabras petrinas parece aludir a la renovación de esta atmósfera con todas sus esferas (tropósfera, estratósfera, mesósfera, termósfera y exósfera). El apóstol también nos señala que en el cielo se escuchará un «gran estruendo». Lo que él quiso decir fue que en el cielo o cielos, como específicamente señala, habrá una gran explosión atómica. La palabra griega para «elementos» es *stoicheiov*, la cual está muy relacionada con las composiciones atómicas. El resultado de esa explosión a escala en la atmósfera producirá un fuego entre los elementos químicos que están en la misma. Algunos de estos elementos son: nitrógeno, oxígeno, argón, neón, helio, criptón, xenón, radón, etc.

El Señor Jesucristo hizo referencia escatológica a la renovación o transformación de este primer cielo y la tierra:

> «*Porque de cierto os digo que hasta que pasen el cielo y la tierra, ni una jota ni una tilde pasará de la ley, hasta que todo se haya cumplido*» (Mateo 5:18).

> «*El cielo y la tierra pasarán, pero mis palabras no pasarán*» (Mateo 24:35).

En el Salmo 89:37 leemos: «Como la luna será firme para siempre y como un testigo fiel en el cielo». La luna, al igual que el sol y las estrellas están en el segundo cielo o como el escritor del Génesis le llama: "la expansión de los cielos" (Génesis 1:14). Si la luna ha de permanecer eternamente es lo lógico establecer que todos los astros serán fieles testigos en el segundo cielo.

Otros pasajes bíblicos que se refieren a la renovación del cielo atmosférico son:

> «*Aliad a los cielos vuestros ojos y mirad abajo, a la tierra, porque los cielos serán desechos como humo...*» (Isaías 51:6).

> «*Desde el principio tú fundaste la tierra y los cielos son obra de tus manos. Ellos perecerán, mas tú permanecerás; como un vestido los mudarás y serán mudados*» (Salmo 102:25-26).

La tierra nueva

Versículo 1: «Vi... una tierra nueva... y el mar ya no existía más». La palabra griega que se usa en el original para «nueva» en este versículo es *kainos*, la misma se emplea unas 42 veces. El apóstol Pedro la empleó en 2.ª Pedro 3:13 cuando habló de la tierra «nueva». El apóstol Juan la cita en su narración apocalíptica en los siguientes pasajes: Apocalipsis 2:17, 3:12, 5:9, 14:3, 21:1, 2, 5. Esta palabra, *kainos*, se emplea cuando Pablo habla de la «nueva criatura» (2.ª Corintios 5:17), del «nuevo hombre» (Efesios 2:15), y de la vestidura «del nuevo hombre» (Efesios 4:24). El término griego lo que sugiere es una nueva creación o hechura con elementos de la antigua creación.

Los testigos de Jehová alegorizan de tal manera Apocalipsis 21:1 que llegan a la siguiente interpretación:

«*El nuevo cielo es el reino celestial de Jesucristo y sus 144.000 reyes y sacerdotes asociados. La nueva tierra no es un nuevo globo terráqueo girando en el espacio, sino una nueva sociedad de personas sobre nuestra misma tierra, todas totalmente sometidas al reino de Cristo sin divisiones por raza, color, nacionalidad o lenguaje... Será una nueva sociedad terrestre completamente justa, porque ya no existirá aquel mar simbólico de los pueblos inquietos, rebeldes, impíos, del cual ascendió la simbólica bestia salvaje hace mucho tiempo para ser usada por el diablo* (Revelación 13:1, 2). *Nuestros mares, literalmente, permanecerán*» (*Babilonia la grande ha caído*, página 234).

Esta secta religiosa, en su exégesis textual, gusta de inyectar en el texto ideas ya preconcebidas. Lo antes citado es evidencia de eso. Ellos arriban a esta conclusión escatológica totalmente divorciados del contexto escatológico en el cual hay que ubicar este tipo de pasaje apocalíptico. El «nuevo cielo» y la «nueva tierra» para ellos representa una sociedad de individuos justos que permanecerán sobre esta antigua tierra, con sus antiguos mares. ¿Sería esta la interpretación que Juan le daba a su visión apocalíptica? De ninguna manera. La escatología y la teología joanina, ampliamente influenciadas por el contexto vetero-testamentario, demandaban una interpretación literal. El apóstol anciano no hablaba de un cielo y una nueva tierra simbólicos, sino tangibles, materiales, reales...

Este planeta tierra, que fue creado en una pasada eternidad y, posiblemente, en su estado preadámico, fue la habitación del que fuera el querubín Lucero (Ezequiel 28:12-13), ha experimentado ya dos grandes cataclismos o juicios divinos, y aún le espera un tercer juicio divino.

1. El tiempo anterior a la creación de Adán es conocido como la pasada eternidad, el tiempo posterior al juicio del gran trono blanco es denominado la futura eternidad. La creación del hombre (y de la mujer, para no ser chovinista machista) en el huerto del Edén y el restablecimiento que el mismo tendrá sobre esta tierra nueva constituyen el paréntesis entre ese tiempo eterno de Dios llamado eternidad.

En la pasada eternidad, Lucero, siendo gobernador de esta tierra y ejerciendo la posición de protector del trono de Dios (Ezequiel 28:14), fue el instigador de una revuelta celestial. Dios contestó sin demora a la arrogancia de este ángel y al grupo de ángeles disidentes que hicieron de él su líder supremo. El juicio divino convirtió esta tierra en un caos (Génesis 1:1-2, cf. Isaías 24:1 y Jeremías 4:23-26).

La declaración «y la tierra estaba desordenada y vacía» (Génesis 1:2), en contraposición con el hecho de que «en el principio creó Dios los cielos y la tierra» (Génesis 1:1), es evidencia de que Dios no creó esta tierra caótica, sino que llegó a estar así por el juicio divino. El elemento natural que el Eterno empleó para este juicio fue un gran diluvio: «... y el Espíritu de Dios se movía sobre la faz de las aguas» (Génesis 1:2). «Luego dijo Dios: "Haya expansión en medio de las aguas y separe las aguas de las aguas". E hizo Dios la expansión y separó las aguas que estaban debajo de la expansión de las aguas que estaban sobre la expansión. Y fue así» (Génesis 1:6-7).

Como preámbulo a la creación de Adán y Eva, Dios reacondicionó este planeta desordenado en uno digno de ser habitado por nuestros primeros padres. Este relato lo podemos leer en el primer capítulo del Génesis.

2. El segundo juicio divino tomó lugar en los días del patriarca Noé. La historia del diluvio universal es muy conocida de chicos y grandes. El capítulo 6 del Génesis presenta la causa del juicio; el 7 describe el juicio; el 8 señala el fin del juicio y el 9 enfatiza el nuevo comienzo para la humanidad; el capítulo 10 da detalles específicos de cómo los tres hijos de Noé, Sem, Cam y Jafet, fueron los progenitores de una raza pluralística.

3. El tercer juicio divino es escatológico. Será para la época del juicio del gran trono blanco. Los dos primeros cataclismos de esta tierra fueron con diluvios. Este último juicio Dios lo ha de realizar con fuego. Pedro lo describió así: «...y la tierra y las obras que en ella hay serán quemadas» (2.ª Pedro 3:10). No se nos dice que el planeta tierra ha de explotar o que se desintegrará, sino que ha de ser quemado y renovado.

De este planeta quemado con fuego resurgirá un nuevo planeta tierra. No una nueva creación, sino una renovación de la misma tierra. Sobre este particular leemos:

«Él fundó la tierra sobre sus cimientos; no será jamás removida» (Salmo 104:5).

«Generación va y generación viene; mas la tierra siempre permanece» (Eclesiastés 1:4).

Juan da un detalle particular sobre esta nueva tierra: «el mar ya no existía más». Esta expresión significa literalmente «ya no hay mar». Los grandes océanos y los mares tan temidos por los antiguos, símbolos de misterios e incertidumbres, no tendrán lugar en la nueva tierra. Hoy día nuestro planeta es tres cuartas partes agua, la tierra escatológica, en vez de mares y océanos, tendrá vastos terrenos tapizados por la vegetación.

Versículo 2: «Y yo, Juan, vi la santa ciudad, la nueva Jerusalén, descender del cielo, de Dios, dispuesta como una esposa ataviada por su marido».

Juan autoriza las visiones apocalípticas apelando a su propio nombre: *a)* «Yo, Juan, vuestro hermano y copartícipe vuestro en la tribulación, en el reino y en la paciencia de Jesucristo, estaba en la isla llamada Patmos, por causa de la palabra de Dios y el testimonio de Jesucristo» (Apocalipsis 1:9). *b)* «Y yo, Juan, vi la santa ciudad...». *c)* «Yo, Juan, soy el que oyó y vio estas cosas...» (Apocalipsis 22:8).

Como un suplemento a esta tierra nueva, el apóstol nos informa que vio una ciudad no terrenal, sino de procedencia celestial, descender o bajando del cielo para establecerse eternamente sobre el planeta tierra renovado. Esta escatológica ciudad tiene su origen en Dios.

Aunque es llamada Jerusalén, contrasta mucho con la Jerusalén conocida: *a)* Es celestial, la otra es terrenal. *b)* Es de construcción divina, la otra, de construcción humana. *c)* Es comparada y usada como figura de la Iglesia, la otra prefigura a Israel. *d)* Es llamada la «nueva» Jerusalén, la otra no.

La nueva población

Versículo 3: «Y oí una gran voz del cielo que decía: "He aquí el tabernáculo de Dios con los hombres, y él morará con ellos y ellos serán su pueblo y Dios mismo estará con ellos como su Dios"».

La versión RV omite la palabra «trono». La misma aparece en los originales griegos empleados por otras versiones (NBE, BA, NVI, BJ, NBL, DHH). La voz oída por Juan procedía del mismo trono de Dios.

En la escritura vetero-testamentaria encontramos a Dios morando primero en el tabernáculo, luego en el templo de Salomón por medio de su *shekina* o gloria. En los escritos neotestamentarios encontramos a Dios morando en el cuerpo humano que escogió para encarnarse, o sea, en Jesús. Luego Dios ha hecho del cuerpo de cada creyente el templo de su *shekina*.

En el tiempo del «escatón», la presencia de Dios para con su pueblo aquí, en la nueva tierra, será una permanencia, de comunión y de gobierno. Esta promesa divina no es nueva en su contenido escatológico, ya en el Antiguo Testamento se había mencionado:

«Y pondré mi morada en medio de vosotros, y mi alma no os abominará, y andaré entre vosotros, y yo seré vuestro Dios, y vosotros seréis mi pueblo» (Levítico 26:11-12).

«… y yo seré a ellos por Dios y ellos me serán por pueblo» (Jeremías 31:33).

«Estará en medio de ellos mi tabernáculo, y seré a ellos por Dios y ellos me serán por pueblo» (Ezequiel 37:27).

Versículo 4: «Enjugará Dios toda lágrima de los ojos de ellos, y ya no habrá muerte ni habrá más llanto, ni clamor, ni dolor, porque las primeras cosas pasaron».

El sufrimiento humano se relaciona con el presente orden. La muerte, como consecuencia del pecado, produce lágrimas, llantos, dolores…, pero en el eterno orden la misma dejará de existir. Aun los creyentes que tenemos la esperanza de la resurrección y de la vida eterna nos afligimos cuando parte de este mundo de los vivos un ser querido o un amigo. En cada funeral que asistimos para darle los últimos respetos a quien apreciamos en vida vemos nuestra propia muerte.

Versículo 5: «Y el que estaba sentado en el trono dijo: "He aquí yo hago nuevas todas las cosas". Y me dijo: "Escribe, porque estas palabras son fieles y verdaderas"».

Juan oyó a Dios hablando personalmente desde su trono. Dios es la fuente de toda renovación espiritual y escatológica. Dice la Biblia: «De modo que si alguno está en Cristo, nueva criatura es; las cosas viejas pasaron; he aquí todas son hechas nuevas» (2.ª Corintios 5:17). No solo Dios transforma al ser humano de su condición espiritual, sino que también en el «escatón» le transformará su medio ambiente.

Nos dice Barclay: «No es Dios, sino el ángel de la presencia quien ordena a Juan que escriba. Estas palabras deben ser recogidas y registradas. Son palabras verdaderas y puede ponerse toda la confianza en ellas» (*Apocalipsis*, Editorial Aurora, página 458).

Versículo 6: «Y me dijo: "Hecho está. Yo soy el Alfa y la Omega, el principio y el fin. Al que tuviere sed yo le daré gratuitamente de la fuente del agua de la vida"».

La misma voz divina que había hablado desde el trono vuelve a comunicarse con Juan. En Apocalipsis 1:8 encontramos una referencia de repetición en cuanto a las palabras: «Yo soy el Alfa y la Omega, principio y fin…». Nótese que en Apocalipsis 1:8 lo dice Cristo y en Apocalipsis 21:6 el Padre. Esto indica que tanto el Hijo como el Padre son eternos y divinos. El uno no es más, ni el otro menos.

La palabra griega para «principio» es *arque*. La misma se emplea 39 veces en el Nuevo Testamento. Según Barclay, «no significa simplemente primero en el tiempo, algo que ocupa el primer lugar en una serie. Significa primero en el sentido de fuente u origen de todas las cosas» (*Apocalipsis*, Editorial Aurora, página 458).

La palabra griega que se traduce en este caso «fin» es *telos*. Los manuscritos griegos la citan 33 veces. La misma no se emplea con una connotación de tiempo, sino de propósito, de meta, de consumación, de realización.

La declaración «Al que tuviere sed yo le daré gratuitamente de la fuente del agua de la vida» encierra una aplicación de índole espiritual. En relación con esto, léase Isaías 55:1; Juan 4:10; Apocalipsis 6:17, 22:17. Detrás de esta figura del agua se esconde la persona del Espíritu Santo y su obra de regeneración. Para beber de esta agua de vida hay que tener sed espiritual; es como si dijéramos sin arrepentimiento no hay salvación.

Versículo 7: «El que venciere heredará todas las cosas, y yo seré su Dios y él será mi hijo». La promesa escatológica de «todas las cosas» será la recompensa para todos aquellos que venzan. Para los cristianos mártires y los que eran perseguidos durante el primer y el segundo siglo, estas palabras apocalípticas producían fe, esperanza y consuelo. Al creyente que mira con esperanza a las promesas escatológicas se le exhorta a perseverar y a luchar hasta el fin, sin rendirse ni dejarse derrotar por las pruebas o dejarse envenenar por la «copa» que el mundo ofrece.

Solo los que venzan podrán llamarse hijos de Dios en el sentido completo de la palabra. En relación con la expresión «y yo seré su Dios y él será mi hijo», léase Apocalipsis 2:7; 2.ª Samuel 7:14; 2.ª Corintios 6:16, 18.

Versículo 8: «Pero los cobardes e incrédulos, los abominables y homicidas, los fornicarios y hechiceros, los idólatras y todos los mentirosos, tendrán su parte en el lago que arde con fuego y azufre, que es la muerte segunda».

Aquí sí ofrece una lista, aunque no exhaustiva, de todos los que serán excluidos del «agua de la vida», de la nueva tierra y de la nueva Jerusalén. A fin de cuentas, los pecadores no hallarán lugar en el nuevo orden de Dios. Su lugar está ya destinado en el lago de fuego y azufre. El cobarde es el que no tiene valor. El incrédulo es el que no tiene fe. El abominable es el que se deja contaminar por todo lo impuro. El homicida, el que no ama a su prójimo. El hechicero es aquel que en su culto se ha asociado con Satanás y aun cuando diga que busca a Dios, lo busca de la manera equivocada. El idólatra pone algo o alguien antes que a Dios. El mentiroso (embustero, NBL) vive engañado y engañando.

La nueva Jerusalén

La idea de una ciudad escatológica no es nueva en la revelación joanina. El escritor a los hebreos y el mismo Señor Jesucristo ya habían aludido a la misma:

«*En la casa de mi Padre muchas moradas hay; si así no fuera, yo os lo hubiera dicho; voy, pues, a preparar lugar para vosotros. Y si me fuere y os preparare lugar, vendré otra vez y os tomaré a mí mismo para que donde yo estoy vosotros también estéis*» (Juan 14:2-3).

«*Porque esperaba* [Abraham] *la ciudad que tiene fundamentos, cuyo arquitecto y constructor es Dios*» (Hebreos 11:10).

«*Pero anhelaban una mejor, esto es, celestial; por lo cual Dios no se avergüenza de llamarse Dios de ellos, porque les ha preparado una ciudad*» (Hebreos 11:16).

Por estos versículos podemos inferir: *a)* En el cielo hay una gran ciudad. *b)* Esa ciudad está habitada por Cristo y por sus santos. *c)* La misma es un estado intermedio entre ahora y la eternidad. *d)* Abraham tuvo la revelación de que dicha ciudad celestial existía. *e)* Es una ciudad con fundamentos, por lo tanto, Dios la ha de remover del cielo. *f)* Es única en su diseño y construcción.[1]

---

[1] Relacionando esta misión con la declaración de Apocalipsis 22:3 y Efesios 1:6 y 3:10, se puede colegir que la llamada *Jerusalén celestial* sea, para los redimidos, el centro o capital de un universo poblado de seres inteligentes a quienes el pueblo de Dios haya de ser como embajadores reales y testigos de las virtudes divinas del Padre Celestial infinito, a quien amamos y servimos en medio de pruebas de fe en esta buena vida (2.ª Corintios 4:17-18 y 5:10), y que la ciudad apocalíptica sea el lugar de reunión, en inmensas comuniones a un número infinito como el que la ciencia de los astros parece haber descubierto. ¿No sería esto algo de aquello que Jesús declaró a sus discípulos en Juan 16:12?: «Tengo muchas cosas que deciros, pero ahora no lo podéis sobrellevar» (cap. 17:24-26).

Jesús mismo le puso nombre a esta ciudad eterna: «... y escribiré sobre él el nombre de mi Dios y el nombre de la ciudad de mi Dios, la nueva Jerusalén, la cual desciende del cielo, de mi Dios, y mi nombre nuevo» (Apocalipsis 3:12).

Versículo 9: «Vino entonces a mí uno de los siete ángeles que tenían las siete copas llenas de las siete plagas postreras, y habló conmigo, diciendo: "Ven acá, yo te mostraré la desposada, la esposa del Cordero"».

Los ángeles, en el cielo, aunque se parecen, se pueden distinguir. Juan no tuvo ningún problema en identificar a este ángel que anteriormente ya había visto. Es posible que este ángel sea el mismo que le mostró a Juan la visión de la gran ramera. En Apocalipsis 17:1 leemos: «Vino entonces uno de los siete ángeles que temían las siete copas y habló conmigo, diciéndome: "Ven acá y te mostraré la sentencia contra la gran ramera, la que está sentada sobre muchas aguas"».

La ciudad se describe como «desposada» y como «esposa». El griego cita *numphen* y *gunaika*. Entre los judíos la idea de novia y de esposa estaba asociada. Una doncella comprometida era novia y esposa; aunque todavía no se hubiera unido a vivir con su marido, conforme a la costumbre de esos días ya estaba formalmente comprometida. En un sentido espiritual estos títulos designan a la Iglesia de Cristo, la cual está ahora desposada con Él, pero llegará el día cuando se unirá a Él para siempre, unión que se ha de perpetuar en la nueva Jerusalén.

Versículo 10: «Y me llevó en el Espíritu a un monte grande y alto y me mostró la gran ciudad santa de Jerusalén, que descendía del cielo, de Dios».

Juan cae en el estado de un éxtasis espiritual para que pueda ser receptor de la visión que el ángel le muestra de la nueva Jerusalén. El profeta Ezequiel, en el capítulo 40 y en el versículo 2, tuvo una experiencia similar:

«En visiones de Dios me llevó a la tierra de Israel, y me puso sobre un monte muy alto, sobre el cual había un edificio parecido a una gran ciudad, hacia la parte sur».

La Jerusalén terrenal fue llamada «Sodoma y Egipto» en Apocalipsis 11:8. Por el contrario, a la Jerusalén celestial se le denomina como «la gran ciudad santa». Es santa por su origen, su procedencia y sus habitantes.

Apocalipsis 21:2 y 21:10 describen un mismo evento o suceso. No es que la nueva Jerusalén vaya a descender dos veces sobre la tierra. Su descenso será uno, cuando la tierra sea renovada y purificada. Desde luego, me siento profundamente inclinado a creer que durante el milenio la nueva Jerusalén estará suspendida como un glorioso astro sobre el espacio, y que los santos glorificados podrán trasladarse a la misma.

Descripción de la nueva Jerusalén

La manera como Juan describió la nueva Jerusalén les suena a algunos intérpretes como fantástica y ficcionaria. No pueden concebir en sus mentes que una ciudad celestial de tal composición y medidas pueda existir en el cielo, y menos aún que algún día venga a acercarse o ponerse sobre el renovado planeta tierra.

Comentando la declaración joanina «pero la ciudad era de oro puro, semejante al vidrio limpio», nos aclara Adam Clarke:

«... ¿No significará esto que las paredes eran de alguna hermosa piedra, amarillo brillante, muy pulida? Esta descripción ha sido aplicada con muy poco juicio al cielo, y en algunos discursos públicos para consuelo y edificación de los piadosos, oímos del cielo con sus murallas de oro, calles de oro, puertas de perlas, sin tener en cuenta que nada de esto tuvo jamás la intención de ser interpretado lite-

ralmente, y que el oro y las joyas no pueden tener lugar en el mundo espiritual y eterno» (*Comentario de la Santa Biblia,* Tomo III, Casa nazarena de publicaciones, página 714).

Alegorizar el lenguaje joanino que describe la nueva Jerusalén es ultrajar a la misma del sentido literal que tenía en la mente de Juan. La nueva Jerusalén no es una ciudad simbólica, aunque la misma proyecta ciertas aplicaciones espirituales, sino una ciudad literal, tangible, algo real. Sobre la literalidad de la nueva Jerusalén nos dice Urias Smith:

«Si consideramos esta descripción como exclusivamente metafórica, tal como lo hacen muchos de los que profesan enseñar la Biblia, y le damos un sentido espiritual, de manera que esta ciudad sea tenida por cosa etérea e inexistente, ¡cuán carentes de sentido parecen ser estas descripciones minuciosas! Pero si admitimos su significado natural y obvio y consideramos la ciudad como evidentemente quería el profeta que se la considerase, como una morada celestial literal y tangible, nuestra herencia gloriosa, cuyas bellezas hemos de contemplar con nuestros propios ojos, ¡cuánto realce obtiene la esplendorosa escena!» (*Las profecías de Apocalipsis,* Publicaciones Interamericanas, página 380).

Versículo 11: «Teniendo la gloria de Dios. Y su fulgor era semejante al de una piedra preciosísima, como piedra de jaspe, diáfana como el cristal». La palabra griega que se traduce «gloria» es *doxa*. La misma se emplea 129 veces en los originales. En muchos pasajes se usa en el sentido de alabanza (Lucas 17:18, 19:38; Juan 5:41, 44; Hechos 12:23; Romanos 2:7, 4:20); en otros, en relación con la majestad (Mateo 4:8, 6:29, 19:28; Marcos 8:38, 10:37), y están aquellos pasajes que indican la presencia de Dios (Juan 1:14, 2:11; Juan 17:24). La gloria de Dios en la nueva Jerusalén se refiere a la presencia divina en la misma y a la majestuosidad que la misma revela.

La palabra «fulgor» (en griego, *phoster*) es traducida en otras versiones: «resplandor» (BJ); «brillo» (NVI); «brillaba» (NBE); «luz» (VM). El resplandor de la nueva Jerusalén es comparado al de una piedra preciosísima. En este caso el jaspe. Notemos que la palabra griega para «jaspe» (RV) es *iaspis*. La misma se emplea 4 veces en los originales (Apocalipsis 4:3, 21:11, 18, 19). La piedra de jaspe conocida por nosotros es oscura, en cambio, el jaspe de los días joaninos era una piedra brillante.

George Eldon nos dice al respecto: «La palabra "jaspe", en la antigüedad, no se limita al tipo de piedra que hoy llamamos así, sino que podía designar cualquier piedra preciosa transparente. Posiblemente, este jaspe era como un diamante» (*El Apocalipsis de Juan: un comentario*, Ediciones Caribe, página 250).

Construcción de la nueva Jerusalén

Versículos 12 al 13: «Tenía un muro grande y alto con doce puertas, y en las puertas doce ángeles y nombres inscritos, que son los de las doce tribus de los hijos de Israel; al Oriente tres puertas, al Norte tres puertas, al Sur tres puertas, al Occidente tres puertas».

Estos versículos parecen hallar su contexto vetero-testamentario en Ezequiel 48:30-35:

«La ciudad estará rodeada de una muralla que medirá dos mil doscientos cincuenta metros por cada uno de sus cuatro lados. En cada lado de la muralla habrá tres puertas, cada una dedicada a una de las tribus de Israel, en este orden: las puertas del Norte: a Rubén, Judá y Leví; las del Oriente: a José, Benjamín y Dan; las del Sur: a Simeón, Isacar y Zabulón; las del Occidente: a Gad, Aser y Neftalí. La muralla medirá en total nueve mil metros de largo, y el nombre de la ciudad será en adelante: "El Señor está aquí"» (DHH).

En la antigüedad, las ciudades eran construidas dentro de un muro que le servía para la defensa de la misma. Estos muros estaban provistos de puertas que a veces se localizaban en cada uno de los extremos de los cuatro muros, que en sí eran un solo muro cuadrado. La nueva Jerusalén no tendrá una puerta o entrada principal, sino doce puertas. Muchas denominaciones piensan que en el cielo, después de Cristo, hay una sola puerta, la de su denominación. La enseñanza bíblica de este precioso pasaje que estamos comentando es que en la nueva Jerusalén hay entrada para todos los creyentes. La procedencia cardinal de los mismos es insignificante.

Juan le añade al cuadro que nos presenta la actividad de los ángeles. En cada una de las puertas habrá un ángel como portero. Tanto el muro como la presencia angelical indican la seguridad permanente y eterna de la ciudad de Dios.

La mención de las doce tribus de Israel asocian a esta ciudad con las promesas y los planes de Dios para con su pueblo Israel. Estos nombres están mencionados en Ezequiel 48:31-33.

Versículo 14: «Y el muro de la ciudad tenía doce cimientos, y sobre ellos los doce nombres de los doce apóstoles del Cordero».

De los versículos 13 al 14 podemos formular ciertas reflexiones: *a)* Los nombres de las doce tribus y los de los doce apóstoles unifican el plan testamentario de Dios para el Antiguo Testamento, así como el Nuevo Testamento. *b)* La ciudad de Dios da acomodo a ambos grupos, Israel y a la Iglesia (representada por los apóstoles). *c)* La distinción entre ambos grupos, Israel y la Iglesia, está acentuada en la eternidad, aunque en el plan de la redención sean un solo grupo.

A los fundamentos de la nueva Jerusalén se había referido el autor de la epístola o libro a los Hebreos: «Porque esperaba la ciudad que tiene fundamentos, cuyo arquitecto y constructor es Dios» (Hebreos 11:10, BA).

El hecho de que en los doce fundamentos estén escritos los nombres de los doce apóstoles (excluyendo a Judas y poniendo a Matías, Hechos 1:26) es un recordatorio de que fue sobre el fundamento apostólico que se construyó la teología de la Iglesia (Efesios 2:20-22).

Sobre el número doce nos dice Alfred Lapple lo siguiente: «El numeral "doce", que en el Nuevo Testamento aparece 75 veces, de ellas 23, en el Apocalipsis, quiere designar la elección del pueblo de Dios, en el que se funden tanto el antiguo como el nuevo Israel. El número "doce" no es solo el número de la elección divina; es también el número que indica la grandeza imponente y la consistencia sólida del pueblo elegido por Dios; es el número que hace intuir lo metódico del obrar divino, la rectitud de sus planes y el éxito pleno, indiscutible, obtenido por Dios en la historia» (*El Apocalipsis de San Juan*, Ediciones Paulinas, página 209).

Todo edificio o casa se construye sobre cimientos. La palabra «cimientos» (RV) es traducida «base» (DHH), «basamentos» (NBE), «piedras» (BJ). Los cimientos de los edificios terrenales se esconden debajo de la corteza de la tierra, no gozan de atractivo. Los cimientos de la nueva Jerusalén están expuestos a la vista de todos. Cuán diferente es esta ciudad a todas las ciudades construidas por los hombres. Si levantamos todos los edificios y viviendas de Nueva York o de cualquier otra megápoli, los mismos se desintegrarían. Cada construcción es mantenida por sus propios cimientos y no la ciudad. La nueva Jerusalén es totalmente diferente, es una ciudad integrada y permanente, con fundamentos debajo de ella. No está construida sobre el aire, tiene su base. Esos fundamentos se posarán sobre la faz de este planeta restaurado.

Medidas de la nueva Jerusalén

Versículo 15: «El que hablaba conmigo tenía una caña de oro, para medir la ciudad, sus puertas y su muro».

Ya con anterioridad se había presentado en la narración apocalíptica «a una vara de medir» (Apocalipsis 11:1). En la visión que Juan tuvo del templo judío que será restaurado para ser utilizado durante la primera mitad de la semana 70 de Daniel, se le ordenó al profeta de Patmos medir el templo, el altar y a los adoradores.

Ahora, por el contrario, es el ángel que habló con Juan (Apocalipsis 21:9) anteriormente el que se encargará de medir la nueva Jerusalén. Esta imagen del ángel con la caña de medir me recuerda la experiencia del profeta Ezequiel:

> «*En visiones de Dios me llevó a la tierra de Israel y me puso sobre un monte muy alto, sobre el cual había un edificio parecido a una gran ciudad, hacia la parte sur. Me llevó allí, y he aquí un varón, cuyo aspecto era como aspecto de bronce, y tenía un cordel de lino en su mano y una caña de medir, y él estaba a la puerta*» (Ezequiel 40:2-3).

La palabra «caña» no se debe tomar en el sentido que la conocemos hoy en día. Para los hebreos era una medida de longitud «de seis codos», teniendo en nuestro sistema métrico un equivalente de tres metros. Sobre este particular léase Ezequiel 40:5, RV (léase ese mismo pasaje en la versión Dios Habla Hoy).

Versículo 16: «La ciudad se halla establecida en cuadro, y su longitud es igual a su anchura, y él midió la ciudad con la caña, doce mil estadios; la longitud, la altura y la anchura de ella son iguales».

La palabra griega para «cuadro» (RV) es *tetragonos*. Muchas ciudades antiguas tuvieron la forma de cuadrado. Las ciudades de Babilonia y Nínive fueron cuadradas según el testimonio de Herodoto y Diodoro Siculo. La nueva Jerusalén, más que ser una ciudad cuadrada, es un cubo en su diseño. Los griegos llegaron a considerar todo lo que era cúbico como símbolo de la perfección. Según cita Barclay, a los hombres perfectos se les llamaba en Grecia «cúbicos».

El diseño de tetrágono se hace evidente en lo relacionado con la liturgia vetero-testamentaria:

> *«Harás también un altar de madera de acacia de cinco codos de longitud y de cinco codos de anchura; será cuadrado el altar, y su altura de tres codos»* (Éxodo 27:1).

> *«Harás asimismo el pectoral del juicio de obra primorosa; lo harás conforme a la obra del efod, de oro, azul, púrpura, carmesí y lino torcido. Será cuadrado y doble, de un palmo de largo y de un palmo de ancho»* (Éxodo 28:15-16).

> *«El lugar santísimo estaba en la parte de adentro, el cual tenía veinte codos de largo, veinte de ancho y veinte de altura, y lo cubrió de oro purísimo; asimismo cubrió de oro el altar de cedro»* (1.ª Reyes 6:20).

La medida de la nueva Jerusalén es «doce mil estadios» por todos sus lados. El «estadio» es una medida griega de longitud. Para nosotros tiene, en la actualidad, un equivalente de 180 metros. Algunas versiones expresan el número «doce mil estadios» (RV) como «dos mil doscientos kilómetros» (DHH), «cuatrocientas cincuenta y seis leguas» (NBE), «2.200 kilómetros» (NTV). Por otra parte, muchos comentaristas ven en el estadio 185 metros, lo cual, al ser multiplicado por doce mil estadios, da unos 2.220 kilómetros; en millas sería 1.500. La nueva Jerusalén será una ciudad con una extensión territorial de 1.500 millas en su perímetro.

Versículo 17: «Y midió su muro ciento cuarenta y cuatro codos de medida de hombre, la cual es de ángel». No se debe entender como que los ángeles poseen la misma estatura de los seres humanos. Aun entre los hombres de una misma región, la estatura no es siempre proporcional. El ángel empleó el sistema de medidas conocido por Juan. Los muros de la nueva Jerusalén miden unos 65 metros de altura. Los muros presentan cierta desproporción al ser comparados con la altura de la ciudad. Esto indica que el propósito de los mismos no es proteger la ciudad de Dios, sino que indican que la misma está protegida por Dios mismo. En las antiguas ciudades, los muros garantizaban la seguridad y protección de la ciudad y de sus habitantes. Los habitantes de la ciudad eterna no tendrán enemigos que la invadan, solo los redimidos vivirán en ella.

Material de la nueva Jerusalén

Versículo 18: «El material de su muro era de jaspe, pero la ciudad era de oro puro, semejante al vidrio limpio».

No hay razón ninguna para que este pasaje se tenga que alegorizar. Juan nos está describiendo a una ciudad literal construida de materiales literales. La única diferencia entre estos materiales y los que nosotros conocemos es que el jaspe, al igual que el oro, es de procedencia celestial.

Versículos 19 al 20: «Y los cimientos del muro de la ciudad estaban adornados con toda piedra preciosa. El primer cimiento era jaspe, el segundo, zafiro, el tercero, ágata, el cuarto, esmeralda, el quinto, ónice, el sexto, cornalina, el séptimo, crisólito, el octavo, berilo, el noveno, topacio, el décimo, crisoprasa, el undécimo, jacinto, el duodécimo, amatista».

Barclay señala que las doce piedras mencionadas por Juan tienen correspondencia con las piedras que se asocian con el zodíaco, lo extraño es que en el Apocalipsis se mencionan a la inversa. Sobre esto nos dice Barclay: «Es muy difícil saber cuál puede ser el simbolismo de esta inversión, aunque quizá sea la forma que tiene Juan de señalar la diferencia entre la mítica ciudad de los dioses y su ciudad de Dios» (*Apocalipsis*, Editorial Aurora, página 471).

En ningún momento Juan nos dice que los cimientos eran esas piedras preciosas, sino que «estaban adornados» (RV), «estaban decorados» (NVI) con dichas piedras. Deduzco que los cimientos tienen que ser de oro, como la ciudad, con estas piedras preciosas incrustadas para cada uno de ellos, una piedra para cada cimiento.

La palabra griega para «adornados» es *kosmeo*. De la misma toma su etimología la palabra castellana «cosmetología» o «cosmético». Estos dos últimos términos se relacionan con las substancias empleadas para hermosear la tez o el rostro.

Tim F. LaHaye, en su libro *Revelation Illustrated and Made Plain*, nos ofrece una lista de los colores que corresponden a cada piedra de las mencionadas por Juan: *a)* Jaspe, es como el color oro en apariencia, combinado con la claridad del cristal. *b)* Zafiro, su color es azul. *c)* Ágata, es azul claro, con otros colores mezclados. *d)* Esmeralda, de un color verde brillante. *e)* Ónice, una piedra azul y blanca. *f)* Cornalina, de color rojizo o miel. *g)* Crisólito, color oro. *h)* Berilo, es color verde mar. *i)* Topacio, es verde amarillo y transparente. *k)* Crisoprasa, otra variación de verde. *l)* Jacinto, color violeta. *ll)* Amatista, es mayormente púrpura.

Versículo 21: «Las doce puertas eran doce perlas; cada una de las puertas era una perla. Y la calle de la ciudad era de oro puro, transparente como vidrio».

La palabra griega para «perla» es *margarites*. De ahí se deriva el nombre Margarita, tan usado en nuestros países latinoamericanos, o Margaret en inglés. En latín se traduce en vez de «perla» *margaritae* o *margaritis*.

La perla, en la antigüedad, era la piedra más costosa. Estas doce perlas representan la belleza y el esplendor universal de la ciudad de Dios. Es muy probable que estas doce perlas estén montadas sobre doce puertas de oro. Por tal razón son consideradas puertas. El tamaño de estas perlas-puertas escapa a nuestra imaginación humana.

La palabra griega para «calle» es *plateia*, y de esta última toma raíz etimológica la palabra castellana «plaza». El término, en el original, nos sugiere la amplitud de esta calle de la nueva Jerusalén. Muchos cánticos e himnos cristianos subrayan la idea de muchas calles de oro, pero la exégesis de este texto corrobora lo contrario. Las calles de las ciudades terrenales o autopistas son de asfalto, y en concreto, esta gran calle celestial construida en la nueva Jerusalén es de «oro puro». De un oro que se puede ver a través del mismo.

El nuevo templo

Versículo 22: «Y no vi en ella templo, porque el Señor Dios Todopoderoso es el templo de ella y el Cordero».

Los antiguos españoles acostumbraban construir los pueblos alrededor de los templos. En nuestros países de Latinoamérica el templo católico se constituía en el centro, desde el cual se comenzaba a formar la comunidad urbana. En la nueva Jerusalén, el centro de la misma no es el templo, sino Dios mismo.

El templo es visto en el Antiguo Testamento y en los evangelios como el centro de la liturgia judaica. Los esenios o miembros de la secta de Qumran rechazaron el templo como el lugar de adoración religiosa. Jesús mismo vio el templo como algo secundario en su relación con la verdadera adoración a Dios (Juan 4:24).

El templo (en griego *naos*) es el lugar especial para adorar a Dios y donde se espera que su presencia sea manifestada. La nueva Jerusalén no necesita templo, porque la presencia de Dios estará en toda la ciudad. Podemos llamar a esta ciudad la ciudad-templo. En esta ciudad eterna jamás faltará o disminuirá la revelación de la presencia divina. El *shekina* invadirá cualquier rincón de la ciudad espacial.

La nueva iluminación

Versículo 23: «La ciudad no tiene necesidad de sol ni de luna que brillen en ella, porque la gloria de Dios la ilumina, y el Cordero es su lumbrera».

Juan no nos dice que en la eternidad no habrá sol ni luna; más bien resalta el hecho de que la luz solar o lunática no será responsable de la iluminación de la nueva Jerusalén. Es una ciudad con luz propia (Isaías 60:19). Esa luz tiene su fuente en la deidad.

Aquel que dijo: «Yo soy la luz del mundo...» (Juan 8:12) será la luz de la amada ciudad de oro. Los creyentes andamos en luz, pero en la ciudad-templo andaremos bajo la inaccesible y gloriosa luz del Dios-trino.

Versículo 24: «Y las naciones que hubieren sido salvas andarán a la luz de ella, y los reyes de la tierra traerán su gloria y honor a ella». En relación con esta declaración joanina, léase Isaías 60:3, 5, 16, 49:23; Salmo 72:10-11.

La población mundial, durante la eternidad, no se circunscribirá a la nueva Jerusalén, sino a todo el nuevo planeta tierra. En la ciudad de oro habitarán los israelitas, los santos del Antiguo Testamento y la Iglesia. En los contornos de la nueva Jerusalén habrá naciones que no perderán su distintivo nacional. Estas naciones serán las ovejas de Mateo 25:31-46.

En un sentido literal y figurativo, la nueva Jerusalén será luz para las naciones gentiles a las que Dios, en su soberano propósito, les permitirá organizarse como pueblos eternos. Por lo tanto, ellos construirán sus ciudades donde habitarán. Pero la Jerusalén eterna será el centro de la adoración para la humanidad en general. Tanto los habitantes de la ciudad-templo como las naciones (en griego *ethnos*) mencionadas por Juan tendrán cuerpos glorificados.

Versículo 25: «Sus puertas nunca serán cerradas de día, pues allí no habrá noche». Las puertas de perlas jamás serán cerradas. Los redimidos vivirán en un eterno día. Allí no habrá noche para dormir. La luz echará fuera las tinieblas para siempre.

El hombre siempre le ha temido a la oscuridad. El caminar de noche en sitios oscuros eriza los pelos a muchos. Mi hija Janet (a la edad de 6) necesitaba dormir con una luz tenue en su cuarto. En la eternidad, Dios será luz de todos los redimidos. La nueva Jerusalén estará alumbrada siempre y por todos los siglos sempiternos.

Versículo 26: «Y llevarán la gloria y la honra de las naciones a ella». Este versículo es una repetición contextual de Apocalipsis 21:24. José Grau nos dice al respecto: «Por otra parte, en ella solo entra lo glorioso y lo honroso (Apocalipsis 21:26), y yo me pregunto —sin dogmatizar, ¡Dios me libre de ello!—: ¿No podría ser esto una alusión a los elementos culturales de valor, redimibles, de ciertas civilizaciones o comunidades?» (*Estudios sobre Apocalipsis,* Ediciones Evangélicas Europeas, páginas 334-35).

Las naciones gentiles de la eternidad tendrán libre acceso a la nueva Jerusalén. Allí vendrán a adorar al Dios que es trino. Esto me hace reflexionar que ahora muchas de las naciones pueden traer «la gloria y la honra» al reino de Dios. Llegará el día cuando todas las naciones tendrán que darle el lugar que le corresponde a Dios. No simplemente inscribir su nombre o «en Dios confiamos» *(In God we trust),* sino volver a Dios en arrepentimiento nacional, como hizo Nínive.

Versículo 27: «No entrará en ella ninguna cosa inmunda o que hace abominación y mentira, sino solamente los que están inscritos en el libro de la vida del Cordero».

Sin previa registración no hay entrada a la ciudad eterna. Solo el pecador arrepentido será aceptado. El Señor Jesucristo es la garantía de entrada. Esa decisión por estar en la ciudad de oro tiene que hacerse ahora para los que vivimos en esta generación.

CAPÍTULO 21

Conclusión apocalíptica
(Apocalipsis 22:1-22)

Este último capítulo del libro del Apocalipsis ha llamado la atención de los críticos. Lo narrado en los versículos 1 al 5 sigue al pensamiento ilativo del capítulo 20. Por el contrario, los versículos 6 al 21 no presentan una coherencia literaria, son más bien una colección de exhortaciones. En estos últimos versículos no se encuentra un tema definido. Esta disparidad ha dado motivo para que muchos exégetas opinen que en este último capítulo tomaron parte dos escritores, Juan y algún discípulo.

No hay ninguna base para afirmar que Juan no escribió la parte final del libro del Apocalipsis. Más aún, el Espíritu Santo, que era el agente inspirador de Juan, podía hacer lo que quisiera. El estilo literario, en este caso, es algo secundario, lo que se dice es lo principal.

En el presente capítulo encontramos a más de un narrador: *a)* El ángel aparece hablando unas cuantas veces (Apocalipsis

22:6, 9-11). *b)* Juan es otro de los interlocutores (Apocalipsis 22:8, 18-21). *c)* Jesús comparte palabras con el vidente de Patmos y para toda la cristiandad (Apocalipsis 22:7, 12-16, 20a). *d)* El Espíritu y la esposa (Apocalipsis 22:17).

Gordon Lindsay dividió este epílogo apocalíptico en «Siete hechos acerca del destino humano»: *a)* El libro de Apocalipsis es la revelación de Dios del futuro (Apocalipsis 22:6-10). *b)* El estado de los impenitentes es zanjado eternamente (Apocalipsis 22:11). *c)* La recompensa de los justos y su glorioso destino (Apocalipsis 22:14). *d)* La diferencia distintiva entre los justos y los inicuos (Apocalipsis 22:12-14). *e)* La dualidad humana y divina del autor del libro de Apocalipsis (Apocalipsis 22:16). *f)* La oferta ilimitada de salvación para todos los hombres (Apocalipsis 22:17). *g)* La segunda venida. El evento que traerá a la consumación el plan redentivo de Dios (Apocalipsis 22:20-21). (*The New Heavens and The New Earth*, Revelation Series, vol. 16, pages 508-13).

El nuevo paraíso

Versículo 1: «Después me mostró un río limpio de agua de vida, resplandeciente como cristal, que salía del trono de Dios y del Cordero».

El ángel que le había mostrado a Juan la nueva Jerusalén le muestra ahora un río que estará en medio de la ciudad de oro. Este río no procede del mar ni desemboca en el mismo; su fuente de suministro está en el trono compartido por el Padre y por el Hijo-Cordero. Es tan transparente que Juan lo vio «limpio» y «como cristal». Este río será un eterno recordatorio que Dios es la fuente de la vida eterna.

Versículo 2: «En medio de la calle de la ciudad y a uno y otro lado del río estaba el árbol de la vida, que produce doce frutos, dando cada mes su fruto, y las hojas del árbol eran para la sanidad de las naciones».

La gran avenida en medio de la nueva Jerusalén atravesará la ciudad de un lado al otro. Es muy difícil determinar si el río correrá a lo largo de la avenida o si cruzará la calle por en medio. Sea como sea, nuestra mente no alcanzará a fotografiar semejante paisaje, producto de la mente divina.

Para darle más belleza a este paisaje apocalíptico se nos declara que a ambas riberas del río estará plantado el árbol de la vida. Este árbol, por la manera como se describe, tendrá forma de arco. Su tronco nacerá de ambos lados del río.

Es difícil determinar si el árbol dará un fruto diferente cada mes o si da el mismo fruto una vez al mes. Es bastante probable que el término «fruto» encierre una pluralidad. No se debe confundir este árbol con el árbol de la vida de Génesis 2:9. El árbol de la nueva Jerusalén reemplaza al del Génesis, aunque en propósito es lo mismo. Opino que el árbol de la vida genésico desapareció durante el diluvio.

Las hojas de este árbol apocalíptico son medicinales. Desde luego, esta afirmación produce una contradicción exegética. Si cada ser humano ha de poseer un cuerpo glorificado, ¿no suena ilógico hablar de hojas «para la sanidad de las naciones»? En la eternidad no existirá la enfermedad, no habrá dolor, no habrá lágrimas, ni habrá muerte. Por lo tanto, la sanidad representada por las hojas de este árbol no tiene una aplicación literal. Estas hojas promueven la salud y no es que la dan. Son un solemne recordatorio del bienestar físico y espiritual del cual gozarán las naciones. Es interesante que la palabra griega para «sanidad» sea *therapeia*. De la misma toman su etimología los términos «terapia», «terapéutica» y «terapéutico».

Antiguamente, y aún en muchos lugares, se empleaban hierbas y hojas de algunos árboles para preparar remedios caseros. A muchas hojas se les atribuye características medicinales. En los Estados Unidos hay un intento por redescubrir nuevamente los efectos medicinales producidos por muchas plantas. Cada vez que leo algo sobre este particular o escucho de algún remedio de hojas, mi mente me trae a colación lo revelado en el Apocalipsis sobre el árbol de la vida.

Versículos 3-5: «Y no habrá más maldición, y el trono de Dios y del Cordero estará en ella y sus siervos le servirán. Y verán su rostro y su nombre estará en sus frentes. No habrá allí más noche, y no tienen necesidad de luz del sol, porque Dios, el Señor, los iluminará y reinarán por los siglos de los siglos».

En estos versículos se vuelve a subrayar la cualidad de los habitantes de la nueva Jerusalén. En la palabra «maldición» se resumen todos los males humanos. «Y no habrá más maldición» significa que la tragedia humana no tendrá lugar en la eternidad.

Notemos que se nos habla de un solo trono, el cual es compartido por el Padre y el Hijo. Esto asevera la relación íntima de ambos. Donde esté el Hijo estará el Padre. A través del Hijo veremos al Padre, «y verán su rostro». Aquí se cumplirá Mateo 5:8: «Bienaventurados los de limpio corazón, porque ellos verán a Dios». Lo dicho en 1.ª Corintios 13:12 se relaciona con la expresión joanina: «Ahora vemos por espejo, oscuramente, mas entonces veremos cara a cara. Ahora conozco en parte, pero entonces conoceré como fui conocido».

La mención de la noche es repetida por el vidente de Patmos: «No habrá allí más noche...». Fueron muchas las noches que Juan pasó solo en la isla de Patmos. El no ver noche en la ciudad eterna de Dios y sí saber que el Señor Dios lo iluminaría por toda la eternidad, no solo a él, sino a todos los creyentes nacidos del Espíritu, colmaba de gozo el corazón del anciano apóstol.

EPÍLOGO

Versículo 6: «Y me dijo: "Estas palabras son fieles y verdaderas. Y el Señor, el Dios de los espíritus de los profetas, ha enviado su ángel para mostrar a sus siervos las cosas que deben suceder pronto"».

La expresión «fieles y verdaderas» halla su contexto en la repetición similar «fiel y verdadero». Tal es el Señor, tales sus revelaciones. Se nos vuelve a enfatizar el trabajo que el ángel del Apocalipsis 1:1 ha estado desempeñando. Claramente se deja entrever que los espíritus de los que profetizan como representantes son y están bajo el control y supervisión del Señor. Ningún profeta puede predicar independiente del Señor si es que este le ha llamado para este ministerio, así como Dios dirige a los profetas, Juan es también dirigido por Él.

La última declaración del versículo que estamos discutiendo, «las cosas que deben suceder pronto», identifica al Apocalipsis como un libro profético en contenido y aplicación.

Versículo 7: «He aquí, ¡vengo pronto! Bienaventurado el que guarda las palabras de la profecía de este libro».

Estas palabras son dichas directamente por el Señor. Al creyente que toma en serio lo registrado en el libro del Apocalipsis se le ofrece una bienaventuranza. El cristiano debe ser como el alumno diligente y disciplinado que toma nota y estudia lo dado por el maestro; cuando le llega la hora de la examinación se siente feliz porque ha estudiado.

La inminencia de su venida el Señor la acentúa una vez más: «He aquí, ¡vengo pronto!». Debemos vivir como si Cristo fuera a venir cualquier día. Este tiempo breve o «vengo pronto» ya ha tomado unos dos mil años. Jesús no vino en los días de Juan, no vino en los días de Lutero o de Moody o de Spurgeon o de Billy Sunday, y puede que quizá no venga durante su generación o la mía, pero de algo sí estamos seguros; es que puede venir cuando menos nos lo esperemos.

Versículos 8-9: «Yo, Juan, soy el que oyó y vio estas cosas. Y después que las hube oído y visto me postré para adorar a los pies del ángel que me mostraba estas cosas. Pero él me dijo: "Mira, no lo hagas, porque soy consiervo tuyo, de tus hermanos, los profetas, y de los que guardan las palabras de este libro. Adora a Dios"».

En Apocalipsis 1:4 y 9, el escritor del Apocalipsis se refirió a sí mismo como «Juan». En el epílogo de esta compilación profética nuevamente les recuerda a los lectores su propio nombre. La revelación joanina es algo que él recibió de esta primera experiencia. Como él mismo declara: «hube oído y visto».

Por segunda vez, Juan es tentado a adorar al ángel enviado por el Señor. El ángel no se lo permite. Lo expresado por el ángel en este versículo 9 y lo registrado en Apocalipsis 19:10 son casi exactamente las mismas palabras. Esto nos enseña que aun los hombres grandemente usados por Dios pueden malinterpretar los propósitos divinos. Juan no aprendió su primera lección. Pero le admiramos que reconoció sus faltas, no omitiendo su experiencia del relato apocalíptico.

Versículo 10: «Y me dijo: "No selles las palabras de la profecía de este libro, porque el tiempo está cerca"».

El libro del Apocalipsis no fue escrito para ser un libro cerrado, sino abierto. A Daniel se le encomendó: «Pero tú, Daniel, cierra las palabras y sella el libro hasta el tiempo del fin. Muchos correrán de aquí para allá y la ciencia se aumentará» (Daniel 12:4). A Juan se le encarga que no cierre el libro que ha escrito.

Para muchos creyentes y hasta ministros, Apocalipsis es un libro que tiene candado, que está cerrado..., el libro del Nuevo Testamento menos leído. La lectura del Apocalipsis debe volverse a reconquistar de la manera que la Iglesia primitiva lo hacía. Este libro hay que enseñarlo, predicarlo, leerlo y oírlo.

Muchos pastores les aconsejan a los feligreses: «No lean el libro del Apocalipsis, porque se van a confundir. Este libro es demasiado profundo. Déjelo quieto y evitará los líos». El diablo se goza con declaraciones como esta. Creo que si cada pastor comenzara a dar una serie de estudios del Apocalipsis, no solo muchos creyentes conocerían mejor este libro profético, sino que su fe sería robustecida.

Versículo 11: «El que es injusto, sea injusto todavía, y el que es inmundo, sea inmundo todavía; el que es justo, practique la justicia todavía, y el que es santo, santifíquese todavía».

Otras versiones del Nuevo Testamento traducen el versículo antes citado de esta manera:

«Que el que hace mal, siga haciendo lo malo, y que el inmundo siga siendo inmundo, y que el justo siga practicando la justicia, y que el que es santo siga guardándose santo» (BA).

«El que daña, dañe de una vez; el manchado, mánchese de una vez; el honrado, pórtese honradamente de una vez; el consagrado, conságrese de una vez» (NBE).

«*Deja que el malvado continúe en sus maldades y el vil en sus vilezas; el justo, que continúe por el camino de la rectitud, y el santo por el camino de la santidad*» (NVI).

«*Mientras tanto, sea el injusto más injusto si le place; sea el impío aún más impío, pero el bueno sea aún mejor y el que es santo sea ahora más santo*» (NTV).

Las palabras de este texto no quieren decir que el injusto o el inmundo no tienen la oportunidad de ser salvados. Lo que sí se quiere afirmar es que el que persiste en gozarse en el pecado, que lo siga haciendo. Pero el creyente debe perseverar en la justicia y en la santidad.

Psicológicamente, se nos ha enseñado que el hombre hace lo que piensa y actúa basado en lo que es. Son muchas las personas que no cambian su conducta, porque no desean modificar su carácter. Uno de los efectos del evangelio es cambiar al hombre o a la mujer internamente para que externamente sean diferentes (2.ª Corintios 5:17).

Hay dos pasajes vetero-testamentarios que en su conducta y aplicación espiritual se relacionan con este pasaje apocalíptico:

«*Mas cuando yo te hubiere hablado, abriré tu boca y les dirás: "Así ha dicho Jehová, el Señor: El que oye, oiga, y el que no quiera oír, no oiga, porque casa rebelde son"*» (Ezequiel 3:27).

«*Muchos serán limpios y emblanquecidos y purificados; los impíos procederán impíamente, y ninguno de los impíos entenderá, pero los entendidos comprenderán*» (Daniel 12:10).

Versículo 12: «He aquí, yo vengo pronto, y mi galardón conmigo para recompensar a cada uno según su obra».

El retorno del Señor se vuelve a reiterar, acompañando el mismo de las recompensas. Para el creyente, estas palabras son un estímulo a la perseverancia, sabiendo que, aunque siembra con lágrimas, segará con alegría. Las recompensas de los impíos serán desolación, lloro, crujir de dientes y castigo eterno en el *Gehenna*.

Versículo 13: «Yo soy el Alfa y la Omega, el principio y el fin, el primero y el último».

Esta declaración «Alfa» y «Omega» ya se había introducido en la revelación presentada por el vidente de Patmos (Apocalipsis 1:8, 11, 21:6). La declaración «primero y último» es otra repetición apocalíptica (Apocalipsis 1:11, 17, 2:8). En Apocalipsis 1:8, Jesús se refirió a sí mismo como «el principio y el fin». Según Barclay, este versículo encierra tres cosas con respecto a Cristo: *a)* Totalidad, el Señor está completo en todo y para todo. *b)* Eternidad, el Cristo es antes de todas las cosas y será después de todo. *c)* Autoridad, por ser Jesús primero y último, sobre Él recae todo lo que caracteriza a la divinidad. En resumen, en Jesús encontramos al Dios total, al Dios eterno y al Dios autoritativo.

Versículo 14: «Bienaventurados los que lavan sus ropas para tener derecho al árbol de la vida y para entrar por las puertas en la ciudad».

Este versículo y el que le sigue no tienen ninguna coherencia con el resto del capítulo 19. Su contenido literario está fuera de lugar. Si algo el escritor apocalíptico desea recalcar es el acto de presentarse a Dios con vestiduras lavadas. Este lenguaje es alegórico en su contexto. El cielo es para pecadores lavados y no para pecadores sucios. Con el agua del Espíritu y con la sangre del Calvario el pecador se puede lavar y limpiar de todos sus pecados. Es ahora, mientras estamos vivos, que nos podemos lavar espiritualmente. Muchos esperan darse un «baño» de limpieza en el ficticio purgatorio cuando Cristo los quiere bañar ahora.

Versículo 15: «Mas los perros estarán fuera, y los hechiceros, los fornicarios, los homicidas, los idólatras y todo aquel que ama y hace mentira».

La palabra «perros» se emplea para referirse a los malos, los inicuos, los que piensan en hacer mal a otros:

«Guardaos de los perros, guardaos de los malos obreros, guardaos de los mutiladores del cuerpo» (Filipenses 3:2).

«Porque perros me han rodeado, me han cercado cuadrilla de malignos...» (Salmo 22:16).

En esta lista presentada por Juan se establece claramente que los pecadores empedernidos y testarudos, que se gozan en pecar y que poco les importa Dios, no tendrán entrada a la ciudad de oro, serán huéspedes del lago de fuego y azufre. Es interesante que en la lista ofrecida por Juan se nos presentan siete clases de pecadores. El número siete, en su contexto apocalíptico, significa plenitud, totalidad y perfección. En este caso señala la suma de todos los pecadores. Para Dios no hay pecados «nietos», pecado es pecado y eso es todo.

Testimonio final

Versículo 16: «Yo, Jesús, he enviado mi ángel para daros testimonio de estas cosas en las iglesias. Yo soy la raíz y el linaje de David, la estrella resplandeciente de la mañana».

De nuevo se recalca que la fuente de la revelación recibida por el anciano de Patmos es Jesús mismo. Esta expresión: «Yo, Jesús, he enviado mi ángel para daros testimonio de estas cosas en las iglesias...», está en mutuo acuerdo con Apocalipsis 1:1.

«La revelación de Jesucristo, que Dios le dio para manifestar a sus siervos las cosas que deben suceder pronto, y la declaró enviándola por medio de ángel a su siervo Juan».

En la segunda parte del texto, el Señor reclama y enfatiza dos títulos apocalípticos: *a)* Es «la raíz y el linaje de David». Con esto presenta su credencial davídica, su ascendencia y descendencia. Por ser la «raíz» de David, en él crece la promesa del pacto davídico (léase Isaías 11:1; Mateo 1:1; Apocalipsis 5:5). *b)* Es «la estrella resplandeciente de la mañana». Para los judíos este título de «estrella» se relacionaba con la manifestación del Mesías (Números 24:17). Esta declaración encierra algunas enseñanzas: primero, la estrella de la mañana es la más brillante, así es Jesús entre los hombres. Segundo, la estrella de la mañana permanece aun cuando las otras estrellas desaparecerán, Jesús siempre está en el horizonte de cada creyente. Tercero, la estrella de la mañana alumbra en la noche y en el día, Jesús resplandece en el corazón del pecador no arrepentido y brilla en el corazón de cada creyente nacido de nuevo.

Invitación final

Versículo 17: «Y el Espíritu y la esposa dicen: "Ven". Y el que oye, diga: "Ven". Y el que tiene sed, venga, y el que quiera, tome del agua de la vida gratuitamente».

Este pasaje es muy peculiar en sus implicaciones. La Iglesia, que es la esposa, se une en dúo con el Espíritu Santo, ambos, a una vez, extienden una invitación: «Ven». Esta invitación, por lo que deducimos, está dirigida al mismo Señor. Es la oración de la Iglesia inspirada por el Espíritu Santo que le ruega al Señor que venga por ella.

La segunda invitación: «Y el que oye, diga: "Ven"», parece ser dirigida a todos los creyentes. Cada cristiano es llamado a realizar un discipulado cristiano. Se nos ha asignado el invitar al pecador a gozar de las lluvias celestiales. Tenemos que ser «cristianos de camino» y no «cristianos de balcón». Nuestro compromiso es con el mundo que no conoce al Cordero de Dios, y nuestra misión es de extramuros.

La tercera invitación es para el sediento: «Y el que tiene sed venga...». A cada persona no regenerada por el Espíritu Santo que admite que está espiritualmente con sed, se le invita a tomar del agua de la vida sin costo alguno. La salvación es por gracia a través de la fe, y no por obras humanas.

Advertencia final

Versículo 18: «Yo testifico a todo aquel que oye las palabras de la profecía de este libro: si alguno añadiere a estas cosas, Dios traerá sobre él las plagas que están escritas en este libro».

Antiguamente no existían las imprentas, por lo tanto, los escribas se encargaban de copiar rigurosamente a mano los manuscritos. Se corría el peligro de que el escriba alterara, suprimiera o distorsionara algún pensamiento o idea, añadiéndole o restándole al escrito original.

Muchas veces los escritores originales pronunciaban sentencias con el propósito de asegurarse de que el escrito de ellos no sería distorsionado o cambiado. Este es el caso con Juan, el apóstol.

Este pasaje no se refiere a la manera como se debe interpretar el Apocalipsis. Y por esto, tildar de detractores a aquellos cuya postura o ideología difiere con la nuestra tampoco presenta ninguna aplicación en relación con la manera como traduce una versión o como lo hace la otra. Si vamos a pelear por eso, debemos irnos a aprender el griego, que fue el idioma en el cual se escribió el libro del Apocalipsis.

Por otra parte, tengo que señalar que las palabras joaninas no solo fueron dirigidas al escriba o copista, sino a todos los creyentes: «Yo testifico a todo aquel que oye las palabras de la profecía de este libro: si alguno añadiere a estas cosas...». Era muy posible que los oyentes que no tenían manuscritos, cuya fuente de información y transmisión sería la memoria, que al comunicar lo oído lo adulteraran, diciendo más de lo que oyeron. (Léase en colación con lo aquí expresado Deuteronomio 4:2; Proverbios 30:5-6).

Oración final

Versículos 20-21: «El que da testimonio de estas cosas dice: "Ciertamente vengo en breve". Amén; sí, ven, Señor Jesús. La gracia de nuestro Señor Jesucristo sea con todos vosotros. Amén».

Jesús anima al corazón de Juan anunciándole su venida. Juan le responde con un «amén», el cual lo acompaña de una oración: «Sí, ven, Señor Jesús». Aunque el Señor no vino en los días del anciano de Patmos, la expectación de su parousía lo alentó en el discipulado cristiano.

El libro del Apocalipsis termina con una bendición pastoral: «La gracia de nuestro Señor Jesucristo sea con todos vosotros. Amén». La expresión «sea con todos vosotros» (RV) es traducida en otras versiones: «Que la gracia del Señor Jesús sea con todos» (BJ); «la gracia del Señor Jesús sea con todos los santos» (VM); «la gracia del Señor Jesús sea con el pueblo de Dios» (NVI). En todos los casos se evidencia que la bendición aquí pronunciada es para todos los creyentes. Aunque Apocalipsis es un libro de juicio, concluye con un énfasis en la gracia divina y redentora:

Ven, Señor Jesús

BIBLIOGRAFÍA

LAPPLE, Alfred, *El Apocalipsis de San Juan*, Ediciones Paulinas, Madrid, 1971.
SUMMERS, Ray, *Digno es el Cordero*, Casa Bautista de Publicaciones, 1966.
LINDSAY, Gordon, *End of The Ages Series*, Christ For The Nations, Dallas, 1974.
— Revelations Series, Christh for the Nations, Dallas, 1976.
GRAU, José, *Estudios sobre Apocalipsis*, Ediciones Evangélicas Europeas, Barcelona, 1977.
BARCLAY, William, *The Revelations of John*, The Westminster Press, 1976. (La versión castellana es titulada *Apocalipsis*, Editorial Aurora, Buenos Aires, 1975).
LUDWING, Charles, *Cities in New Testament Times*, Accent Books, 1976.
WOODROW, Ralph, *Babylon Mystery Religion*, Ralph Woodrow Evangelistic Association, 1975.
SCOFIELD, C. I., *Biblia anotada de Scofield*, Spanish Publications, Inc., Florida, 1970.

LADD, George Eldon, *El Apocalipsis de San Juan: un comentario*, Editorial Caribe, Florida, 1978.

MORRIS, León, *El Apocalipsis*, Ediciones Certeza, Buenos Aires, 1977.

MARSHALL, Alfred, *The New International Version, Interlinear Greik-English New Testament*, Zondervan Publishing House, 1976.

PETTER, Hugo Mo., *La nueva concordancia greco-española del Nuevo Testamento*, Editorial Mundo Hispano, 1976.

DE AUSEJO, Serafín, *Diccionario de la Biblia*, Editorial Herder, Barcelona, 1970.

HENDRICKSEN, W., *Hacemos más que vencer*, Editorial Buena Semilla, Colombia, 1965.

BARCHUK, Iván, *Explicación del Libro de Apocalipsis*, La Voz De La Amistad, California, 1970.

SMITH, Urias, *El Libro del Apocalipsis*, Publicaciones Interamericanas, California, 1949.

SILVA Bermúdez, Kittim, *Daniel, historia y profecía*, Editorial CLIE, Terrassa, 2014.

www.ingramcontent.com/pod-product-compliance
Lightning Source LLC
Chambersburg PA
CBHW011958150426
43201CB00018B/2322